HISTOIRE

DU

COLLÈGE DE CHINON

HISTOIRE

DU

COLLÈGE de CHINON

PAR

E.-H. TOURLET

Licencié ès sciences, Pharmacien de 1re classe
Président de l'Association amicale des anciens élèves du Collège
Officier d'Académie

CHINON
IMPRIMERIE DELAUNAY-DEHAIES
1904

PARIS, Librairie H. CHAMPION, Quai Voltaire, n° 9
TOURS, Librairie PÉRICAT, Rue de la Scellerie, n° 35
CHINON, Librairie HUAULT, L. OGIER Succ^r.

HISTOIRE
DU
COLLEGE DE CHINON

PAR
E. DU TOURLET

CHINON
IMPRIMERIE DES GRANDES ÉCOLES

PARIS, LIBRAIRIE CHAMPION

INTRODUCTION

Le titre d'*Histoire du Collège de Chinon*, que nous inscrivons en tête de ce volume, paraîtra peut-être un peu prétentieux.

Cependant notre établissement actuel d'instruction secondaire possède une véritable histoire, histoire qui, même, n'est pas dépourvue d'intérêt et que l'on peut faire remonter, à l'aide de documents authentiques, jusqu'à une époque fort reculée.

Dès 1578, il occupait en effet une partie de l'emplacement où s'élèvent les bâtiments actuels, et il portait déjà le nom de collège. Les anciens registres des délibérations municipales en font foi.

Sa fondation est donc antérieure à celle de la plupart des grands collèges et lycées de la capitale. Louis-le-Grand, autrefois Collège de Clermont, qui date de 1563, — Rollin, fondé en 1460, — Saint-Louis, autrefois Collège d'Harcourt, dont la création remonte à 1280, — peuvent seuls être ses aînés [1]. Et encore le Collège royal de Chinon ne faisait-il que continuer l'existence d'une maison d'instruction, dont la fondation, datant du milieu du douzième siècle, était antérieure de plus de cent ans à celle du plus ancien de ces collèges.

Les principales phases de l'histoire de cet établissement

---

[1] Victor Chauvin, *Histoire des Lycées et Collèges de Paris*. Paris, Hachette, 1800. — Alfred Franklin, *Écoles et Collèges*. Paris, Plon, 1892.

ont été relatées par M. Carré de Busserolle dans son *Dictionnaire historique d'Indre-et-Loire* [1], puis par M. Henri Grimaud [2] dont le travail, plus exact et plus complet, présente pourtant, comme le précédent, des erreurs et des lacunes.

M. de Cougny, dans son important ouvrage sur *Chinon et ses environs* [3], imprimé postérieurement aux publications que nous venons de citer, mais écrit, pour la plus grande partie du moins, longtemps auparavant, parle avec une remarquable exactitude de plusieurs des faits historiques concernant le Collège de notre ville. Cependant certaines de ses assertions peuvent être discutées, et il passe sous silence bien des choses intéressantes mais qui sans doute n'auraient que difficilement trouvé place dans son récit. Du reste, le travail de ce savant et consciencieux auteur est resté inachevé : il s'arrête, pour la partie qui nous occupe, à l'année 1726.

L'histoire du Collège de Chinon était donc encore à faire lorsque fut constituée l'an dernier, à pareille époque, l'Association amicale des anciens élèves de cet établissement. C'est alors que, cédant aux sollicitations de M. le principal qui avait été l'instigateur de la création de cette société, nous nous décidâmes à entreprendre les recherches dont nous publions aujourd'hui les résultats. La marque de confiance que venaient de nous témoigner nos camarades de l'Association en nous élevant à la présidence, nous imposait du reste le devoir d'accepter cette tâche.

Nous avons consulté, avant de rédiger cet ouvrage, tous les dépôts publics qui pouvaient nous fournir quelques renseignements. Les archives communales de Chinon, les archives départementales d'Indre-et-Loire,

---

[1] J.-X. Carré de Busserolle, *Dict. géogr., hist. et biogr. d'Indre-et-Loire*, tome II, p. 274. Tours, 1879 (*Mémoires de la Soc. arch. de Touraine*, t. XXVIII).

[2] Henri Grimaud, *Notice historique sur le Collège de Chinon*. Tours, Péricat, 1894, in-8° de 11 p.

[3] Gustave de Cougny, *Chinon et ses environs*. Tours, Mame, 1898. (Grand in-8° Jésus de 507 p., tiré à 60 exemplaires, non mis dans le commerce.)

les registres des délibérations du Bureau du Collège, que nous avons eu la bonne fortune de retrouver presque sans interruption depuis 1738 jusqu'à nos jours, nous ont dévoilé bien des faits encore ignorés. Les archives nationales, celles de la sous-préfecture de Chinon, ainsi que les anciennes minutes des notaires de la ville, nous ont également fourni quelques documents. C'est grâce aux nombreux matériaux puisés à ces diverses sources qu'il nous a été possible d'écrire une histoire du Collège plus complète que les notices publiées jusqu'ici [1].

**

Nous avons divisé ce travail en quatre parties principales. Dans la première, nous exposons ce que nous savons des écoles qui existaient à Chinon avant la fondation du Collège; dans la seconde, nous faisons l'histoire de l'ancien Collège depuis la création du Collège royal jusqu'à la fermeture de cet établissement en 1794; dans la troisième, nous parlons d'une maison d'enseignement primaire, connue sous le nom de petit Collège et dans laquelle, pendant de longues années, les jeunes garçons des familles indigentes reçurent gratuitement l'instruction; dans la quatrième, enfin, nous faisons l'historique du Collège depuis sa réouverture, en 1803, jusqu'à nos jours.

Nous reproduisons en caractères plus fins que le texte courant, un certain nombre de documents originaux, en intercalant à leur place ceux qui peuvent facilement supporter la lecture et en reportant les autres à la fin du volume, comme pièces justificatives. Nous respectons l'orthographe de tous ces documents. Cependant, pour la commodité du lecteur, nous supprimons quelques abréviations et nous ajoutons les signes de la ponctuation, les apostrophes et les accents, qui manquent générale-

---

[1] Cependant les archives municipales de Chinon ne nous ont pas donné ce que nous étions en droit d'en attendre. Un grand nombre de documents qui devraient s'y trouver n'y existent plus. Les uns, disparus depuis longtemps, semblent avoir été détruits dans un incendie survenu en 1619 au greffe du Bailliage; les autres, dont la disparition est plus récente, ont sans doute été vendus par inadvertance avec des papiers inutiles. De là des lacunes que, parfois, il nous a été impossible de combler.

ment dans les originaux, en nous bornant ordinairement, pour les textes du xvi⁰ et du xvii⁰ siècle, à accentuer les syllabes toniques et la lettre A lorsqu'elle est employée comme préposition.

Nous y joignons :

1º La reproduction réduite du programme des exercices publics qui précédèrent la distribution des prix en 1769;

2º Le *fac-simile* de la signature des principaux du Collège et du petit Collège pendant les xvii⁰ et xviii⁰ siècles;

3º Un plan du Collège tel qu'il est actuellement.

***

Il nous reste maintenant un devoir à remplir. C'est d'adresser nos remerciements aux personnes dont l'obligeance nous a permis de mener ce travail à bonne fin; en particulier à M. le docteur Mattrais, maire de Chinon, qui nous a donné les plus grandes facilités pour consulter les archives de la ville, — à M. Louis de Grandmaison, archiviste du département, qui nous a communiqué tout ce qui pouvait nous intéresser parmi les précieux documents confiés à ses soins, et qui, de plus, nous a souvent aidé de ses lumières et de ses conseils, — à M. Armand du Retail, élève à l'École des Chartes, qui a bien voulu rechercher aux archives nationales quelques pièces intéressantes, — à tous ceux enfin qui nous ont prêté leur bienveillant concours. Qu'ils reçoivent donc ici l'expression de toute notre gratitude.

Chinon, le 25 mars 1904.

E.-H. T.

LIVRE I

LES ANCIENNES ECOLES
L'ECOLE CAPITULAIRE DE SAINT-MEXME
(1142-1578)

César nous apprend dans ses *Commentaires* que les Gaulois confiaient aux Druides l'instruction des enfants [1].

Cependant, l'enseignement public ne fut réellement organisé dans les Gaules que quelque temps après la conquête. Auguste jeta les bases de cette organisation et ses successeurs continuèrent son œuvre, laissant presque toujours une large part à l'initiative privée, mais conservant à l'État un droit de contrôle absolu.

Les écoles municipales, qui florissaient dans la plupart des villes vers la fin de l'occupation romaine, avaient donc été créées avec l'assentiment des empereurs, souvent même par leur ordre. Leur personnel, sauf de rares exceptions, se recrutait en dehors du clergé et l'on y enseignait le grec et le latin [2].

Ces établissements disparurent lors de l'invasion des Barbares, et les ténèbres de l'ignorance auraient de nouveau couvert le pays tout entier sans l'initiative des évêques et des moines qui, partout, ouvrirent des écoles.

Cette situation resta stationnaire jusque vers la fin du VIIIe siècle, époque à laquelle Charlemagne donna une impulsion considérable à l'enseignement. Il réorganisa

---

[1] Livre VI, chap. 13 et suivants.
[2] Le code théodosien donne d'intéressants détails sur l'organisation de ces écoles, sur les conditions qu'il fallait remplir pour être admis à y enseigner, sur les récompenses et les honneurs décernés après 20 ans d'exercice aux professeurs émérites, etc.

les écoles fondées par le clergé, en créa de nouvelles et, à toutes, donna sa protection. Mais, après lui, l'instruction périclita rapidement. La plupart des écoles publiques se fermèrent, les autres végétèrent, et, pendant plusieurs siècles, le travail intellectuel se trouva relégué dans les cloîtres. C'est là seulement que l'on étudiait sérieusement. Il n'y avait du reste de livres que là ; et ces livres étaient des manuscrits que les religieux copiaient et recopiaient sans cesse, reproduisant ainsi, souvent en les commentant, les chefs-d'œuvre de la littérature ancienne. C'est, il faut bien le dire, grâce à ce labeur incessant des moines du moyen âge que les productions littéraires de l'antiquité sont parvenues jusqu'à nous.

Vers le milieu du XII° siècle, un réveil littéraire et scientifique se produisit presque partout en France [1]. C'est de cette époque que date la fondation, à Chinon, des premières écoles dont l'histoire nous ait conservé le souvenir.

En 1142, en effet, Hugues II, d'Etampes, archevêque de Tours, établit dans notre ville des écoles publiques destinées à l'instruction de la jeunesse [2] et dont il confia la direction et l'administration au chevecier et aux chanoines de la collégiale de Saint-Mexme [3]. « ..... publicas haberi jussit scholas Cainone erudiendis formandisque adolescentibus, quarum regimen curamque demandavit Capicerio et Canonicis illic hærentibus [4] ».

Il est bien difficile de dire quel genre d'instruction les chanoines donnaient aux élèves qui fréquentaient leurs

---

[1] Nous avons en effet constaté qu'un assez grand nombre d'écoles publiques s'ouvrirent alors dans des diocèses différents.

[2] Plusieurs auteurs rapportent la fondation de ces écoles à l'année 1141. Le Gallia christiana donne les deux dates dans deux passages différents, mais il nous semble, d'après le texte de Maan, que celle de 1142 doive être adoptée.

[3] Les moines de l'antique abbaye de Chinon, qui, dès le temps de saint Mexme, étaient soumis à la vie religieuse et qui, sous l'épiscopat de Théotolon, avaient adopté la règle de saint Benoist, étaient en effet déjà sécularisés et avaient à leur tête un chevecier au lieu d'un abbé.

[4] Maan, Sancta et metropol. eccl. Turon..... Tours, 1667, p. 111. — Voir à la fin de ce volume (pièces justificatives, A) la reproduction de tout le passage de Maan relatif à cette question.

écoles. Cette fondation ne nous est, en effet, connue que par le passage que nous venons de citer et qui, s'il ne laisse aucun doute sur l'authenticité du fait, ne permet guère de discuter les détails de son exécution. Cependant cet établissement étant destiné, d'après le texte même de Maan, à recevoir des adolescents et non de jeunes enfants, il est fort probable que l'on y enseignait les belles-lettres et le latin, et qu'il correspondait à nos maisons actuelles d'instruction secondaire plutôt qu'à nos écoles primaires.

Quoi qu'il en soit, cette création subsista sans doute sans interruption, comme aussi sans grand changement, jusqu'au milieu du XVIe siècle [1].

A cette époque, une évolution profonde se produisit dans l'esprit humain. La Renaissance, qui, dès le siècle précédent, florissait en Italie, venait de gagner la France. Le contact que les peuples des deux pays avaient eu pendant les guerres que Charles VIII et ses successeurs avaient portées au delà des Alpes, avait été fécond pour nos littérateurs comme pour nos artistes. La langue française, qui n'avait pas encore atteint son parfait développement, en ressentit les heureux effets. Nos écrivains empruntèrent à l'Italie des mots qui lui étaient propres, en formèrent de nouveaux qu'ils tirèrent du grec et du latin, introduisant ainsi dans notre langage une foule d'expressions nouvelles, souvent fort pittoresques et dont beaucoup en font encore aujourd'hui l'ornement. Ce fut pour notre langue une époque de transition au cours de laquelle nos littérateurs surent, malgré ces emprunts, lui conserver son caractère national et, en même temps, lui imprimer toutes les qualités qui devaient en faire au siècle suivant la

---

[1] Les fondations d'origine ecclésiastique avaient en effet une stabilité remarquable. Elles ne pouvaient être annulées ou modifiées que par l'autorité compétente. Or, la décision prise en 1112 par l'archevêque de Tours n'avait pas, semble-t-il, été révoquée depuis lors. Elle avait même été confirmée implicitement par le concile de Latran qui, en 1215, avait obligé toutes les églises, dont les ressources le permettaient, de rétribuer un maître chargé d'enseigner gratuitement, en lui accordant une prébende ou d'autres subsides. Le concile de Trente devait aussi, plus tard, prendre une décision analogue.

langue la plus pure et la plus précise qui fût au monde.

Alors aussi, se développèrent simultanément la liberté de penser et d'écrire, l'esprit de critique et d'analyse, et, conséquemment, un impérieux besoin de savoir.

La Réforme, survenue dans le même temps, contribua également, par les discussions qu'elle amena, l'émulation qu'elle engendra, à développer l'insatiable besoin de s'instruire qui s'emparait alors de tous les esprits.

Il se produisit donc forcément, en France, un développement considérable de l'instruction secondaire. Les écoles se multiplièrent et le gouvernement les favorisa de tout son pouvoir.

C'est alors que, « sur les remontrances » des États tenus à Orléans au mois de janvier 1560 (1561 nouveau style), Charles IX rendit une ordonnance qui, par son article IX, enjoignait aux Chapitres des églises cathédrales et des collégiales d'affecter une prébende spéciale à l'entretien d'un précepteur chargé d'instruire gratuitement les enfants. Ce précepteur devait être élu par l'archevêque ou l'évêque, en présence des chanoines et des autorités municipales [1].

En contraignant ainsi la collégiale de Saint-Mexme à subvenir aux frais de l'instruction publique, cette ordonnance ne faisait en quelque sorte que sanctionner la décision prise quatre siècles auparavant par l'archevêque de Tours. Cependant elle mettait le Chapitre dans une situation fort différente : elle lui imposait, au nom du pouvoir civil, une obligation qu'il ne tenait encore que de

---

[1] Nous croyons devoir donner cet article, tel qu'il a été transcrit le 13 septembre 1561 sur les registres du Parlement (Arch. nat., X¹ᴬ 8624, fol. 131, v°), en le faisant précéder, pour l'intelligence du texte, du commencement de l'article précédent :

Art. VIII. — En chacune eglise cathedralle ou collegiale sera reservée une prebende affectée à ung docteur en theologie.....

Art. IX. — Oultre ladicte prebende theologalle, une autre prebende, ou le revenu d'icelle, demeurera destiné pour l'entretenement d'ung precepteur qui sera tenu, moiennant ce, instruire les jeunes enfans de la ville gratuitement et sans salaire. Lequel precepteur sera eleu par l'arcevesque ou evesque du lieu, appellez les chanoynes de leur eglise et les maire, eschevins, conseillers ou capitoulz de la ville, et destituable par ledict arcevesque ou evesque par l'avis des dessusdicts.

l'autorité ecclésiastique, et en même temps elle le privait du droit qu'il avait eu jusqu'alors de choisir et de rétribuer à son gré le maître chargé de l'enseignement. Enfin, en faisant intervenir le Corps de Ville dans la nomination du précepteur, elle lui donnait une autorité qui, sans doute, lui manquait jusque-là et qui, plus tard, lui permit de soustraire complètement le Collège à l'influence du Chapitre. Elle était donc tout à l'avantage de la Ville.

Un des chanoines avait alors le titre d'écolâtre et, conséquemment, devait être chargé d'instruire les enfants ou tout au moins de surveiller l'école. Le Chapitre avait toujours, jusqu'à cette époque, désigné lui-même un de ses membres pour remplir cette fonction ; mais l'ordonnance d'Orléans faisant désormais intervenir une influence étrangère dans le choix du précepteur pourvu de la prébende, la charge d'écolâtre dut être supprimée et la prébende qui s'y trouvait attachée, et qui prit dès lors le nom de prébende préceptoriale, fut attribuée au précepteur élu d'après les prescriptions de l'ordonnance.

Cependant nous ne pouvons dire d'une façon positive comment se fit alors, à Chinon, la nomination du titulaire de la prébende. Il est incontestable pourtant que l'archevêque y fut toujours étranger[1]; et il nous paraît à peu près certain qu'à partir de la promulgation de l'ordonnance d'Orléans, le directeur de l'école capitulaire, au lieu d'être choisi par le Chapitre, fut désigné par les officiers municipaux qui le présentaient ensuite aux chanoines en les priant de lui conférer la prébende [2].

---

(1) Les préliminaires d'un arrêt du Parlement de Paris, en date du 22 juin 1621, semblent du reste admettre que le mode de nomination prescrit par l'ordonnance ne s'appliquait pas aux précepteurs dont la prébende était fournie par les collégiales, mais seulement à ceux qui étaient rétribués par le Chapitre des églises cathédrales. C'était aussi l'avis des chanoines ; mais, tandis que ces derniers soutenaient avoir seuls le droit de nommer le titulaire de la prébende, les autorités municipales revendiquaient le même privilège. La Ville soutenait même qu'elle possédait, dès avant 1561, le pouvoir de nommer le directeur de l'école et de le présenter ensuite au Chapitre; mais cette prétention, tout en étant peut-être l'expression de la vérité, ne nous semble pas être suffisamment justifiée (pièces justificatives, D).

(2) Voir l'arrêt des Grands Jours de Poitiers (pièces justificatives, C).

— 14 —

Nous ignorons si le précepteur recevait dès cette époque une subvention de la Ville ; mais un arrêt des Grands Jours de Poitiers, rendu en 1579[1] et sur lequel nous aurons bientôt à revenir, nous apprend qu'il jouissait, en même temps que de la prébende, du titre de chantre dans l'église collégiale. Cet arrêt nous donne aussi le nom des derniers titulaires de cette charge. Ce furent les nommés Detrahay, qui exerçait peut-être déjà en 1561, et René Boucher qui lui succéda et mourut en 1578.

L'immeuble dans lequel se tenaient alors « les écoles » se trouvait dans le voisinage de la collégiale. Un procès-verbal d'adjudication de cette maison, qui date de 1581, et quelques autres pièces conservées avec cet acte aux archives d'Indre-et-Loire (G. 608) nous apprennent en effet qu'elle était située dans la rue de la Mariette, vis-à-vis de la Psallette[2]. Enfin, une délibération municipale en date du 12 décembre 1578[3] nous fait savoir que cet immeuble appartenait au Chapitre et que les chanoines en abandonnèrent la propriété à la Ville lors de l'ouverture du Collège royal.

L'école capitulaire de Saint-Mexme, après une existence plus de quatre fois séculaire, allait en effet bientôt disparaître pour faire place au Collège.

---

(1) Pièces justificatives, C.
(2) La rue de la Mariette est la rue par laquelle on monte de la place Saint-Mexme au carrefour de la Mariette (intersection des rues conduisant de Saint-Mexme à Saint-Martin d'une part, du Collège à Saint-Jean d'autre part). La maison de la Psallette, située à gauche en montant, est celle qui porte le n° 14 et qui pendant longtemps a été habitée par l'aumônier des religieuses Dominicaines. L'école se trouvait donc vis-à-vis ; c'était la seconde maison à droite en montant. Il n'en reste plus rien aujourd'hui ; elle a été démolie et le terrain sur lequel elle était édifiée a été incorporé au couvent des Dominicaines lors de l'exécution des dernières constructions.
(3) Pièces justificatives, B. 2.

LIVRE II

L'ANCIEN COLLÈGE (1578-1794)

CHAPITRE Iᵉʳ

Le Collège royal depuis sa fondation jusqu'au moment où la Ville en abandonna la direction aux Augustins (1578-1705) [1].

I

'L'obligation que l'ordonnance d'Orléans imposait aux Chapitres de consacrer une de leurs prébendes à l'instruction des enfants, engagea alors bien des municipalités à ouvrir des collèges. C'est précisément ce qui eut lieu à Chinon.

En 1574, en effet, ou tout au moins en 1576 [2] et sans doute pour répondre à une demande de l'assemblée municipale, Henri III autorisa la Ville à acheter, pour y établir un Collège, une maison située au-dessus du carroi de Saint-Étienne, entre le coteau et la rue conduisant à la Porte de la Barre, maison dont le prix d'acquisition — 2,000 livres — fut payé avec le produit d'un impôt spécial levé dans toute l'Élection.

Ces détails ne nous sont connus que par la mention

---

[1] Tous les faits exposés dans ce chapitre sont extraits, sauf indication contraire, des délibérations du Corps de Ville de Chinon (Arch. mun. de Chinon, BB. 2-16).

[2] La date de 1574 est donnée par un document du milieu du XVIIIᵉ siècle conservé aux archives d'Indre-et-Loire (D. 7), mais il est possible qu'elle soit erronée et qu'il faille lire 1576, à moins que cette dernière, donnée par l'inscription que nous reproduisons ci-après, ne soit celle de l'enregistrement et que la pièce n'ait été enregistrée que deux ans après avoir été signée par le roi.

qu'on ont faite les administrateurs du Collège, au milieu du xviii° siècle, d'après une « très ancienne inscription » qui se trouvait alors au-dessus de la porte d'une classe et dont ils ont eu soin de faire prendre une copie authentique par un notaire de la ville.

Voici quel était, d'après cet acte, en date du 18 avril 1763, le texte de cette inscription :

RAIGNANT LE ROY HENRY III, LE PRESENT HOTEL A ÉTÉ ACHEPTÉ PAR LE COMMENDEMANT DE SA MAJESTÉ LA SOMME DE II MIL LIVRES QVI A ÉTÉ IMPOSÉE ET LEVÉE SVR LA VILLE ET ÉLECTION DE CHINON POVR SERVIR AVX EFFETS CONTENVS ÈS LETTRES ET DÉCLARATIONS DVD. SEIGNEVR ET ATTACHE D'ICELLE ENREGISTRÉE ÈS GREFFES DE L'ORDINAIRE ET ÉLECTION DVD. CHINON. 1576.

Cet acte nous apprend aussi que la classe, dont la porte était surmontée de cette inscription, se trouvait au nord de la cour ; que l'inscription elle-même était gravée sur une pierre de tuffeau mesurant quatre pieds de longueur et deux pieds sept pouces de hauteur, et qu'une autre grande pierre de tuffeau, placée au-dessus de la précédente, portait, également gravées, les armoiries du roi et celles de la ville [1].

Les lettres du roi, autorisant la création du Collège, n'existaient déjà plus à cette époque [2]. Elles avaient été détruites, parait-il, dans un incendie survenu en 1649 au greffe du Bailliage où elles avaient été déposées, et c'est pour y suppléer que le Bureau avait décidé, à la date du

---

[1] Minutes de M° Roy le jeune (Etude de M° Guérin, notaire à Chinon).

[2] Nous avons conservé pendant quelque temps l'espoir de retrouver le texte de cette pièce intéressante, soit dans les anciens registres du Parlement de Paris, soit dans ceux de la Chambre des Comptes, où ce document aurait pu avoir été enregistré, mais les recherches faites dans ce but sont demeurées sans résultat. Cependant M. du Retail, qui a bien voulu se charger de ces recherches, a trouvé, en parcourant les tables des Mémoriaux de la Chambre des Comptes, une mention d'enregistrement, vers la mi-décembre 1576, d'une « concession d'octroi aux habitants de Chinon de 20 livres par minot de sel pour 6 ans ». Est-ce à l'aide de cet impôt qu'a été payée la maison du Collège ? C'est possible, mais on ne peut l'affirmer, ces tables ne donnant aucun autre détail, et les Mémoriaux contenant l'enregistrement des pièces ayant été détruits par un incendie en 1733.

16 mars précédent, de faire relever cette inscription par un notaire.

Nous ne pouvons donc donner de détails bien précis sur la fondation du Collège royal. Ce qu'il y a de certain, c'est que, malgré l'acquisition de l'immeuble destiné à installer cet établissement, l'école capitulaire de Saint-Mexme subsista plusieurs années encore et continua de rester pendant ce temps dans la maison appartenant aux chanoines et probablement sous leur direction.

Ce fut seulement le 20 novembre 1578, et sans doute par suite du décès de René Boucher, alors précepteur de cette école, que le Corps de Ville se réunit pour nommer le premier principal. Le procès-verbal de cette réunion [1] nous apprend que Me Michel Bizaul [2], venant d'Angers pour prendre possession de cette charge, se présenta devant l'assemblée qui lui fit savoir que, s'il voulait accepter le principalat, le Chapitre de Saint-Mexme lui donnerait le revenu en nature d'une de ses prébendes, et la Ville une somme annuelle de 150 livres, à condition qu'il prendrait avec lui deux régents et les paierait de ses deniers.

Le sieur Bizaul trouvait ces propositions peu avantageuses. Cependant il déclara que, pour prouver sa bonne volonté et son désir d'être utile, il était prêt à les accepter si le Chapitre voulait lui conférer la prébende et le titre de chantre dont était pourvu René Boucher « naguère précepteur des écoles », et si le receveur de la Ville ou tout autre habitant s'engageait à se porter personnellement garant de la somme annuelle de 150 livres qu'on lui promettait.

Bizaul n'avait donc, semble-t-il, qu'une confiance très limitée dans le crédit de la Ville. Cependant l'assemblée,

---

[1] Pièces justificatives, B. 1.
[2] C'est ainsi que le nom de ce principal est ordinairement écrit dans les délibérations municipales ; nous avons donc adopté cette orthographe. Dans l'arrêt des Grands Jours de Poitiers de 1579, il est écrit Bizayeul et Bizeul. Enfin, il existait à Mayenne, de 1567 à 1569, un sieur Michel Bizeul, maître d'école, qui est peut-être le même personnage. (L'abbé Angot, *L'Instruction populaire dans le département de la Mayenne*, 1890.)

après en avoir délibéré, lui accorda la place de principal et décida que les chanoines seraient invités à lui conférer les titres et bénéfices attachés à cette charge, et que le receveur des deniers communs serait contraint de lui verser chaque année une somme de 150 livres, payable en deux termes égaux, l'un à la fête de Noël, l'autre à celle de Saint-Jean-Baptiste. Elle décida aussi que la Ville se procurerait une partie de cette somme en affermant l'ancienne maison des écoles et ses dépendances, y compris le revenu de la confrérie de Saint-Nicolas, et que le surplus serait pris sur les deniers communs.

Il fut également convenu dans cette réunion que Michel Bizaul commencerait à exercer ses fonctions à Noël ou au premier janvier de l'année suivante, et qu'il percevrait de chaque élève une somme mensuelle de six sols tournois, sans cependant pouvoir rien exiger des enfants pauvres de la ville, dont la liste lui serait donnée par écrit. Enfin personne autre, tant dans la ville que dans les faubourgs, ne pourrait désormais « tenir école » ni instruire les garçons, sauf les tout jeunes enfants n'ayant pas huit ans et auxquels il était permis d'enseigner les premiers éléments de la lecture et de l'écriture jusqu'à ce qu'ils pussent lire « dans leurs heures ». Ceux qui contreviendraient à cette décision seraient condamnés à payer une amende de trois écus un tiers au profit du Collège.

Ces dispositions furent ratifiées le 12 du mois suivant dans une assemblée générale des habitants, qui précisa certaines questions de détail et modifia légèrement quelques-unes des décisions prises dans la réunion précédente [1].

C'est ainsi qu'il fut convenu que, contrairement à ce qui avait été décidé, la maison où se trouvaient précédemment les écoles et que le Chapitre venait d'abandonner à la Ville pour augmenter la dotation du Collège, ne

---

[1] Pièces justificatives, B. 2.

serait pas affermée. Les élus furent invités à la vendre et à en employer la valeur en achat de rentes constituées, dont les intérêts devaient servir à payer au principal une partie de ses émoluments [1].

Quant au revenu de la confrérie de Saint-Nicolas, il était si minime, paraît-il, qu'il suffisait à peine à acquitter le service divin qui s'y trouvait attaché. Il fut donc décidé qu'on l'abandonnerait à la fabrique de la paroisse Saint-Maurice, à la charge, par celle-ci, de faire dire le « service accoutumé ».

Par suite des décisions prises dans ces deux assemblées, le principal était tenu — nous l'avons vu — d'avoir avec lui deux régents et de les payer de ses deniers. Il devait en outre les choisir de bonnes « vie et conversation » et les faire agréer par le Corps de Ville, ce qui ne l'empêchait pas d'en rester responsable. La Ville conservait du reste le droit de le destituer s'il négligeait ou s'il refusait de remplir convenablement ses fonctions, et après l'avoir préalablement mis en demeure « de s'acquitter bien et dûment de son devoir ».

Il ressort enfin de ces délibérations que le receveur des deniers communs fut contraint d'avancer à Bizaul

---

[1] Cette vente eut lieu « en l'auditoire royal de Chinon » le 10 avril 1581, à la suite d'un procès-verbal de visite fait le 5 du même mois et constatant que la maison était « toute démolie et en grand déluge ». L'immeuble fut adjugé à Jehan Dutartre, couvreur, demeurant paroisse Saint-Mexme, à la charge de le faire restaurer, de servir au Chapitre de Saint-Mexme une rente de 60 sols et de verser annuellement dans la caisse de la Ville une somme de 2 écus, payable en deux fois, à la Saint-Jean-Baptiste et à Noël. Cet immeuble joignait au levant une maison canoniale alors occupée par Martin Péguyneau, chanoine de Saint-Mexme, et au couchant une maison habitée par Romain Ricot, vicaire et chapelain de la même église (Arch. d'Indre-et-Loire, G. 608). — Un autre acte nous apprend qu'en 1606 la maison comprenait une chambre basse, une cour et deux chambres hautes (id.). — Enfin, diverses pièces nous font connaître les propriétaires successifs de cet immeuble. Citons seulement Julienne Lemaître, veuve de Jehan Taillecourt, à qui Dutartre le céda dès 1582 et qui le céda elle-même à René Guignet en 1606. Au milieu du XVIII° siècle, il appartenait à Jean Bodin, sacristain de Saint-Mexme, et après sa mort il échut en partage à l'une de ses filles, Marie, qui épousa plus tard Louis Dubois (id.). — Les descendants des époux Dubois possédaient encore cette maison lorsque les Dominicaines en firent l'acquisition le 17 février 1879. — Voir p. 14 une note indiquant l'emplacement de cet immeuble.

une somme de 33 écus et un tiers, pour l'aider à payer ses frais de déménagement.

A peine Michel Bizaul fut-il pourvu du principalat que des difficultés s'élevèrent entre lui et le Chapitre de Saint-Mexme qui refusait de lui conférer les titres et bénéfices qu'on lui avait promis.

Les chanoines étaient arrêtés, disaient-ils, par les prétentions d'un sieur Jehan Barat qui s'était fait pourvoir en cour de Rome, et à l'insu du Chapitre, du titre de chantre de la collégiale, et qui soutenait que ce titre lui donnait droit au canonicat et à la prébende destinés au principal. Les chanoines, qui, en réalité, étaient peut-être de bonne foi, se trouvaient donc dans un grand embarras.

Bizaul, soutenu par la Ville, en référa au tribunal du Bailliage de Chinon qui, le 29 avril 1579, condamna le Chapitre à exécuter les prescriptions de l'ordonnance d'Orléans [1]. Les chanoines ne s'étant pas soumis à cet arrêt, leur temporel fut saisi en vertu d'une décision du lieutenant général, en date du 23 août suivant.

Le Chapitre fit aussitôt appel de cette sentence, et le différend fut porté devant la Cour des Grands Jours de Poitiers qui, par un arrêt rendu le 13 octobre de la même année, confirma le jugement de Chinon et condamna les chanoines à conférer à Bizaul la prébende que l'ordonnance d'Orléans les obligeait de consacrer à l'instruction [2].

Le procureur général, dans ses conclusions, avait fait valoir que cette obligation ne pouvait être mise en doute et que les chanoines pouvaient d'autant moins s'y soustraire qu'ils s'y étaient déjà soumis trois fois, en accordant cette prébende à Detrahay, à Boucher et en dernier lieu à Bizaul à qui les habitants ne l'avaient promise

---

[1] Une copie de cette sentence existait encore au Collège en 1791, d'après l'inventaire fait à cette époque des titres et papiers de cet établissement (Arch. mun. de Chinon, série I).

[2] Cet arrêt est reproduit *in extenso* parmi les pièces justificatives (C).

qu'avec l'assentiment du Chapitre. D'après ce magistrat, le principal avait également droit au titre de chantre qu'avait toujours possédé le précepteur des écoles ; mais comme Bizaul avait fait savoir par l'organe de son avocat qu'il ne tenait pas à ce titre, purement honorifique, l'arrêt des Grands Jours, tout en annulant l'attribution faite en cour de Rome, de cette dignité, laissa au Chapitre le droit de la conférer à l'un des chanoines de l'église collégiale.

Enfin cet arrêt condamnait les appelants aux dépens et à une amende de 20 livres parisis envers le roi.

Cependant les habitants n'eurent pas à se louer du zèle et de la conduite de celui dont ils venaient de soutenir la cause. Malgré les engagements qu'il avait pris, Bizaul ne s'adjoignit aucun auxiliaire, négligea l'instruction des enfants et se livra lui-même à des écarts de conduite tels que les officiers municipaux durent bientôt sévir contre lui.

Son traitement lui fut d'abord supprimé. Et, comme à la suite de cette décision, il avait présenté, à la date du 23 novembre 1580, une requête tendant à en obtenir le paiement, les habitants furent invités à se réunir le 30 du mois suivant pour prendre les mesures que nécessitait la situation.

Cette assemblée, à laquelle assistaient deux chanoines de Saint-Mexme, fut unanime à reconnaître que depuis l'arrivée de Bizaul à Chinon, la jeunesse était « plus débandée et mal instruite » qu'auparavant, qu'il avait lui-même fait preuve d'une négligence extrême et d'une conduite fort déréglée, et que de nombreuses plaintes avaient été adressées à ce sujet, tant à la Justice qu'au Chapitre de Saint-Mexme. Cependant il fut décidé qu'avant de le destituer, on s'assurerait de l'exactitude des faits qui lui étaient reprochés [1].

---

(1) Pièces justificatives, B. 3.

II

Nous ne savons quel fut le résultat de l'enquête prescrite le 30 décembre au sujet des agissements du principal, ni la date de la nomination de son successeur, Jean de Vendosme.

Il nous semble cependant que Michel Bizaul cessa ses fonctions en 1581 ou 1582 [1], et que Jean de Vendosme lui succéda presque aussitôt, probablement en 1582. En effet, un « Jan de Vendosme, maître ès arts en l'Université de Paris, précepteur et recteur des écoles de Vannes » qu'il dirigeait depuis 1574, quitta précisément cette ville en 1582 [2]. Il y a donc tout lieu de croire que ce fut lui qui vint alors à Chinon pour prendre au Collège la succession de Bizaul.

L'acte de nomination du nouveau principal ne figure pas sur les registres municipaux, où il est question de lui, pour la première fois, en 1585. Une délibération, en date du 29 novembre de cette année, nous apprend en effet que ce même jour le Corps de Ville agréa comme régent au Collège un nommé Joachim Le Roy, originaire du village de Venet, près de Graçay, en Berry, qui avait étudié « les lettres humaines » et s'était offert à enseigner dans cet établissement sous la direction de Jean de Vendosme, alors principal [3]. Le postulant, désireux de montrer son savoir, s'était exprimé en latin pour exposer sa demande. Lorsqu'il fut agréé, les élus furent invités à lui faire remettre une somme de trois écus, en attendant que l'on ait fixé ses appointements [4].

---

(1) Nous avons trouvé, à la date du 12 octobre 1581, un commencement de délibération — quelques lignes seulement — où il est question d'un T" Bizaul, précepteur au Collège. Etait-ce Michel que l'on nommait par erreur Théodore? Ou était-ce un homonyme, un parent peut-être, qu'il avait appelé près de lui en qualité d'auxiliaire? Nous ne pouvons le dire. (Arch. mun. de Chinon, BB. 3.)

(2) Lallemand, *Origines historiques de la ville de Vannes*, 1858; réimprimé en 1903. — Mauricet, *Le Collège de Vannes*, 1889. — Allanic, *Histoire du Collège de Vannes*, 1902.

(3) Dans les délibérations municipales, le prénom de ce principal n'est désigné que par sa lettre initiale; dans les comptes municipaux, il est écrit Jehan en toutes lettres.

(4) Pièces justificatives, B. 4.

Le 1er mars de l'année suivante, le Corps de Ville décida que le traitement du sieur Le Roy serait de 12 écus par an, payables d'avance, de trois mois en trois mois, à dater du jour de sa nomination.

Le procès-verbal de cette dernière assemblée nous apprend également que la Ville, désirant alléger les charges du principal, l'avait fait rayer des rôles de la taille, mais que Jean de Vendosme ayant, malgré cela, été imposé l'année suivante et s'étant refusé à payer, le fisc avait fait saisir son mobilier. Le principal avait aussitôt fait opposition à cette saisie et en avait averti le Corps de Ville qui, dans cette réunion, décida qu'en reconnaissance des services que rendait Jean de Vendosme en instruisant les enfants, les habitants le soutiendraient dans l'instance qu'il avait formée, et que, s'il était cependant obligé de payer sa taille, cet impôt serait soldé par les habitants ou par les fabriques des paroisses [1]. L'assemblée municipale agissait ainsi, disait-elle, pour favoriser l'instruction et encourager le zèle du principal [2].

Jean de Vendosme conserva le principalat jusqu'en 1601. Il mourut en effet le 1er juin de cette année, à l'âge de 74 ans, étant encore principal du Collège [3].

Les comptes municipaux de la fin du XVIe siècle, conservés à la mairie de Chinon [4], nous apprennent que le prédécesseur de Joachim Le Roy, comme « régent et sous-maître » au Collège, était un nommé Mathurin

---

[1] Ces faits nous font supposer que J. de Vendosme n'était pas prêtre. L'article 56 de l'ordonnance de Blois de 1579 exemptait en effet les ecclésiastiques de toutes contributions et de toutes charges, et l'article 57 défendait de saisir leurs meubles destinés au service divin ou à leur usage nécessaire et domestique.

[2] Pièces justificatives, B. 5.

[3] Cette indication se trouve en marge d'un registre de baptêmes de la paroisse Saint-Jacques, dont les feuillets ont été transposés avant le numérotage : « Jehan de Vendosme aagé de 74 ans décédé le premier jour de juin 1601 principal du Collège de ceste ville. »

J. de Vendosme était-il originaire de Chinon ? Nous l'ignorons. La seule personne de ce nom que nous ayons trouvée mentionnée sur les registres paroissiaux de la ville est une Andrée de Vendosme qui, depuis 1607 jusqu'à 1635, figure plusieurs fois comme marraine. Si le principal n'était pas prêtre, c'était peut-être sa fille.

[4] Archives municipales de Chinon, série LL.

Tessier qui, en 1585, recevait 12 écus par an ; et qu'après lui vinrent François Le Sainct qui, en 1586, recevait également 12 écus, et François Le Roy qui, en 1587, recevait 20 écus.

III

Jean de Vendosme eut très probablement pour successeur immédiat Robert Martin, prêtre séculier, originaire de la ville de Mayenne. Toutefois, les registres des délibérations municipales faisant défaut depuis le mois de mai 1591 jusqu'au mois d'avril 1621, il nous est impossible de l'affirmer.

Le testament de ce prêtre, qui fut un des bienfaiteurs du Collège, nous apprend cependant que, depuis 1604 jusqu'à 1615, il fit à Chinon l'acquisition d'un certain nombre d'immeubles, presque tous contigus à cet établissement, auquel il devait les léguer pour la plupart après son décès. Il est donc fort probable que, dès 1604 et peut-être même auparavant, il était déjà pourvu du principalat.

Pendant cet intervalle, et jusqu'en 1619, il figure du reste, soit avec le titre de chanoine prébendé de l'église de Saint-Mexme, soit avec celui de principal du Collège, dans divers actes notariés ne concernant pas ce dernier établissement. L'un d'eux, passé par Me Gilbert [1] au mois de juillet 1611, nous apprend cependant qu'il avait alors avec lui deux régents : François Chenard, prêtre, chapelain de l'église de Saint-Mexme, et Jacques Le Bourdays.

Enfin, son testament, daté du 17 mars 1618, et les codicilles qu'il y ajouta les 6 et 8 août 1620, nous font savoir qu'à cette époque il occupait encore le principalat.

Par ce testament, passé par Me Lecomte, notaire à Chinon [2], Robert Martin léguait au Collège plusieurs

---

[1] Etude de Me Janvier, notaire à Chinon.
[2] Ce testament est reproduit *in extenso* à la fin du volume : pièces justificatives, E.

maisons, cours et jardins joignant cet établissement et diverses constructions qu'il y avait fait édifier. Les dons qu'il faisait ainsi n'étaient grevés d'aucune charge pécuniaire, mais les principaux appelés à lui succéder devaient continuer de faire dire à la fin des classes « le salut accoutumé » suivi de diverses autres prières, notamment du *De Profundis*, à l'intention du testateur et de ses parents. Ils restaient en outre chargés « d'une messe basse et de l'absolution chaque mercredi de la semaine » dont était grevé l'un des immeubles.

Par ce même acte, le principal du Collège donnait à la ville de Chinon un logis avec jardin, à condition d'y établir une école où les jeunes garçons des familles indigentes recevraient gratuitement l'instruction. Nous reviendrons sur cette fondation lorsque nous ferons l'histoire de cette école, connue sous le nom de Collège des pauvres ou petit Collège, à laquelle nous consacrerons un chapitre spécial.

Robert Martin faisait aussi divers dons au Chapitre de Saint-Mexme, aux fabriques de Saint-Etienne et de Saint-Jacques, aux Capucins de Chinon, de Laval et de Mayenne, ainsi qu'à plusieurs personnes, notamment à Jehan Le Commandeur, qui était alors régent au Collège (6 août 1620), et à Jehan Brisoult qu'il instituait, sa vie durant, principal du Collège des pauvres.

Il paraît enfin résulter d'un passage de ce testament qu'il y avait déjà des pensionnaires au Collège. Il y est en effet question d'une somme due pour la pension de Pierre Lebascle « sorti du Collège dès la fête Saint-Jean dernière ».

Les bienfaits dont Robert Martin combla l'établissement qu'il dirigeait, les legs qu'il fit en mourant pour la création d'une école primaire gratuite, lui donnent droit à la reconnaissance de la postérité. Le Collège paraît du reste avoir été fort prospère entre ses mains. Pendant les dix dernières années, il eut, semble-t-il, presque toujours avec lui deux régents, au moins, dont un seul était payé par la Ville. Son testament, les divers actes que nous avons cités et les comptes municipaux conservés aux archives de la ville, nous donnent le nom d'un certain nombre de ces maîtres. Ce sont :

Jehan Martin, 1608-1610. Originaire de la ville de Mayenne, il était le neveu de Robert Martin et il fut un de ses légataires.

Pierre Tardif, 1610-1611.

Jacques Le Bourdays, 1611. Il devait être originaire de Mayenne ou des environs. Un Pierre Le Bourdais était principal du Collège de la Bigottière (Mayenne) de 1710 à 1719. (L'abbé Angot, *L'Instruction populaire dans la Mayenne*, 1890.)

François Chenard, 1611-1620. Il succéda à Robert Martin comme principal du Collège.

Jehan Moussault, 1616-1617.

Fouques Charpentier, 1618-1619.

Jehan Le Commandeur, 1620.

Enfin, Guillaume Remon et Jehan Brisoult, le futur principal du petit Collège, qui, le 6 août 1620, demeuraient avec Robert Martin, devaient peut-être aussi enseigner au Collège.

IV

Robert Martin mourut probablement en 1620, peu de temps après avoir pris ses dernières dispositions testamentaires. Il eut pour successeur François Chenard, curé de la Roche-Clermault (1), qui, depuis dix ans professait au Collège en qualité de régent, et qui, dès le mois de septembre de cette même année, portait déjà le titre de principal. Les comptes municipaux en font foi.

A peine Chenard fut-il investi du principalat par l'assemblée municipale, qu'il eut à lutter contre les prétentions du Chapitre de Saint-Mexme qui refusait de lui conférer le canonicat et la prébende attachés à cette charge, sous prétexte qu'il ne possédait aucun titre

---

(1) En 1619, dans un acte de baptême où Chenard figure comme parrain, il est dénommé : « Vénérable et discret M⁰ François Chenard étudiant en théologie et curé de la Roche-Clermault ». Il était donc déjà titulaire de cette cure.

universitaire et qu'il avait été nommé par les échevins, dans une assemblée du Corps de Ville, contrairement aux prescription de l'ordonnance d'Orléans.

Les chanoines prétendaient que, puisqu'ils étaient tenus de conférer au principal la prébende préceptoriale, ils avaient seuls le droit de procéder à sa nomination.

Les officiers municipaux soutenaient au contraire que le maire et les échevins, ayant de tout temps « même avant l'ordonnance » possédé le pouvoir de nommer le principal, auquel le Chapitre conférait ensuite une prébende, cette nomination devait avoir lieu à l'Hôtel de Ville et en présence de deux chanoines seulement. Ils se basaient en outre sur ce que le Collège était la propriété de la Ville qui l'avait payé de ses deniers et qui rétribuait le principal, et ils ajoutaient que cette question avait du reste été jugée précédemment par un arrêt des Grands Jours de Poitiers.

Ce différend fut alors soumis au Parlement de Paris qui, le 22 juin 1621, après avoir entendu les avocats des parties et le procureur général [1], rendit un arrêt par lequel la Cour confirmait au maire et aux échevins le pouvoir qu'ils avaient de nommer le principal du Collège en présence de deux chanoines, et enjoignait au Chapitre de conférer la prébende préceptoriale à l'élu des officiers municipaux [2].

Les chanoines durent donc se soumettre et le principal put dès lors jouir librement des honneurs et des revenus attachés à sa charge.

François Chenard occupait le principalat depuis 3 ans seulement, lorsque la Ville chercha à donner au Collège une nouvelle organisation.

Les Oratoriens avaient ouvert en France, depuis quelques années déjà, des établissements d'instruction

---

[1] Le procureur général, ou du moins son suppléant, avait longuement développé la thèse que soutenaient les officiers municipaux et l'avait adoptée, ajoutant même que « sauf correction » l'ordonnance d'Orléans ne s'appliquait pas aux collégiales.
[2] Cet arrêt est reproduit *in extenso* parmi les pièces justificatives (D).

qui paraissaient devoir être florissants. La municipalité, pensant que le Collège ne pourrait que prospérer entre leurs mains, songea à leur en abandonner la direction.

A cet effet, le Corps de Ville, dans sa réunion du 17 novembre 1623, chargea les élus de demander aux « Pères de l'Oratoire » s'ils consentiraient à venir dans la ville pour y « tenir un Collège composé de cinq classes d'humanités, une classe de philosophie et, dessus, la théologie ». La Ville leur aurait donné à bail les bâtiments du Collège, avec tous les revenus attachés à cet établissement; et, s'ils avaient accepté, elle aurait prié le principal de résigner ses fonctions et lui aurait accordé une indemnité, en récompense des soins qu'il avait apportés jusqu'alors dans l'exercice de sa charge.

Mais ces projets ne purent être mis à exécution, et rien ne fut changé dans l'organisation du Collège.

Bien que pourvu du principalat, Chenard n'en conserva pas moins le titre de curé de La Roche-Clermault; ainsi que l'attestent plusieurs actes de baptême dans lesquels, figurant comme parrain, il prend les titres de « licencié en droit, chanoine de Saint-Mexme, principal du Collège royal de Chinon et curé de La Roche-Clermault ». Cependant, le 19 mai 1634, on ne lui donne plus la qualification de curé de La Roche; on le dénomme : « Messire François Chenard, prêtre, chanoine et principal du Collège royal de Chinon ».

Pendant tout le temps qu'il fut en fonctions, ou du moins jusqu'en 1633 inclusivement, Chenard toucha du receveur de la Ville les émoluments qui, jusque-là, avaient presque toujours été versés entre les mains d'un régent et qui, depuis 1614, étaient de 100 livres par an [1]. Il se chargeait donc sans doute de payer lui-même les régents.

---

(1) En 1611, les appointements du second régent (seul rétribué par la Ville) étaient encore de 60 livres. En 1614, ils étaient de 100 livres. Mais les comptes municipaux des années 1612 et 1613 faisant défaut, et les registres des délibérations municipales de cette époque manquant également, il est difficile de savoir à quelle date exacte ces appointements furent portés de 60 à 100 livres.

V

En 1636, la place de principal étant devenue vacante, une assemblée générale des habitants, convoquée avec toute la publicité voulue, se réunit le 28 novembre et désigna pour remplir cette fonction « maître Loys Breton, prêtre, docteur en droit canon, natif de cette ville ».

Le 3 décembre suivant, le nouvel élu s'étant présenté devant l'assemblée, fit le serment de « bien et fidèlement se comporter en sa charge », remercia les assistants de l'avoir appelé à ce poste et promit « d'y faire son devoir » et d'observer les clauses du testament de feu Me Robert Martin. Il lui fut aussitôt donné acte de ces déclarations et il fut décidé que les élus de Ville procéderaient à son installation et le présenteraient « à Messieurs du Chapitre Saint-Mexme » en les invitant à lui conférer « la chanoinie et la prébende affectées au Collège ».

Nous savons peu de choses sur le principalat de Louis Breton, si ce n'est que la Ville n'eut qu'à se louer de son administration. Plusieurs délibérations en font foi, particulièrement celle du 14 mars 1656 par laquelle il fut décidé que les élus sur le fait commun iraient le trouver pour lui dire que le Corps de Ville était « fort satisfait de ses soins et de sa conduite » et pour le prier de continuer d'exercer ses fonctions. Peut-être Breton songeait-il alors à prendre sa retraite et était-ce pour l'empêcher de donner suite à ce dessein que les élus avaient été chargés de faire cette démarche auprès de lui.

Quoi qu'il en soit, ce principal avait assurément droit à la reconnaissance des autorités municipales. Il ne se contentait pas, en effet, d'administrer convenablement l'établissement qu'il dirigeait; soucieux du bon entretien autant que de la prospérité de cette maison, il lui arriva de payer de ses deniers des réparations importantes, ne demandant en compensation de ses sacrifices qu'une légère augmentation des appointements du régent.

Une délibération en date du 13 juin 1653 nous apprend en effet que les élus s'étaient transportés au Collège pour se rendre compte des travaux que le principal y avait fait exécuter et qui avaient coûté 412 livres 5 sols, somme que ce dernier consentait à ne pas réclamer à la Ville si l'on augmentait de 20 livres les émoluments du régent. Cette proposition, on le conçoit, fut acceptée avec empressement, et le régent toucha dès lors 120 livres par an, au lieu de 100, la différence devant être prise sur les deniers communs.

L'auxiliaire du principal, qui était à cette époque Antoine Martin, remplissait également ses fonctions à la satisfaction des membres du Corps de Ville qui, dans la séance du 14 mars 1656, dont nous avons déjà parlé, l'engagèrent à conserver sa charge, lui promettant même qu'il ne pourrait en être dépossédé par un autre principal sans leur consentement.

Ces délibérations prouvent évidemment que les autorités municipales avaient intérêt à maintenir à la tête du Collège le principal et le régent qui s'y trouvaient alors, et l'on peut en conclure que cet établissement était prospère entre leurs mains. Ils conservèrent du reste l'un et l'autre leurs fonctions; et Louis Breton était en possession du principalat depuis plus de 25 ans lorsqu'il mourut le 12 juillet 1662.

Tout en étant principal du Collège, le chanoine Breton desservait, en qualité de chapelain, le sanctuaire de Sainte-Radégonde de Chinon.

Ce fait nous est attesté par une plaque commémorative encore existante et qui est un témoignage irréfutable de la munificence de ce prêtre pour la chapelle dont le service lui était confié.

Vers le milieu du XVIIe siècle, en effet, l'abside de la nef méridionale de cet édifice, menaçant ruine, avait été masquée par un mur portant un rétable contre lequel on avait adossé un autel. Cette construction fut retrouvée presque intacte en 1879, lors des réparations exécutées par les soins de Mme Charre. L'autel seul avait disparu. Mais, derrière le rétable, on découvrit, gravée dans la pierre, l'inscription suivante qui ne laisse aucun doute sur la participation que le principal du Collège avait prise à cette restauration :

ANNO - SALVTIS - 1643 - DIE - 20 - APRILIS - ABSOLV =
TA - FVIT - HÆC - ARA - CVRÂ - ET - SVM =
PTIBVS - M - LVDOVICI - BRETON - PBRI - DEC =
RETORVM - DOCTORIS - CANONICI - GYMNA =
SIARCHÆ - HVIVS - VRBIS - ET - CAPELLANI - STÆ
RADEGVNDIS
M - R - FECIT

On attribue également aux bons soins du même chanoine, mais assurément avec moins de certitude, l'exécution des peintures à fresque qui ornaient la partie de la chapelle creusée dans le roc et qui représentaient, dans six tableaux successifs, les principaux traits de la vie de sainte Radégonde et de saint Jean. Ces peintures, trop frustes pour être conservées, ont été décalquées et reproduites à la même place lorsque la restauration du gros œuvre fut achevée [1].

VI

Breton était mort depuis quatre mois déjà, et l'élection de son successeur avait été plusieurs fois ajournée, quand, le 13 novembre 1662, le Corps de Ville décida qu'elle aurait lieu dans une assemblée générale des habitants qui serait convoquée pour le 20 du même mois.

Cette réunion fut annoncée par des publications faites à l'issue des grandes messes paroissiales de la ville, et les membres du Chapitre de Saint-Mexme furent invités à y prendre part. Ces derniers ayant refusé de se rendre à la convocation, on n'en procéda pas moins à l'élection, et le sieur Charles Siet, prêtre, ayant obtenu le plus grand nombre de voix, fut nommé principal du Collège et chargé d'en remplir les fonctions, avec les mêmes

---

[1] Consulter à ce sujet la *Notice sur la Chapelle de Sainte-Radégonde ou Oratoire de Saint-Jean de Chinon* (par M. l'abbé Guignebault). Tours, imp. Paul Bousrez, s. d.

droits et prérogatives que ses prédécesseurs, et conformément aux ordonnances et arrêts du Parlement.

L'élu de l'assemblée ne tarda pas à faire savoir qu'il avait quitté Chinon et que par suite il ne pouvait accepter. Le Corps de Ville désigna alors à sa place un autre prêtre, Me François Fournier qui, nommé le 29 décembre 1662, fut installé le 3 janvier de l'année suivante.

Le procès-verbal de cette installation est le plus ancien document de ce genre que nous ayons retrouvé. Le voici d'après le registre des délibérations municipales :

« Aujourd'huy, trois' janvier 1663, Nous Philippe Dreux et Mre Jacq. Berthelot advocat du roy, et Franc. Bridonneau président en l'élection de cette ville et eslu sur le fait commun, assistés du greffier de la ville, sommes transportez au collège de cetted. ville pour y mettre en possession de la charge de principal Me Franc. Fournier pbre, nommé à cette fonction par l'acte du 29 décembre dernier, où estant avons fait mettre les clefs dud. collège entre les mains dud. Fournier, et iceluy mis en possession dud. collège pour en jouir et exercer lad. charge suivant et conformément aud. acte. » Signé : Dreux, Berthelot, Bridonneau, Fournier.

Le Collège fut sans doute peu prospère sous la direction du nouveau principal. C'est du moins ce qui paraît résulter de plusieurs délibérations du Corps de Ville.

Quelques années seulement après la nomination de François Fournier, en 1667, des plaintes ayant été adressées aux officiers municipaux sur la méthode suivie dans l'établissement pour l'instruction des enfants, en même temps que sur la manière d'agir du principal à l'égard des élèves, le Corps de Ville chargea deux de ses membres de se rendre au Collège, avec le théologal du Chapitre de Saint-Mexme, pour vérifier l'exactitude des faits qui lui étaient signalés.

Nous ignorons quels furent les résultats de l'enquête à laquelle se livrèrent alors les délégués municipaux, mais il est probable qu'ils ne furent pas trop défavorables au principal puisqu'il fut maintenu dans ses fonctions.

Cependant la prospérité du Collège semble avoir périclité à partir de ce moment. Antoine Martin, qui, nous l'avons vu, était déjà régent sous le principalat de Louis Breton, mourut en 1669. Charles Million fut alors désigné pour le remplacer; mais, ne s'étant pas présenté en temps voulu, il fut révoqué, et le Corps de Ville, par une délibération en date du 10 juillet 1670, constatant qu'il n'y avait au Collège « aucun écolier pour employer et occuper le sous-régent », décida qu'à l'avenir la somme de cent livres, destinée par le « bail d'apetissement » au paiement de ce professeur, serait employée pour les besoins de la Ville jusqu'à ce qu'il y ait au Collège un nombre d'enfants suffisant pour nécessiter la présence d'un sous-maître.

Ce crédit fut rétabli dans la suite. Un arrêt du Conseil, rendu le 2 juin 1688, porta même à 140 livres les appointements de l'auxiliaire du principal, nommé indifféremment régent, second régent, sous-régent ou sous-précepteur, le principal étant lui-même parfois désigné sous les noms de premier régent ou de précepteur.

Nous ne savons rien autre chose du principalat de François Fournier, si ce n'est qu'il ne s'enrichit pas dans l'exercice de sa charge, puisque ses héritiers renoncèrent à sa succession [1]. Il mourut le 1er novembre 1704, à l'âge de 88 ans, étant encore principal du Collège, et, le jour même de son décès, il fut enterré par le chevecier du Chapitre de Saint-Mexme, dans l'église collégiale « devant l'autel Notre-Dame » [2].

Le régent, Alexandre Coirard, qui était également très âgé, dirigea sans doute l'établissement jusqu'au milieu du mois de janvier suivant, époque à laquelle la direction du Collège fut confiée aux Augustins.

VII

Si maintenant nous résumons les faits que nous avons exposés dans ce chapitre, nous voyons que depuis l'an-

---
[1] Voir la délibération du Corps de Ville du 17 septembre 1720, reproduite plus loin.
[2] Registres paroissiaux de Saint-Mexme (Arch. mun. de Chinon, GG.).

née 1578, date de la nomination du premier principal du Collège royal, jusqu'au commencement du XVIIIe siècle, les principaux, qui étaient choisis parmi les membres du clergé (tout au moins depuis 1601), étaient nommés par le Corps de Ville dans une assemblée générale des habitants à laquelle le Chapitre de Saint-Mexme était invité à se faire représenter par deux délégués.

Lorsqu'il était élu, le principal faisait le serment de remplir convenablement ses fonctions, puis les officiers municipaux le présentaient aux chanoines qui lui conféraient le canonicat et la prébende préceptoriale.

Une fois investi du canonicat, le principal était par ce fait même inamovible, puisque cette dignité était conférée pour la vie.

La nomination du principal par le Corps de Ville était contraire aux dispositions de l'ordonnance d'Orléans, qui voulait que le titulaire de la prébende fût désigné par l'archevêque, en présence des chanoines et des officiers municipaux. Mais, à Chinon, les prescriptions de l'ordonnance, relatives à cette nomination, ne furent jamais observées. Peut-être ne s'appliquaient-elles pas, du reste, aux églises collégiales. Dans tous les cas, la Ville, affectant une certaine somme au traitement des professeurs, avait été mise, dès le début, en possession du droit de nommer le principal du Collège, et, malgré les réticences et les protestations réitérées du Chapitre, ce droit lui fut confirmé successivement par plusieurs arrêts.

C'est sans doute aussi pour ce motif que, contrairement aux dispositions de la même ordonnance, le principal touchait une rétribution des enfants qui lui étaient confiés. Cette rétribution n'était, il est vrai, pas élevée. Nous avons vu en effet que Michel Bizaul ne pouvait exiger plus de six sols par mois et même qu'il était tenu d'instruire gratuitement les enfants des familles indigentes. Ses successeurs furent-ils autorisés à toucher davantage? Nous ne le pensons pas; et il nous semble probable que la rétribution resta à peu près la même jusqu'au commencement du xviiie siècle, puisqu'en 1721 — nous le verrons plus loin — le principal ne recevait encore de ses élèves que six livres par an, ce qui était presque identique, en raison du changement survenu pendant ce laps de temps dans la valeur de l'argent.

Nous n'avons aucun renseignement précis sur le nombre et le nom des enfants qui fréquentèrent le Collège depuis la fin du xvie siècle jusqu'au commencement du xviiie. Il est probable cependant que plusieurs Chinonais, qui acquirent au xviie siècle un certain renom, y avaient reçu l'instruction, notamment les médecins Claude Quillet et Pierre Martin, les chanoines René Ouvrard et Pierre Santerre, Odespung de la Meschinière et plusieurs autres. Les pensionnaires étaient certainement peu nombreux à cette époque; mais il y en avait, et une délibération du Corps de Ville, en date du 19 août 1715 [1], nous apprend qu'au xviie siècle, ils étaient logés dans les « petites chambres d'un vieux bâtiment situé entre le principal corps de logis et la ruelle allant aux caves des Valins » [2].

Les sacrifices que la Ville s'imposait alors pour son Collège étaient loin d'être importants. Le principal n'avait, comme émoluments, que les revenus de la prébende que lui servait le Chapitre, et si parfois il recevait de la Ville un traitement, c'était à la charge de payer les régents qu'il était obligé d'avoir avec lui et auxquels il devait fournir le logement au Collège et la nourriture.

C'est ainsi que lors de la nomination du premier principal, il fut décidé qu'il toucherait, indépendamment de la prébende, une somme de 150 livres, à condition de payer et de nourrir deux régents. Mais après lui la Ville

---

[1] Archiv. mun. de Chinon, BB. 16.
[2] Il existait en effet, à cette époque, une petite rue conduisant du carroi de Saint-Etienne à l'entrée des caves situées derrière le Collège, du côté du nord, et que l'on désignait alors sous le nom de caves des Valins ou des Valets. La partie de cette ruelle la plus voisine du carrefour forme aujourd'hui une cour étroite et longue qui dépend de la maison portant, dans la rue Jean-Jacques-Rousseau, le n° 61; la partie située au-delà, et qui se prolongeait jusqu'à l'entrée des caves, a été incorporée plus tard aux propriétés du Collège.

n'affecta aucune somme spéciale au traitement du principal; elle se contenta de rétribuer l'un des régents, et encore les appointements qu'elle lui donnait étaient-ils peu élevés. Fixés primitivement à 12 écus (36 livres) en 1585, ils furent portés successivement à 20 écus (60 livres) en 1587, à 100 livres en 1614, à 120 livres en 1653, et enfin à 140 livres en 1688.

Pendant cette première période de son existence, le Collège resta constamment dans l'endroit où il se trouve actuellement, dans la maison acquise en 1574 ou 1576 et située au-dessus du carrefour de Saint-Etienne, entre le coteau et la rue conduisant à la Porte de la Barre. Cet établissement était alors limité au sud par la rue dont nous venons de parler, à l'ouest par divers immeubles et par la ruelle qui, partant du carroi de Saint-Etienne, se prolongeait jusqu'à l'entrée des caves du Collège, au nord par le coteau au pied duquel s'ouvrent ces caves, et à l'est par les bâtiments du petit Collège.

CHAPITRE II

Le Collège royal dirigé par les Augustins (1705-1721) [1]

Nous avons vu que, pendant la seconde moitié du XVIIe siècle, la prospérité du Collège, au lieu de s'accentuer, avait plutôt décliné.

Les professeurs n'étaient pas assez nombreux, et les ressources de la Ville étaient trop modestes pour qu'il fût possible d'en augmenter le nombre.

L'inamovibilité dont jouissaient les principaux était parfois aussi un écueil. Elle leur permettait en effet, lorsque cela leur plaisait, de rester en fonctions jusqu'à leur mort, c'est-à-dire jusqu'à un âge où, souvent, il leur était impossible de s'occuper efficacement de l'administration du Collège et de la direction des études. C'est précisément ce qui venait d'arriver avec François Fournier, décédé, nous l'avons dit, à 88 ans, après avoir exercé le principalat pendant près de 42 années.

En présence de cette situation, le Corps de Ville, prenant alors de nouvelles dispositions, pensa pouvoir ramener la prospérité dans cette maison en en confiant la direction aux Pères Augustins, établis à Chinon, auxquels il abandonna, par acte du 16 janvier 1705, les bâtiments du Collège, les revenus de la prébende préceptoriale et les appointements du régent, se réservant toutefois la faculté de résilier ces conventions lorsqu'il le jugerait à propos. Les religieux s'engageaient par le même acte à servir une pension viagère de 40 livres au sieur Alexandre Coirard, alors fort âgé et régent des basses classes; et, le lendemain, ils prenaient possession de la maison [2].

---

[1] Tous les faits exposés dans ce chapitre sont extraits, sauf indication contraire, des délibérations du Corps de Ville de Chinon (Arch. mun. de Chinon, BB. 16 et 17).

[2] Délibération du Corps de Ville (Arch. mun. de Chinon, BB. 16, fol. 55).

Les Augustins, qui jouissaient dans la ville de l'estime générale, y étaient installés depuis longtemps déjà. Arrivés en 1333, ils avaient reçu l'année suivante, du pape Jean XXII, l'autorisation d'y construire un couvent, dont l'église avait été consacrée en 1445 [1]. Leur établissement, très vaste, comprenait les bâtiments occupés actuellement par la sous-préfecture, ainsi que les immeubles appartenant aux religieuses de la Compagnie de Sainte-Ursule et à la Société des Frères des Ecoles chrétiennes [2]. C'est là, sans doute, que se donna l'instruction tant que ces religieux restèrent chargés de l'enseignement.

Les bâtiments du Collège, dont l'entretien avait été négligé du vivant du principal Fournier, furent dès lors complètement abandonnés et ne tardèrent pas à tomber en ruine, à tel point que bientôt des malfaiteurs s'en approprièrent les matériaux [3].

Les Augustins, qui avaient la jouissance de cet immeuble, s'inquiétèrent des dégâts qu'ils y voyaient commettre et qu'ils étaient impuissants à prévenir. Craignant que la municipalité ne leur en demandât compte, ils songèrent à dégager leur responsabilité et à décider le Corps de Ville à reprendre cette construction qui leur était absolument inutile. Ils y parvinrent aisément, ainsi que nous l'apprend la délibération suivante :

« Aujourd'huy 17 septembre 1720, en l'asemblée du corps de ville..... est intervenu le révérand père Charles Picotté, docteur de Sorbonne et prieur des augustins de cette ville, lequel a remontré aud. corps de ville qu'ayant gratifié leur communauté des augustins de cette ditte ville, du collège, on a en même temps donné une maison qui en dépendoit, située au dessus du caroy de St Estienne de cette ville, dans laquelle le principal dud. collège faisoit autre foys

---

[1] G. de Cougny, *Chinon et ses monuments*. Chinon, 1874, p. 92. — *Chinon et ses environs*. Tours, 1898, p. 247-248.

[2] Leurs jardins s'étendaient même, du côté du sud-est, jusqu'à la place Jeanne-d'Arc.

[3] Une délibération du Corps de Ville, en date du 25 mai 1711, donnerait à penser que les Augustins avaient eux-mêmes commis des dégâts dans la maison, ne s'étant pas contentés, lorsqu'ils en avaient pris possession, d'enlever le mobilier scolaire, mais aussi « les vitres des croisées ». (Arch. mun. de Chinon, BB. 16, fol. 55.)

sa demeure et en laquelle il enseignoit avec un régent qui estoit sous luy; que cette concession estoit chargée d'une pantion viagère de quarante livres, vers le sieur Alexandre Coirard, ancien régent dud. collège, ce qui a causé un gros procès à cette communauté, en lequel elle a succombé; et que cette maison a esté laissée en très mauvais état après le décéds du sieur Fournier, cy devant principal dud. collège, et qu'il n'a pas esté possible de la faire racomoder à ses héritiers présomptifs, ayant renoncé à sa succession, de sorte que cette maison est tombée en ruine totale, que même la majeure partie des mathériaux ont estés vollés et qu'il n'est pas possible à lad. communauté de faire rétablir lad. maison, aussi qu'il ne seroit pas juste de l'exiger, n'ayant jamais jouy ny disposé en aucune fasson de lad. maison; pourquoy led. révérand père prieur a fait asembler capituláirement sa communauté le 28ᵉ juin 1719, qui luy a donné pouvoir de remettre entre les mains du corps de ville lad. maison. Et en conséquence il déclare, conformément à l'acte capitulaire dud. jour 28 juin 1719, que lad. communauté abandonne et délaisse au proffit dud. corps de ville lad. maison, lequel corps de ville poura en disposer ainsy qu'il avisera, au moyen de quoy laditte communauté sera déchargée dès à présent et à tousjours de lad. maison, réparations d'icelle et entretien; déclarant aussy que lad. communauté renonce à tousjours à demander une autre maison pour y enseigner.

Sur quoy le corps de ville ayant délibéré est d'avis de recevoir l'abandon de lad. maison, et en effect l'a receu pour et au proffit dud. corps de ville, en l'état qu'elle est, et le corps de ville décharge lesd. révérands religieux augustins et communauté de cette ville de lad. maison, et renoncent à leur faire question pour la chutte et délabrement d'icelle, attendu que lesd. religieux augustins n'en ont jamais jouy. Au moyen de quoy, led. corps de ville poura disposer d'icelle et de l'emplassement, ainsy qu'il sera cy après advisé; et en attendant, seront les mathériaux qui restent sur le lieu, serrés aux frais et à la diligence dudit corps de ville, et ne pourront lesd. religieux augustins demander une autre maison pour y enseigner. Et sera, l'acte capitulaire dud. jour 28 juin 1719, représenté par led. révérand père prieur, anexé aux présentes pour être délivré coppie du tout auxd. religieux par notre greffier ordinaire. »

Les autorités municipales étant ainsi rentrées en possession des anciens bâtiments du Collège, eurent beaucoup de peine à arrêter les déprédations qui s'y commettaient. On eut dit en effet que certaines gens du pays considéraient cette maison en ruine comme un dépôt public, où chacun pouvait aller puiser les matériaux dont il avait besoin. Cependant, le 22 juillet de l'année suivante, la situation ne s'étant pas modifiée et les « ferrures, pierres, bois et autres matériaux continuant à être volés journellement », le Corps de Ville se décida à donner des ordres pour poursuivre les voleurs et les faire punir comme ils le méritaient.

Pendant tout le temps que les Augustins conservèrent la direction du Collège, ils désignèrent eux-mêmes et peut-être parmi les membres de leur communauté, les professeurs chargés de l'enseignement; mais, d'après l'acte de 1705, ces derniers ne devaient prendre possession de leur charge qu'après avoir été agréés par le Corps de Ville. Le prieur remplissait en réalité les fonctions de principal, mais il est fort probable qu'en signant son engagement avec la Ville, il s'était contenté d'accepter les revenus de la prébende sans revendiquer les honneurs du canonicat (1).

Ce qui est certain, c'est que, au point de vue de l'instruction, la cession du Collège à ces religieux ne produisit pas d'heureux résultats. L'enseignement laissait beaucoup à désirer et les élèves désertaient la maison. Aussi, des plaintes réitérées furent-elles bientôt adressées au Corps de Ville qui, dès le 10 mars 1714, décida de leur enlever la direction de l'établissement.

Les Augustins restèrent cependant à la tête du Collège pendant plusieurs années encore; mais, le 6 mai 1721, à la suite de nouvelles plaintes, le Corps de Ville, qui avait déjà vainement et à plusieurs reprises adressé des observations à ces religieux, chargea deux de ses membres, Mes Daguindeau, prêtre, bachelier en théologie, et Le Breton, procureur du roi, de se transporter « dans les écoles tenues par les Pères Augustins » pour s'en-

---

(1) Nous n'avons pu retrouver le texte authentique de cette convention.

quérir des méthodes d'enseignement, interroger les écoliers et lui faire connaître ensuite le résultat de leur visite.

L'enquête à laquelle se livrèrent les délégués du Corps de Ville prouva jusqu'à l'évidence que les plaintes formulées contre les Augustins étaient fondées. L'assemblée municipale leur retira donc aussitôt la direction du Collège, ainsi qu'il résulte de la délibération suivante, que nous donnons *in extenso* et qui fait ressortir d'une façon saisissante la négligence des professeurs, l'ignorance et le petit nombre des élèves.

« Aujourd'huy 13 aoust 1721...... Sur ce qui a esté représenté au corps de ville que les religieux augustins de cette ville, à qui on a donné le revenu de la prébande préceptoriale, à la charge de pouvoir être destitués toute foys et quant le corps de ville le jugera à propos, par acte en date du...... (*sic*), négligent depuis plusieurs années leurs écolles, donnant des régents peu capables d'enseigner, en sorte que les écolliers quy sortent desd. écolles, après y avoir étudié pendant un long temps, se trouvent incapables d'entrer en la moindre classe lorsqu'ils se présentent dans les collèges circonvoisins, ce quy désolle les pères et mères des enfants qu'ils ont comis à leurs soings, dont le corps de ville a receu plusieurs plaintes en différents temps, ce quy auroit donné lieu au corps de ville d'avertir plusieurs foys les religieux augustins desd. plaintes, et même de les menasser de destitution pour les engager à donner des régents plus capables d'enseigner et plus attentifs à faire faire le devoir aux écolliers. Mais ces remontrances et menasses n'ayant eu aucun effect, les pères et mères des enfants étudiants sous lesd. religieux augustins, ont esté forcés de sortir leurs dits enfants desd. écolles et de les envoyer ailleurs qu'en cette ville, chés des maitres particuliers, ce quy est très couteux et très désagréable pour eux ; quelques uns même, n'ayant pas le moyen de faire une telle dépence, ont esté obligés de retirer leurs enfants ; à quoy il est très nécessaire de pourvoir, n'étant pas raisonnable que lesd. religieux touchent le revenu de lad. prébande préceptoriale et les gages quy leurs sont payés par la ville pour la seconde plasse pour le précepteur, sans qu'on en tire aucun fruit. Il paroist nécessaire de destituer lesd. religieux augustins de la plasse de principal de cette ville et de la seconde plasse de régent, et de choisir un éclésiastique ou autre personne capable d'enseigner le latin aux enfants de cette ville, puisqu'on est assé heureux pour avoir en cette ville un revenu suffisant pour entretenir un bon principal.

La matière mise en délibération, le corps de ville ayant une pleine cognoissance que les écolliers quy ont étudié depuis plusieurs années chés lesd. pères augustins n'y ont fait aucun progrès, n'ayant pas même les premiers principes de la latinité, ce quy a causé la désertion de tous les écolliers, en sorte qu'il n'en reste plus que trois ou quatre qui aillent dans les écoles desd. pères augustins, a esté d'avis et de fait a destitué lesd. religieux augustins de la plasse de principal de cette ville et de la seconde plasse de régent, et a nommé en leur plasse, pour principal en cette ditte ville, la personne de M⁰ Louis Dusoul de Lorais prêtre de la congrégation de l'Oratoire, lequel jouira de tous les droits attachés à lad. plasse de principal, même des gages attribués à la seconde plasse de régent par arrêt du Conseil de 1688, quy fixe les charges de cette ville, à la charge par luy d'exercer la ditte plasse de principal et de faire exercer la seconde plasse de régent par un régent quy sera amené par luy, de l'agrément dud. corps de ville; laquelle destitution sera nottifiée aux dits religieux augustins, à la diligence desd. sieurs eschevins; et ont lesd. sieurs Breton et Blondé, chanoines, refusé de signer jusqu'à ce qu'ils en ayent conféré à leur chapitre. »

Cette décision était irrévocable; et la Ville allait reprendre, pour quelque temps du moins, l'administration de son Collège.

CHAPITRE III

Le Collège royal dirigé par un principal nommé par la Ville (1721-1738) [1].

Lorsque le Corps de Ville enleva aux Augustins la direction du Collège, cet établissement se trouvait dans une situation déplorable. Il ressort en effet de la délibération du 13 août 1721, que l'instruction y laissait beaucoup à désirer et que les élèves y étaient en très petit nombre. La négligence des professeurs devait certainement avoir contribué à amener ce résultat, mais il y avait aussi d'autres motifs.

Depuis le commencement du xviie siècle, le Collège avait toujours été dirigé par des prêtres. Il était bien difficile en effet de trouver alors, en dehors du clergé, des hommes capables de remplir des fonctions aussi délicates que celles du principalat et voulant bien s'en charger. Ces prêtres, à l'exception des Augustins, qui l'avaient administré pendant quelque temps et avec peu de succès, appartenaient tous au clergé séculier. Or, à ce moment, on donnait presque partout, en France, la préférence aux maisons tenues par certaines congrégations enseignantes.

Les Jésuites et les Oratoriens avaient en effet, depuis plus d'un siècle, fondé de nombreux établissements d'instruction, qui bientôt étaient devenus florissants. Plusieurs villes peu éloignées de Chinon possédaient des collèges tenus par l'une ou l'autre de ces congrégations, collèges très fréquentés et qui faisaient une concurrence redoutable aux anciennes maisons d'instruction.

Le Collège royal de Chinon ne fut pas sans en ressentir

---

[1] Tous les faits exposés dans ce chapitre sont extraits, sauf indication contraire, des délibérations du Corps de Ville de Chinon. (Arch. mun. de Chinon, BB. 17-18.)

les effets, et le Corps de Ville dut certainement comprendre que c'était une des causes de l'abandon dont cet établissement était l'objet de la part des familles. Cependant, et contrairement à ce qui avait eu lieu un siècle auparavant, nos édiles ne firent alors, semble-t-il, aucune tentative pour le céder aux congrégations dont les méthodes d'enseignement étaient alors en vogue, et auxquelles il aurait fallu l'abandonner sans espoir de retour. Ils tenaient sans doute, avant tout, à en conserver la propriété et la haute direction. Ils cherchèrent donc seulement à mettre à sa tête un prêtre appartenant à l'une de ces congrégations, celle de l'Oratoire, dont les membres avaient plus de liberté individuelle et dont l'enseignement avait des vues plus larges que celui des Jésuites.

Nous avons vu en effet que le 13 août 1721, en même temps qu'il enlevait aux Augustins la direction du Collège, le Corps de Ville choisissait pour principal un oratorien, Me Louis Dusoul de Laurais. Cet ecclésiastique n'ayant pas accepté, il fallut procéder à une nouvelle nomination; et, dans une assemblée générale des habitants, réunie le 3 décembre de la même année, le Corps de Ville désigna à sa place Me Etienne Lefebvre, appartenant également à la congrégation de l'Oratoire, auquel il fit des conditions plus avantageuses qu'à tous ses prédécesseurs. Voici du reste le procès-verbal de cette réunion :

« Aujourd'huy trois décembre mil sept cens vingt un, en l'asemblée générale du corps de ville, tenue par nous Franc. Perrault seigneur de Minière, cons' du roy, lieut' général au bailliage et siège royal de Chinon, laquelle asemblée a esté sonnée et toutes les compagnies convoquées et averties par les gardes de cette ville, entre autres mess" du chapitre de S' Mexme quy l'ont mexme esté par M. Charles le Breton assesseur aud. siège et eschevin, ainsy qu'il l'a certiffié, lesquels sieurs du chapitre et députés de S' Mexme ne sont point venus en lad. asemblée.....

Sur ce quy a esté proposé par lesd. sieurs eschevins qu'il est absolument nécessaire de nommer un principal pour le collège de cette ville et un précepteur dud. collège pour la basse classe, le sieur Dusoul de Lorais prêtre de la congrégation de l'Oratoire, qui avoit esté nommé pour ces deux plasses par la dernière asemblée du 13 aoust dernier portant destitution des pères augustins cy devant nommés auxd. plasses, n'ayant pas voulu accepter la nomination qu'on avoit faite de sa personne, a esté résolu par le corps de ville de nommer en la plasse dud. sieur de Lorais, M⁰ Estienne Lefebvre, aussy prestre de la congrégation de l'Oratoire, et afin qu'il s'aplique avec plus de zèle à enseigner la jeunesse, de luy donner, outre le revenu de la prébande préceptoriale, dont il se fera payer par les sieurs du chapitre de St Mexme aux termes de l'ordonnance d'Orléans, la rétribution accordée au second précepteur par l'arrest du Conseil de 1688, sauf la réduction à proportion de la diminution qu'il y a sur les octroys. Laquelle plasse néantmoins ne demeurera pas tellement unie à celle de principal qu'elle ne soit séparée lorsqu'il y aura dans le collège vingt écolliers, sy mieux n'ayme led. sieur Lefebvre faire exercer lad. seconde plasse de précepteur par quelque personne capable, à ses frais; et attendu que la maison quy servoit à loger le principal et le précepteur est entièrement délabrée et hors d'état de fournir quant à présent à leur demeure, a esté arresté que, sur les revenus de la ville, il sera loué une maison composée de deux chambres, pour servir de classes jusqu'à ce que lad. ancienne maison soit rétablie. A aussy esté arresté, que les écolliers quy se présenteront pour être enseignés par led. sieur Lefebvre, luy donneront par chacun an la somme de six livres, scavoir trois livres à la Toussaint et trois livres à Pasques; et que, lorsque led. sieur Lefebvre sera dans l'obligation d'avoir un second précepteur pour la basse classe, ou qu'il en sera nommé un par le corps de ville, à son refus, lequel jouira de la rétribution attribuée par l'arrest du Conseil de 1688, tous les écolliers qui se présenteront seront tenus de payer aud. sieur Lefebvre douze livres par an, scavoir six livres à la Toussaint et six livres à Pasques, sans quoy ne seront point receus aud. collège. Et en considération de la dépence que led. sieur Lefebvre sera obligé de faire pour son établissement, le corps de ville luy abandonne ce quy sera dû de lad. prébande préceptoriale à comter du jour de la destitution desd. religieux augustins, ayant cessé d'enseigner dès le lendemain; et qu'il aura aussy la rétribution qu'on a coutume de payer au second précepteur, à comter dud. jour 13 aoust. Et afin que les heures de l'écolle soient sonnées à la manière acoutumée, a esté arresté qu'on fera rendre par les pères augustins la cloche qui estoit dans l'ancien collège, laquelle leur a esté confiée pour sonner lesd. heures pendant qu'ils ont enseigné. Et a esté déliberé que M[rs] les eschevins priront M[rs] du chapitre de St Mexme, de la part du corps de ville, de vouloir bien accorder aud. sieur Lefebvre l'honneur du chœur et tous autres droits dont jouissent les autres chanoines, et dont ont jouy les sieurs Breton et Fournier cy devant principaux dud. collège. Lequel sieur Lefebvre, à ce présent, a accepté lad. nomination sous les conditions y exprimées, et a promis de faire tout ce quy dépendra de luy pour enseigner la jeunesse quy luy sera confiée. »

En appelant le sieur Lefebvre au principalat, l'assemblée municipale lui donnait donc, en même temps que la prébende préceptoriale, la rétribution allouée au second précepteur par l'arrêt du 2 juin 1688, et qui, étant primitivement de 140 livres, se trouvait alors réduite à 120 livres; mais elle décidait que, lorsqu'il y aurait plus de vingt écoliers, le principal abandonnerait cette rétribution au sous-précepteur qui serait alors nommé par le Corps de Ville, à moins qu'il ne préférât faire exercer cette charge à ses frais.

Le principal devait toucher en outre, pour l'indemniser de ses frais d'installation, les revenus de la prébende et les appointements du régent, depuis le 13 août précédent, date de la révocation des Augustins. Enfin, les élèves étaient astreints à lui payer une rétribution annuelle de 6 livres, devant être portée à 12 livres lorsqu'il y aurait un second précepteur.

La maison du Collège étant alors inhabitable, la Ville s'engageait aussi à fournir au sieur Lefebvre un local composé de deux chambres, dans lequel se feraient les classes jusqu'à ce que les anciens bâtiments soient restaurés.

Malgré tous les avantages qui lui étaient faits, le sieur Lefebvre, présent à la séance et acceptant, se rétracta plus tard et refusa, comme l'avait fait le sieur Dusoul, de remplir les fonctions auxquelles il avait été appelé.

Pour quel motif les deux Oratoriens, sur lesquels le

Corps de Ville avait successivement porté son choix, renoncèrent-ils l'un et l'autre à exercer le principalat ? C'est, il n'en faut pas douter, en raison de l'attitude du Chapitre de Saint-Mexme qui se refusait à leur donner le canonicat et la prébende auxquels ils avaient droit.

Nous avons vu en effet que le 13 août, lors de la nomination du sieur Dusoul, les chanoines Breton et Blondé, députés de la collégiale, avaient refusé de signer le procès-verbal, et que le 3 décembre, lorsque le sieur Lefebvre fut désigné pour le remplacer, le Chapitre, bien que dûment averti, ne s'était pas fait représenter à l'assemblée. Ces actes ne laissaient que trop voir les intentions hostiles dont étaient animés les chanoines. Le Chapitre n'avait évidemment qu'un but : se soustraire aux prescriptions de l'arrêt du 22 juin 1621 qui l'obligeait d'abandonner une de ses prébendes au principal du Collège. Il résista donc aussi longtemps qu'il le put et ne céda qu'à la force.

Cet état de choses causait un préjudice considérable à l'instruction. Il y avait en effet plus d'un an que le Collège était fermé par suite de la révocation des Augustins, quand, le 27 novembre 1722, le Corps de Ville, n'ayant encore pu trouver personne qui voulût bien accepter le principalat, chargea le lieutenant général et les échevins de chercher un sujet capable de remplir cette fonction, et, pour cela, d'écrire s'il le fallait aux échevins des villes voisines, en les priant de leur en indiquer un.

Cette démarche ne tarda pas à produire son effet, puisque, le 23 décembre suivant, l'assemblée du Corps de Ville se réunissait et nommait principal du Collège Me Barthélemy Ferrand, prêtre, bachelier en théologie de l'Université de Poitiers, auquel elle conférait à peu près les mêmes avantages qu'au sieur Lefebvre. Cependant le nouveau titulaire devait, lorsqu'il y aurait un second précepteur, et que par suite la rétribution serait de 12 livres, partager cette somme avec lui. De plus, la Ville, au lieu de louer un local pour l'installer provisoirement, lui donnait comme indemnité de logement la somme de 120 livres, allouée au second régent par l'arrêt de 1688, et s'engageait à pourvoir plus tard à son logement, ainsi qu'à celui du sous-précepteur. Enfin, le principal devait se trouver en mesure d'ouvrir les classes le premier jeudi du carême de l'année suivante, et ces classes devaient durer deux heures et demie le matin et autant le soir. Le sieur Ferrand, présent à la réunion, prit l'engagement d'exécuter, sous peine de destitution, toutes les conditions qui lui étaient imposées, remercia le Corps de Ville d'avoir bien voulu le choisir pour remplir les fonctions de principal et, après avoir apposé sa signature au bas du procès-verbal, la fit suivre de ces mots : « pour acceptation ».

En procédant à cette nomination, l'assemblée municipale n'avait eu garde d'oublier de faire consigner au procès-verbal qu'elle priait « les vénérables chevecier et chanoines de l'église de Saint-Mexme » de conférer au nouvel élu le canonicat et la prébende attachés à la place de principal, et qu'à cet effet elle leur présentait « en temps que besoin est ou serait » le sieur Ferrand « comme sujet digne et capable de posséder ce titre ».

Malgré ces précautions, et malgré une sommation faite dans les formes voulues le 30 du même mois [1], le Chapitre de Saint-Mexme refusa d'accorder au principal « le canonicat et la prébende, avec les honneurs, prérogatives, rang, séance et voix délibérative, tels qu'en jouissaient les autres chanoines capitulaires ».

En présence des difficultés qu'il rencontrait pour prendre possession de sa charge, Ferrand manifesta l'intention d'abandonner le principalat, comme l'avaient fait les sieurs Dusoul et Lefebvre; mais les officiers municipaux, voyant qu'ils arriveraient difficilement à trouver un principal, s'ils ne parvenaient à vaincre la résistance

---

(1) Cette sommation fut faite par deux délégués du Corps de Ville, accompagnés du sieur Ferrand, et en présence de deux notaires qui prirent acte des déclarations du Chapitre. (Minutes de M⁰ Lecourt, étude de M⁰ Guérin, notaire à Chinon.)

du Chapitre, convoquèrent à cet effet une nouvelle assemblée.

Au cours de cette réunion, tenue le 23 février 1723, les chanoines Pierre Breton et Félix Deshayes, députés de la collégiale, déclarèrent de nouveau, sur la demande qui leur en fut faite, que leur Chapitre se refusait formellement à donner au sieur Ferrand le canonicat et la prébende, puis se retirèrent sans vouloir signer le procès-verbal. Le Corps de Ville, définitivement fixé sur les intentions du Chapitre, et voulant mettre fin à cette situation, qui durait depuis trop longtemps déjà, chargea aussitôt les échevins de présenter à cet effet une requête à la Cour et les autorisa à employer tous les moyens nécessaires pour obtenir satisfaction.

Les chanoines s'émurent de ces intentions, et le 3 mars ils députèrent à l'assemblée municipale les sieurs Breton et Deshayes, qui déclarèrent que le Chapitre était prêt à exécuter l'arrêt de 1621 et à conférer au sieur Ferrand, sur la première présentation qui lui serait faite de sa personne par deux échevins, le canonicat et la prébende préceptoriale, avec tous les honneurs et prérogatives dont jouissaient les autres chanoines prêtres de leur église. Ils proposèrent en outre de ne faire payer au sieur Ferrand aucun droit de réception, ni aucune somme pour la fabrique, et de le faire jouir des revenus de sa prébende depuis le jour de sa nomination, si toutefois le Corps de Ville et le sieur Ferrand consentaient à se désister de leurs prétentions sur « les revenus intermédiaires de la prébende ».

Ces conditions ayant été acceptées par les parties intéressées, Ferrand fut, dès le surlendemain, installé en qualité de chanoine de Saint-Mexme par le Chapitre de cette église, en présence et sur la demande de deux délégués du Corps de Ville.

Voici le procès-verbal de cette installation « extrait des registres de l'église royale et collégiale de Saint-Mexme » tel qu'il a été transcrit en 1726 sur le registre des délibérations municipales :

« Du vendrody cinquiesme jour de mars mil sept cens vingt trois, présents messieurs Daguindeau, Pasquault, Breton, Lenéo, Deshayes.

Le chapitre assemblé au son de la cloche à la manière accoustumée à la chambre capitulaire ez personnes de messieurs cy dessus nommés, sont entrez messieurs Charles Le Breton seigneur de la Bonnellière, conseiller du Roy, assesseur civil et criminel, eschevin en charge, et Jean François Doucet conseiller du Roy et son procureur en la maîtrise des eaux et forests, ancien eschevin, lesquels au nom et pour le corps de ville nous ont présenté la personne de maître Barthélemy Ferrand, prêtre, bachelier en théologie, nommé par led. corps de ville par acte du vingt trois décembre mil sept cens vingt deux, au lieu et place du sieur Lefebvre prêtre de l'Oratoire, à la prébande préceptoriale, aux charges d'enseigner la jeunesse et le collège de cette ville, nous requérant lesd. sieurs eschevins èsd. noms de donner et pourvoir led. sieur Ferrand présent, lequel a fait pareille demande au chapitre, de luy donner et pourvoir le canonicat et prébande affectée aud. collège en conformité de l'ordonnance de l'arrest de la Cour et de l'acte de l'assemblée dud. corps de ville du vingt deux juin mil six cens vingt un et du troizième de ce mois, dont lesd. sieurs eschevins nous ont représenté et laissé coppie. Signé : Lebreton, Doucet et Ferrand; Morin greffier.

La matière mise en délibération, le chapitre répondant au réquisitoire des dits sieurs eschevins et aux demandes dud. sieur Ferrand, conformément à l'arrest et au résultat du corps de ville cy dessus datté, a receu et reçoit led. sieur Ferrand principal du collège de cette ville, luy a donné et donne le titre de la prébande de céans, affectée aud. collège, l'a pourveu et pourvoit pour en jouir par led. sieur Ferrand tant et sy long temps qu'il sera principal du collège, aux honneurs, rangs, scéances, charges, revenus, profits, émoluments, voye délibérative au chapitre, telles qu'en jouissent les chanoines prestres de céans, et tout aussy qu'en ont jouy et doub jouir les prédécesseurs de lad. prébande préceptoriale; et en conséquence, ordonne le chapitre, que led. sieur Ferrand sera installé dans les haultes stalles du costé droit, et même luy a assigné sa place au chapitre immédiatement après le dernier chanoine prêtre, ce qui a esté fait à l'instant par led. sieur Breton l'un de nous. Signé : Daguindeau, Pasquault, Breton et Ferrand.

Au moyen de ce que lesd. sieurs eschevins, en conformitté dud. résultat de l'assemblée du trois de ce mois, se sont déportés de faire aucune question et recherche au chapitre pour les fruits et revenus de lad. prébando préceptorialle depuis le temps de la destitution des religieux augustins jusqu'au jour de l'élection et nomination dud. sieur Ferrand, le chapitre luy a pareillement fait don et remise des droits d'entrée qu'il auroit doub payer. Signé : Lobreton, Doucet, Daguindeau et Pasquault.

Du mandement du chapitre, signé : Richard greffier. »

Le nouveau chanoine ne devait pas tarder cependant à être troublé dans la libre possession des droits et honneurs que venait de lui conférer le chapitre. Une question de préséance, soulevée par quelques chanoines diacres, qui prétendaient prendre rang avant lui, amena un nouveau conflit. Ferrand en avisa le Corps de Ville qui, à deux reprises différentes, le 4 janvier 1724 et le 16 janvier 1725, députa près du Chapitre plusieurs de ses membres pour tâcher de faire abandonner aux chanoines leurs prétentions. Les délégués n'ayant pu réussir dans leur mission, engagèrent le sieur Ferrand à en référer au Parlement qui, le 10 mai 1726, rendit un arrêt portant confirmation de celui du 22 juin 1621 et ordonnant en outre que l'acte de collation et installation du 5 mars serait exécuté, avec défense d'y contrevenir, sous peine de mille livres d'amende contre chacun des contrevenants et de tous dépens, dommages et intérêts pour avoir troublé le suppliant dans les droits, honneurs et fonctions lui appartenant.

Cet arrêt donnait au sieur Ferrand la préséance, non seulement sur les chanoines diacres et sous-diacres, mais encore sur les chanoines prêtres reçus après lui. Il lui permettait enfin de faire assigner ceux qui contreviendraient à cette décision.

Les chanoines durent donc se soumettre, et le principal put jouir désormais en toute sécurité du canonicat et des émoluments et honneurs auxquels il lui donnait droit.

Barthélemy Ferrand n'avait pas attendu jusqu'alors pour commencer ses cours. Il y avait cependant près de deux ans que le Corps de Ville avait enlevé aux Augustins la direction du Collège, lorsque le nouveau principal put ouvrir les classes. C'était dans le courant de l'année 1723, au moment où le Chapitre venait de l'investir du canonicat. Les bâtiments du Collège n'étant pas encore restaurés, il s'installa « pour la commodité des écoliers » dans une maison située « au milieu de la ville » et dont il payait un prix plus élevé que l'indemnité qu'il recevait, soit plus de 120 livres. Pour l'en dédommager, et pour couvrir aussi une partie des dépenses qu'il avait dû faire pour venir à Chinon et s'y installer, la Ville lui abandonna le montant de la rétribution du second régent pendant tout le temps que la place de principal avait été vacante, c'est-à-dire depuis le 13 août 1721.

Cette situation devait du reste bientôt avoir un terme, puisque, trois ans après, le Collège était réinstallé dans le local qu'il occupait depuis un siècle et demi déjà.

La municipalité se préoccupait des moyens de faire reconstruire l'ancien Collège et se trouvait arrêtée par des difficultés budgétaires, lorsqu'une circonstance imprévue facilita l'exécution de ce projet.

Un ancien receveur du Grenier à sel de Chinon, Nicolas Vinet, venait de mourir, laissant par son testament, en date du 6 août 1720, une somme de 2.400 livres « pour l'établissement d'un maître d'école destiné à enseigner les enfants pauvres de la ville ». Ce legs ayant été reconnu insuffisant pour satisfaire à cette création, et le légataire ayant laissé à ses exécuteurs testamentaires la faculté de modifier ses dispositions, ceux-ci, du consentement des héritiers du défunt, offrirent au Corps de Ville, réuni en assemblée le 1er juin 1723, de lui abandonner cette somme en l'autorisant à l'employer soit à l'acquisition d'une nouvelle maison pour y installer le collège, soit à la reconstruction de l'ancienne. Toutefois les exécuteurs testamentaires et les héritiers ne faisaient ce don qu'à la condition expresse que cet établissement serait tenu de recevoir, pour y être instruits gratuitement, six enfants pauvres de la ville, désignés par le frère du légataire, et, après son décès, par le plus proche de ses héritiers. Ils désiraient aussi que le principal et les régents fussent tenus de faire réciter aux écoliers, au commencement et à la fin de chaque année scolaire, le psaume *Miserere mei Deus*, pour le repos de l'âme du défunt. Enfin, ils demandaient au Corps de Ville « d'accorder séance et voix délibérative en l'assemblée de Ville » au frère du donateur et après son décès au plus proche de ses héritiers, mais seulement pour la nomination du principal du Collège et du second régent; et aussi, de vouloir bien, pour perpétuer le souvenir du bienfaiteur, faire placer son portrait dans la classe du principal.

Toutes ces conditions ayant été acceptées par l'assemblée, et le sieur Ferrand ayant lui-même donné son assentiment, il fut décidé que le montant du legs serait déposé par les héritiers, dans le délai d'un mois, entre les mains de Jacques Lecourt, notaire royal, l'un des exécuteurs testamentaires, qui le tiendrait à la disposition de la Ville.

Ce dernier n'ayant pas voulu recevoir les fonds, les héritiers furent invités à les remettre au sieur Cougny du Parc, receveur des tailles, sous déduction de la somme de 28 livres 16 sols qu'ils avaient payée pour le contrôle du testament et de celle de 100 livres qu'ils devaient employer à faire exécuter le portrait du donateur.

Le Corps de Ville ayant, dans sa réunion du 4 janvier 1724, donné la préférence au projet qui consistait à reconstruire l'ancien Collège, les travaux furent donnés à l'adjudication le 4 mars suivant et les échevins furent chargés de les surveiller [1].

---

[1] Nous ne pouvons dire exactement ce que coûtèrent ces constructions. Nous savons seulement que le 16 janvier 1725 il était encore dû aux adjudicataires une somme de 1.200 livres que le Corps de Ville prit l'engagement de payer en trois fois. Nous savons aussi qu'il leur fut alloué, tant à cette date qu'à celle du 6 mai 1727, une somme totale de 180 livres pour divers travaux supplémentaires. (Arch. mun. de Chinon, Délibérations du Corps de Ville, BB. 17.)

Les bâtiments ne furent complètement terminés que vers la fin de 1726; et, le 15 novembre de la même année, la visite et la réception des travaux furent faites, en présence des sieurs Maurice et Robin, entrepreneurs adjudicataires, de maîtres Louis Bouin de Noiré, conseiller du roi et lieutenant général, François Le Breton et Louis Demutz, échevins en charge, et Barthélemy Ferrand, principal du Collège, par le sieur Jean Auvinet, marchand, demeurant à Parilly, expert accepté de commun accord par les parties [1].

La visite terminée et le procès-verbal signé, les clefs de l'établissement furent remises au principal qui prit possession des nouveaux bâtiments et s'y installa.

Barthélemy Ferrand n'exerça pas longtemps ses fonctions. Le 30 septembre 1731, il donna sa démission et présenta au Corps de Ville un acte notarié par lequel il se démettait du canonicat et de la prébende dont il jouissait. Nous croyons devoir produire ce document qui, tout en montrant les précautions dont on s'entourait alors pour l'accomplissement des formalités les plus simples, prouve l'importance que le Corps de Ville et le Chapitre de Saint-Mexme attachaient à cet acte, qui déclarait vacants le canonicat et la prébende attachés au principalat et permettait ainsi d'en pourvoir en toute sécurité le nouveau titulaire de cette charge.

« Le trentième jour de septembre mil sept cent trente un, avant midy, par devant nous François Gilloire, advocat au bailliage de Chinon, notaire royal et apostolique, commis par Messieurs du clergé du diocèse de Tours en la résidence dud. Chinon et y demeurant, fut présent Maître Barthélemy Ferrand prestre dudit diocèse, chanoine de l'église de S¹ Mexme dudit Chinon, et en possession de la prébende préceptoriale, demeurant à Chinon paroisse de S¹ Etienne, lequel a déclaré et déclare qu'il se démet purement et

---

[1] Ce procès-verbal de visite, peu intéressant et trop long pour trouver place ici, nous apprend peu de choses. On y voit cependant qu'il y avait, dans le bâtiment nouvellement construit, un vestibule et au moins deux classes, dont l'une, appelée la petite classe, était une chambre à feu et se trouvait séparée de l'entrée des caves par une cour. (Arch. mun. de Chinon, Délibérations du Corps de Ville, BB. 17.)

simplement de son dit canonicat et prébende préceptoriallo ès mains de Messieurs de la maison de ville dudit Chinon, pour y être sur leur nomination pourveu par Messieurs les vénérables chanoines et chapitre de l'église royale et collégiale de S¹ Mexme ou dit Chinon, collateurs de la ditte prébende et canonicat, consentant que celui qui sera nommé et pourveu jouisse dudit canonicat, en prenne possession et en perçoive les fruits et revenus ainsy qu'il apartiendra, dont l'avons jugé.

Fait et passé audit Chinon, en notre estude, en présence du sieur Gaudin de la Huillière, bourgeois de cette ville, et de Joseph Frapin, marchand en cette ville, y demeurant paroisse de S¹ Etienne, tesmoins à ce requis et appellés. »

L'assemblée, après avoir voté des remerciements au sieur Ferrand pour « les bons services qu'il avait rendus », désigna pour lui succéder Mᵉ Courtois, prêtre, principal du Collège de Bourgueil, et nomma, pour remplir les fonctions de second régent, Mᵉ Destouches, prêtre du diocèse d'Angers. Le principal devait, comme par le passé, recevoir du Chapitre de Saint-Mexme le canonicat et la prébende préceptoriale, et le second régent devait toucher de la Ville une somme annuelle de 120 livres ; enfin, les écoliers, à l'exception des pensionnaires, devaient verser chacun 12 livres par an, 6 à la Toussaint et 6 à Pâques, que les sieurs Courtois et Destouches se partageraient par moitié.

Courtois ayant bientôt après donné lui-même sa démission, le Corps de Ville, dans sa réunion du 24 février 1732, désigna, pour remplir les fonctions de principal, Mᵉ Jacques Breton, prêtre, auquel le Chapitre de Saint-Mexme conféra le canonicat et la prébende.

Le 9 avril de la même année, avec le consentement du nouveau principal, la municipalité appela aux fonctions de second régent Mᵉ Jean Poisnin, prêtre du diocèse de Poitiers, qui, ayant démissionné le 16 février 1735, fut remplacé par Mᵉ Guillaume Pasquier.

Sous le principalat de Jacques Breton, rien ne fut changé quant à la rétribution du principal et des régents. Mais, le 13 juin qui suivit sa nomination, à la suite d'une demande formulée par le Corps de Ville le 1er du même mois et faisant ressortir qu'il était onéreux pour les précepteurs du Collège de donner l'instruction gratuite aux six enfants pauvres que le sieur Vinet avait le droit d'y placer, ce dernier consentit à réduire à trois le nombre des écoliers que l'acte du 1er juin 1723 lui permettait de faire instruire gratuitement.

Jacques Breton fut le dernier principal nommé par le Corps de Ville au Collège royal. Après lui, cet établissement devait avoir une organisation toute différente, et le choix du principal ne devait plus appartenir à la Ville. Mais, avant d'aborder l'exposé des modifications qui se produisirent à cette époque dans la direction et l'administration du Collège, voyons dans quel état il se trouvait alors, quels étaient les émoluments des régents et les charges de la Ville.

Sous les principalats de Barthélemy Ferrand et de Jacques Breton, le Collège avait vu renaître sa prospérité. Ce dernier avait toujours eu avec lui un autre régent. Malgré cela, les charges que la Ville s'imposait étaient bien minimes. Les professeurs se contentaient en effet d'appointements fort modestes.

Le principal, qui était logé au Collège, touchait du Chapitre de Saint-Mexme les revenus de la prébende préceptoriale, et recevait de chaque élève externe une rétribution annuelle de six livres, et de chaque interne le montant de sa pension. En évaluant à 250 livres les revenus de la prébende, et en admettant que le nombre des externes fût alors de 40 — ce qui nous paraît être un maximum — ces deux chapitres des recettes du principal formaient un total d'environ 500 livres, c'est-à-dire 500 francs, la livre ayant alors à peu près la valeur de notre franc. Quant à ce que pouvaient lui rapporter les internes, il nous est impossible de le dire même approximativement, ne connaissant ni le nombre des élèves qui se trouvaient dans ces conditions, ni le prix de la pension; mais il est probable que ce qu'il touchait de ce chef ne devait pas augmenter de beaucoup ses bénéfices. Comme contre-partie, le principal était obligé de rendre à sa sortie du Collège les bâtiments « en état de réparations dont usufruitier est tenu », et il est supposable qu'il devait nourrir le régent, comme cela se pratiquait dès la fin du XVI° siècle.

Quant au régent, il était logé au Collège, comme le principal, et sans doute nourri par ce dernier, et pour tout traitement il recevait de la Ville une somme de 120 livres, et de chaque élève externe une rétribution annuelle de 6 livres. Ses émoluments atteignaient donc environ 360 livres, si nous admettons que ces élèves étaient au nombre de 40.

Le principal et le régent, étant toujours des ecclésiastiques, se faisaient sans aucun doute, par les services qu'ils étaient appelés à rendre à l'église paroissiale ou ailleurs, quelques revenus en dehors de ceux que leur situation au Collège pouvait leur rapporter. C'est ce qui explique comment il leur était possible de vivre honorablement avec de si maigres appointements. Il ne faut pas oublier non plus que le prix des denrées, étant alors beaucoup moins élevé qu'aujourd'hui, rendait la vie plus facile.

En tout cas, le Collège était loin d'être onéreux pour la Ville qui n'avait à sa charge que l'entretien des bâtiments et les « gages » du régent, qui étaient de 120 livres.

Avant de clore ce chapitre, nous croyons devoir faire observer que le Collège royal n'était pas le seul établissement qui existât alors à Chinon pour l'instruction des garçons. Il y avait en outre le petit Collège ou Collège des pauvres, dans lequel l'enseignement était absolument gratuit, et une école, indépendante de ces deux maisons, et tenue par un nommé Duplessis, maître d'école. Le Corps de Ville avait fait venir ce dernier de Châtellerault, en 1729; lui avait voté, le 15 septembre de la même année, une indemnité de déplacement de 30 livres, et avait fixé « son taux de taille et de sel » à

20 sols pour la taille et à un demi-boisseau pour le sel, ajoutant « que s'il était augmenté par les collecteurs des paroisses où il ferait sa demeure, le Corps de Ville promettait de le faire réduire au dit taux ou d'en payer l'excédent, comme aussi qu'il ne serait point compris au logement des gens de guerre ni à la contribution d'icelui ». Ces dispositions bienveillantes à l'égard du maître d'école, prouvent avec quelle sollicitude nos édiles s'occupaient, dès cette époque, de l'instruction des enfants.

CHAPITRE IV

La Ville abandonne la direction du Collège à l'archevêque de Tours (1735-1738).

Depuis que les Augustins avaient cessé de diriger le Collège, cet établissement avait repris une certaine prospérité. Il n'y avait cependant que deux professeurs. Le principal enseignait les humanités; son auxiliaire faisait les classes de grammaire. C'était absolument insuffisant, et, dans l'intérêt même du Collège, la création d'une ou de plusieurs chaires devenait nécessaire. Les ressources de la Ville ne permettant pas de rétribuer convenablement de nouveaux maîtres, et les émoluments du principal étant trop modestes pour qu'il pût les payer de ses deniers, les autorités municipales s'adressèrent à l'archevêque pour lui demander son concours.

Des négociations s'entamèrent à cet effet dès le milieu de l'année 1735, et, lorsque le Corps de Ville se fut assuré des bonnes dispositions de ce prélat et de l'assentiment de l'abbé de Seuilly, le maire et les échevins présentèrent à Mgr de Rastignac, qui occupait alors le siège archiépiscopal, une requête par laquelle, après avoir exposé que « l'éducation de la jeunesse est un des plus grands biens que l'on puisse procurer aux villes pour former des sujets capables de servir l'Eglise et l'Etat », fait ressortir ensuite les avantages qu'il y aurait pour les habitants de la ville et des localités voisines, à favoriser le développement du Collège en augmentant le nombre des régents, ils le suppliaient de leur prêter son assistance « par la réunion audit Collège de quelques prieurés et bénéfices simples ou de quelques menses monacales ».

Les officiers municipaux exposaient dans cette requête, signée Bridonneau, maire, Le Breton et Chesnon, commissaires, que leur ville n'étant éloignée que de cinq quarts de lieue de l'abbaye de Seuilly, la suppression des places monacales de cette abbaye et l'union de leurs revenus au Collège de Chinon, leur paraissaient plus commodes que celles de tous autres bénéfices. Ils ajoutaient que cette union serait d'autant plus facile que les religieux, depuis longtemps réduits à quatre, étaient soumis à la juridiction de l'archevêque, qu'ils suivaient encore l'ancienne règle et que l'on ne pouvait espérer de les assujettir à la nouvelle, qu'ils ne vivaient pas en commun et habitaient dans des maisons dépendant de leurs charges, qu'il leur était impossible enfin, en raison de leur petit nombre, de célébrer convenablement les offices, — et ils en concluaient que les revenus de la mense monacale, des offices claustraux et du petit couvent de cette abbaye (1) seraient plus utilement employés en les affectant à l'instruction des jeunes gens. Ils suppliaient donc l'archevêque de vouloir bien supprimer à perpétuité les places monacales et les titres des offices claustraux de l'abbaye de Seuilly et d'en donner les revenus, ainsi que ceux du petit couvent, au Collège de Chinon qui en jouirait après le décès des religieux et titulaires actuels, le tout devant « servir de dotation audit Collège pour y entretenir un nombre suffisant de régents pour instruire, enseigner et élever la jeunesse dans les principes de la religion, des sciences et des bonnes mœurs » (2).

Le Corps de Ville s'était préalablement assuré, nous l'avons dit, du consentement de l'abbé de Seuilly. Dans sa réunion du 9 août 1735, il avait en effet chargé le maire et les échevins de lui écrire à ce sujet. L'archevêque

---

(1) La *mense monacale* était le revenu dont jouissaient les religieux pour subvenir à leur nourriture, entretien, etc.

Les *offices claustraux* ou *places monacales* étaient les charges que remplissaient les religieux, c'est-à-dire, à Seuilly, celles de prieur, d'aumônier, d'hospitalier, de sacristain. L'hospitalier était titulaire du prieuré de l'Hôtel-Dieu.

On nommait *petit couvent* les biens et bénéfices des abbayes donnés aux religieux ou acquis par eux depuis la fondation du monastère, et dont le revenu venait en supplément de la mense monacale.

(2) Voir les préliminaires du décret d'union rendu par l'archevêque. (Arch. d'Indre-et-Loire, D. 7.)

voulut bien prêter son concours aux magistrats municipaux, et le 24 septembre de la même année, par un acte passé à Paris, rue Saint-Dominique, « en l'hôtel de Monseigneur l'archevêque de Tours », messire Jean-Baptiste Le Clerc du Wallon, abbé commandataire de l'abbaye royale de Seuilly, donna son consentement « à l'extinction et suppression des places monacales et offices claustraux » de son abbaye et « à l'union et incorporation au Collège de Chinon tant des fruits et revenus de ces places monacales et offices claustraux que des revenus du petit couvent », mais sous certaines conditions, que nous croyons devoir reproduire en supprimant quelques passages inutiles.

La première, qu'il ne sera compris dans cette union, et qu'en conséquence d'icelle le collège ne jouira que des biens et revenus des offices claustraux et du petit couvent, et d'une somme fixe payable annuellement au lieu et place de ce que ledit sieur abbé, en vertu de la transaction du 23 octobre 1709 et autres précédentes, estoit obligé de leur fournir en bled, vin, bois et argent, pour leur tenir lieu du tiers lot, et que tous les autres biens, droits et revenus de l'abbaye, demeureroient et appartiendroient audit sieur abbé, pour en jouir par luy et par ses successeurs abbés de Seuilly, pleinement et paysiblement, sans que le collège, sous prétexte de l'union et sous quelques causes que ce soit, puisse avoir et prétendre aucune part, ny tiers, ny portion quelconque dans tous les biens et revenus de ladite abbaye.....

La seconde, qu'au lieu et place de ce que ledit sieur abbé fournit et paye annuellement..... aux religieux en bled, vin, bois et argent,..... ledit sieur abbé payera audit collège la somme de 1.200 livres, à laquelle les quatre places qui subsistent actuellement, y compris le préciput du prieur, ont esté évaluées et aprétiées sur le pied de ce que les bleds, vins et bois vallent année commune; laquelle somme de 1.200 livres le sieur abbé et ses successeurs seront obligez de payer annuellement au collège, en deux termes égaux et par moitié, de six mois en six mois, à compter du jour où l'on cessera de faire aux religieux les fournitures expliquées et désignées dans la transaction du 23 octobre.....; laquelle somme..... ne sera néanthmoins payée en totalité qu'après le décez desdits religieux, de telle sorte qu'à mesure que chaque religieux viendra à décéder, le sieur abbé sera obligé de payer au collège la somme de

300 livres, et du jour de la vaccance des quatre places la somme de 1.200 livres.

La troisième, que ledit sieur abbé et ses successeurs demeureront déchargés de tous les repas que ledit sieur abbé estoit dans l'usage de donner aux religieux à certains jours, comme aussy de l'entretien du chirurgien qu'il fournissoit aux religieux et de ce qu'il payoit à ce chirurgien.....

La quatrième, que ledit sieur abbé et ses successeurs seront et demeureront maintenus et conservez dans le droit de nommer à tous les bénéfices dépendans de ladite abbaye, tels qu'ils soient, outre néantmoins que les offices claustraux et places monacales.

La cinquième, que les cottes-mortes des religieux qui ont fait profession dans l'abbaye de Seuilly ou qui l'ont desservie, soit dans les simples places monacales, soit dans les offices claustraux, ou qui sont actuellement pourveus desdits offices claustraux, appartiendront après leur décez audit sieur abbé et à ses successeurs,..... à la charge qu'en prenant ces cottes-mortes ils feront faire les réparations dont lesdits religieux décédez auroient pu estre tenus aux maisons qu'ils occupoient lors de leur décez, si ces maisons dépendent des offices claustraux.

La sixième, que ledit sieur abbé..... estime qu'il est à propos que les magistrats et le corps de ville de Chinon abandonnent aux seigneurs archevêques de Tours la nomination du principal du collège.....

La septième, que, pour montrer l'exemple de cette déférence si nécessaire au bien de l'Eglise et de l'Etat, ledit abbé veut bien se dépouiller du droit, qui naturellement auroit dû appartenir aux abbés de Seuilly, de nommer les régents, pour les dédommager, luy et ses successeurs, des droits de nomination aux places monacales et aux offices claustraux, que l'extinction desdites places et offices luy fait perdre; — cède à l'archevêque ses droits pour la nomination des régents qui ne pourront être pris que dans le clergé séculier. Mais ledit sieur abbé stipule expressément que, attendu que par le consentement qu'il donne à l'union, il fournit au collège une ample dotation et qu'il devient le fondateur de ce collège, les abbés de Seuilly auront l'inspection sur cet établissement qui leur devra sa naissance; qu'ils seront regardés comme supérieurs nés du collège de Chinon, sous l'authorité des seigneurs archevêques de Tours, et qu'en cette qualité de supérieurs nés, ils auront droit de faire la visite du collège lorsqu'ils le trouveront à propos, de se faire représenter les états des revenus, les comptes, les statuts et règlemens.....

La huitième, que les comptes du temporel du collège seront rendus devant les seigneurs archevêques de Tours ou tel commissaire qu'il leur plaira nommer, et devant les abbés de Seuilly ou personnes préposées de leur part. Les abbés auront la première place après lesdits seigneurs archevêques et, lorsque lesdits seigneurs archevêques n'assisteront point en personne, présideront même à celuy que lesdits seigneurs archevêques auront commis. Ces comptes seront examinés en présence de M. le lieutenant général de Chinon, d'un des députez du corps de ville et d'un député du chapitre de S¹ Mexme.....

La neuvième, que le collège sera tenu, en conséquence de l'union des revenus des offices claustraux, places monacales et du petit couvent, de faire dire les dimanches et festes, à perpétuité, dans la chapelle du collège, à la décharge des abbés de Seuilly, une messe pour les fondateurs et bienfaiteurs de ladite abbaye et dudit collège ; comme aussy, le collège sera tenu de payer toutes les charges réelles et ecclésiastiques, dont les religieux estoient chargés pour leurs offices claustraux et petit couvent, et spécialement les décimes ordinaires et extraordinaires, dons gratuits et subventions, dixmes, rentes, redevances et autres devoirs envers les seigneurs, comme aussy d'acquitter les fondations dont les religieux estoient chargés, les aumosnes et spécialement l'aumosne publique dont l'aumosnier de l'abbaye est tenu chaque année et qui se fait alternativement avec ledit sieur abbé ; ladite aumosne consistant, de la part dudit aumosnier, en dix septiers mouture de la meilleure qualité, c'est-à-dire un tiers froment, un tiers seigle et un tiers orge, que ledit collège sera obligé de faire moudre et boulanger et de faire distribuer dans l'abbaye par portions égales, alternativement avec ledit sieur abbé, tous les samedis depuis la veille du jour de l'an jusqu'à la consommation et entière distribution de dix septiers de la part du collège......, laquelle aumosne a coutume de finir vers la S¹ Jean-Baptiste.

La dixième, que la maison où logeait le prieur, ainsy que le vieux prieuré et jardins y joignant, qui sont enfermez dans le cloistre ou enceinte de l'abbaye, demeureront au sieur abbé et à ses successeurs...... A l'égard des trois autres maisons, celles de l'aumosnerie et de l'hostellerie appartiendront avec leurs dépendances audit collège, lequel, pour raison de ce, demeurera chargé des réparations de toute nature ; et la maison du sacristain, avec le jardin et le petit clos de vigne vis-à-vis, demeurera pour toujours pour servir de logement au chapelain de ladite abbaye, et sera entretenue par ledit collège pour les grosses réparations qui regardent le propriétaire ; quant aux réparations locatives, le chapelain en sera tenu.

Le onzième, qu'aussitôt le décez de tous les religieux et officiers de ladite abbaye, ou que le collège jouira de tous les revenus cy dessus unis, il sera établi un prêtre qui dira la messe tous les jours dans l'église de l'abbaye de Seuilly, pour les fondateurs et bienfaiteurs d'icelle, et nommément les dimanches et festes pour les sieurs de Cessigny, en l'acquit de la fondation qu'ils en ont faite ; que ce prêtre ou chapelain amovible sera nommé par ledit sieur abbé de Seuilly et ses successeurs, et qu'il sera logé dans la maison du sacristain cy dessus désignée ; auquel chapelain, le collège de Chinon sera tenu de payer par chacun an la somme de 400 livres en argent, de quartier en quartier, franche et quitte de toutes charges et impositions ordinaires et extraordinaires du clergé.....

La douzième, que tous les vases sacrés, ornemens, linges servant actuellement aux religieux et dont il sera fait un état, demeureront à l'abbaye pour servir à l'usage de l'église de ladite abbaye et du service que fera le chapelain. Sera tenu le collège, de fournir le pain, vin, luminaire et le blanchissage du linge nécessaire pour ledit service. Et à l'égard des vases sacrés, ornemens et linges, les abbés de Seuilly seront tenus d'en fournir lorsqu'il en sera besoin (1).

L'archevêque étant en possession du consentement de l'abbé de Seuilly, s'occupa dès lors de régler avec les magistrats municipaux les conditions dans lesquelles il accorderait au Collège les revenus des places monacales de l'abbaye. C'est alors que lui fut présentée officiellement, à la suite d'une décision du Corps de Ville en date du 13 janvier 1736, la requête dont nous avons déjà parlé. Le 23 du même mois, il vint à Chinon pour convenir avec les officiers municipaux des clauses définitives du traité. On lui fit une réception solennelle. Et le 24, dans une nouvelle assemblée du Corps de Ville, il fut donné lecture

---

(1) Extrait des préliminaires du décret d'union rendu par l'archevêque. (Arch. d'Indre-et-Loire, D. 7.)

de l'acte de consentement de l'abbé, dont toutes les conditions furent acceptées, puis du mémoire arrêté la veille entre l'archevêque et les magistrats municipaux et qui fut également approuvé dans tous ses articles.

Nous avons résumé précédemment les conditions imposées par l'abbé de Seuilly. Voici celles qui furent arrêtées de commun accord entre la Ville et l'archevêque, telles qu'elles ont été transcrites à la suite de la délibération du 24 janvier 1736. Elles contiennent, on le verra, des dispositions fort sages.

« Premièrement, le corps de ville abandonne à monseigneur l'archevêque le droit de nomination du principal du collège.

2° Sera establi un bureau auquel monseigneur l'archevesque présidera, et en son absence monsieur l'abbé de Seuilly, et en l'absence de l'un et de l'autre la personne qu'il plaira à monseigneur l'archevesque de commettre; et sera ledit bureau composé des maire, eschevins, d'un député du chapitre de Saint-Mexme, de M. le lieutenant général, lieutenant criminel, lieutenant particulier et procureur du roy, lesquels auront leur séance ainsy qu'il les ont dans l'assemblée dudit corps de ville.

3° Sera étably un receveur quy aura séance audit bureau, avec voye délibérative, lequel sera nommé tous les trois ans par ledit bureau, pour recevoir les revenus dudit collège et payer à chascun des régents ce quy sera réglé par monseigneur l'archevesque, sur les mandements signés par les officiers dudit bureau ou au moins par trois d'iceux, et fera la recette et dépense gratuitement.

4° Les biens dépendants desdits offices clostraux et petit couvent de ladite abbaye de Seuilly, réunys audit collège, seront affermés publiquement après la publication des enchères dans le bureau, pour être le prix de la ferme payé entre les mains dudit receveur, ainsy que les sommes quy doivent être payées par M. l'abbé de Seuilly pour les places monacales.

5° Le bureau tiendra en l'hostel de monseigneur l'archevesque lorsqu'il sera présent en personne dans cette ville, et en son absence il tiendra dans une salle du collège, dans laquelle il sera mis une armoire fermant à trois clefs, pour y déposer tous les titres et papiers concernant ledit collège, une desquelles sera mise entre les mains de monseigneur l'archevesque ou de celuy qu'il voudra commettre, l'autre entre les mains du maire, et la troisième entre les mains du receveur.

6° Sera tenu le receveur, après trois années de sa gestion expirées, de rendre compte au bureau de sa recette et dépense, et même tous les ans si le bureau le juge à propos.

7° Sera payé par chasque ecollier quy sera receu audit collège, la somme de trois livres chascun an, scavoir trente sols en entrant et trente sols à Pasques, sans que le principal et les régents puissent exiger ny recevoir davantage.

8° Ne pouront, le principal et les régents, mettre dehors du collège, sans retour, aucun pantionnaire ny écollier, qu'après en avoir averti monseigneur l'archevesque et fait-part au bureau de la réponse de mondit seigneur l'archevesque.

9° Le pricipal du collège, quy aura esté nommé par monseigneur l'archevesque, poura être destitué par sa Grandeur, mais elle est très humblement supliée de ne point faire cette destitution que sur les plaintes ou du bureau ou de celles que sa Grandeur pourait former elle-même, dont elle aura la bonté de donner communiquation au bureau.

10° Le bureau poura nommer des commissaires pour la visitte du collège deux foyes par chasque année, pour voir l'état dudit collège, si les régents font leur devoir et ouyr les plaintes sy aucunes se présentent, tant des régents que des écolliers, pour y être statué par monseigneur l'archevesque sur les procès-verbaux quy en seront dressés par lesdits commissaires.

11° La maison du collège demeurera dans l'état où elle est, et les régents qui ne peuvent y être logés, prendront des logements à la proximité du collège, à leurs frais, jusqu'à ce que la ville se trouve en état de bastir ou d'acheter une maison plus spacieuse.

12° Le corps de ville consent que le petit collège, où on aprend à lire aux enfants des pauvres, soit réuny au collège, et monseigneur l'archevesque sera suplié de donner une place de régent au collège au sieur Richard, prêtre, titulaire dudit petit collège et habitué en la paroisse de St Étienne.

13° Si les religieux de Seuilly ne veulent pas se contenter d'une pantion proportionnée à leur revenu, en sorte que les pantions qu'ils demanderoient seroient à charge au collège, ils demeureront en l'état qu'ils sont, et le collège n'aura quant à présent que la place vaquente, et aura les autres places à mezure qu'elles viendront à vaquer » (1).

Il ne s'agissait plus alors que d'avoir le consentement

---

(1) Délibérations du Corps de Ville. (Arch. mun. de Chinon, BB. 18.)

des religieux de Seuilly et des autres personnes intéressées. L'archevêque rendit, à cet effet, dès le 25 janvier, une ordonnance par laquelle, à la requête du maire et des échevins de Chinon, il prescrivait une enquête sur l'opportunité de l'union de la mense monacale de l'abbaye au Collège de cette ville [1]. Le consentement de l'abbé n'était pas douteux, puisqu'il était acquis depuis quatre mois déjà. Les religieux acquiescèrent également à ce projet; l'un d'eux, dom Tourton, aumônier, renonça même immédiatement à tous ses droits, moyennant une pension viagère [2]. Le principal du Collège fit abandon du titre de la prébende préceptoriale, ainsi que du principalat dont il était pourvu [3]. Enfin le Chapitre de Saint-Mexme accepta la suppression du titre de cette prébende ; et il fut décidé que désormais le principal ne serait plus que chanoine honoraire, et que le Chapitre verserait annuellement au receveur du Collège une somme qui serait déterminée par l'archevêque et qui, par décision du 19 juillet de l'année suivante, fut fixée à 250 livres, payable en deux termes égaux, à Noël et à la Saint-Jean-Baptiste [4].

Monseigneur de Rastignac, ayant l'assentiment de toutes les parties intéressées, put dès lors rendre le décret d'union, qui porte la date du 14 septembre 1736 et que nous reproduisons ci-dessous, sans répéter toutefois les clauses et conditions exprimées dans les actes de consentement que nous avons déjà donnés.

« ..... A ces causes et tout considéré et le saint nom de Dieu invoqué,

Nous archevêque de Tours avons éteint et supprimé, éteignons et supprimons à perpétuité et pour toujours la mense monacale de l'abbaye royale de Notre-Dame de Seuilly, ordre de Saint-

---

[1] Décret d'union. (Arch. d'Indre-et-Loire, D. 7.)
[2] Décret d'union (l. c.).
[3] Registres des délibérations du Bureau du Collège, séance du 18 juillet 1738. (Arch. d'Indre-et-Loire, versement de l'Enregistrement de Chinon.)
[4] Décret d'union (Arch. d'Indre-et-Loire, D. 7); registres des délibérations du Bureau du Collège, séance du 18 juillet 1738. (Arch. d'Indre-et-Loire, versement de l'Enregistrement de Chinon.)

Benoist de l'ancienne observance, de notre diocèse, ou les quatre places monacales à quoy ladite mense a esté et est réduite, ensemble le petit couvent et les titres des offices claustraux de ladite abbaye, et les avons unis, annexez et incorporez, unissons, annexons et incorporons pour toujours avec tous leurs droits, fruits, profits, revenus et émolumens qui en dépendent, audit collège de Chinon, pour en jouir par iceluy du jour du décedz des religieux et titulaires desdits offices claustraux, auxquels nous avons conservé lesdits fruits et revenus pendant leurs vies, sans pouvoir par lesdits titulaires pendant leurs dites vies résigner ou permuter lesdits offices sous quelque cause ou prétexte que ce soit, ayant renoncé au droit de le faire par les consentemens cy-dessus raportez. La présente union faite à condition par ledit collège ou administrateurs d'iceluy de satisfaire à toutes les charges et obligations dont lesdites places monacales, petit couvent et offices claustraux sont tenus et aux autres clauses, charges et conditions référées dans les consentemens des sieurs abbés de Seuilly et Tourton aumosnier et dans la délibération du corps de ville du 24 janvier 1736.....

Et au surplus ledit collège de Chinon sera régy, gouverné et administré sous le bon plaisir de sa Majesté, conformément à ce qui est porté à cet égard par l'acte de consentement dudit sieur abbé de Seuilly dudit jour 24 sept. 1735, et par la délibération du corps de ville de Chinon du 24 janvier dernier. Déclarons notre présent décrest commun avec tous ceux qui peuvent y avoir intérest. Donné à Tours, dans notre palais archiépiscopal, le 14 sept. 1736 » (1).

Ce décret fut confirmé par le roi, dont les lettres patentes, données au mois de décembre de la même année, ne furent enregistrés au Parlement que le 17 avril 1738. L'archevêque ne pouvant prendre la direction effective du Collège qu'à partir de ce moment, le Corps de Ville continua de le régir jusqu'à cette époque.

Nous savons peu de choses sur ce qui se passa dans cet établissement pendant ces deux années. L'assemblée municipale du 5 novembre 1737 nous apprend cependant que les régents étaient alors au nombre de deux, sans compter le principal, et que, pour se conformer au décret d'union, chaque écolier ne paiera désormais que 3 livres par an. Jacques Breton conserva du reste le principalat

---

(1) Archives d'Indre-et-Loire, D, 7.

tant que la Ville eut la gestion du Collège. Pendant ce temps, le receveur des octrois et des deniers communs fit toutes les recettes et dépenses concernant cet établissement et il en tint un compte spécial qu'il présenta plus tard à la nouvelle administration.

L'abbé de Seuilly, en consentant à la suppression des places monacales de son abbaye et à l'union de leurs revenus au Collège de Chinon, avait stipulé que la Ville en supporterait tous les frais. Une délibération de l'assemblée municipale, en date du 18 avril 1739, nous apprend que le receveur des octrois paya de ce chef une somme de 1.500 livres environ.

Des quatre places monacales qui devaient être supprimées après la mort de leurs titulaires, aucune ne subsistait lorsque la Ville cessa d'administrer le Collège. Dès le 6 février 1736, l'aumônier, dom Jacques Tourton, avait abandonné à cet établissement les logements qu'il occupait, les fruits et revenus de son office claustral, ainsi que sa mense ou pension monacale et sa part dans les revenus du petit couvent, moyennant une rente viagère de 700 livres [1]. Plus tard, par un acte, en date du 19 octobre 1737, ratifié par le Corps de Ville le 26 novembre suivant, le sacristain, dom Philippe Coste, avait agi de même et moyennant une pension de la même somme [2]. Enfin, les places du prieur et de « l'hospitalier » étaient vacantes, la première depuis longtemps déjà, la seconde par suite de la mort de dom Louis-Charles Dusoul, décédé postérieurement à la date du décret par lequel l'archevêque avait prononcé la suppression de ces places.

Les revenus du Collège se trouvaient être ainsi de plus de 3.000 livres, et comprenaient :

1° Le fermage des offices claustraux de l'abbaye.	1.605 livres.
2° La redevance de l'abbé de Seuilly	1.200 —
3° Celle du Chapitre de Saint-Mexme	250 —
4° La dotation du Corps de Ville de Chinon. . .	120 —
Total.	3.175 livres.

---

(1) Décret d'union. (Archives d'Indre-et-Loire, D. 7.)
(2) Délibérations du Corps de Ville. (Arch. mun. de Chinon, BB. 18.)

Sur cette somme, 1.400 livres, c'est-à-dire près de la moitié, étaient absorbées par les pensions viagères que le Collège était tenu de faire aux sieurs Coste et Tourton ; le reste était employé à rétribuer le prêtre qui devait desservir l'église de l'abbaye de Seuilly (400 livres), à servir quelques petites rentes, à solder les appointements du principal et des deux régents, et à faire aux bâtiments du Collège et de l'abbaye les réparations nécessaires.

Lorsque l'archevêque prit la direction du Collège, la situation financière était d'autant plus satisfaisante que les rentes dues aux anciens religieux devaient s'éteindre le jour de leur décès.

CHAPITRE V

Le Collège royal dirigé par l'archevêque de Tours
(1738-1791) [1].

I

Dès que le Parlement eut enregistré les lettres patentes ratifiant la suppression des places monacales de l'abbaye de Seuilly et l'union de leurs revenus et de ceux du petit couvent au Collège de Chinon, l'archevêque s'empressa de prendre la direction de l'établissement.

Le Bureau, constitué conformément aux conventions ci-dessus rapportées, fut installé le 18 juillet 1738, sous la présidence de messire Hyacinthe-Julien Le Riche, docteur de Sorbonne, abbé de Noyers, chanoine et archidiacre de l'église de Tours, vicaire général du diocèse, que l'archevêque avait commis à cet effet le 3 mai précédent.

Étaient présents à cette réunion : MM. Louis Bouin de Noiré, lieutenant général au Bailliage et siège royal de Chinon, tant en cette qualité que comme faisant les fonctions de maire; Pierre Breton, prêtre, chantre et chanoine de l'église de Saint-Mexme, député du Chapitre; François Lenée, lieutenant criminel; Félix Doucet-Dugué, lieutenant particulier; François-Jean Le Breton, procureur du roi; Joseph Torterue et Louis-Pierre Chesnon, échevins [2].

Les membres de l'assemblée, après avoir collationné les pièces relatives à la nouvelle organisation du Collège et

---

(1) Tous les faits exposés dans ce chapitre sont extraits, sauf indication contraire, des registres des délibérations du Bureau du Collège de 1738 à 1791, 2 vol. in-folio (Archives d'Indre-et-Loire, versement de l'Enregistrement de Chinon). — Ces registres étaient conservés autrefois au bureau d'enregistrement de Chinon, où nous avons pu les consulter, il y a quelques années, grâce à l'extrême obligeance du receveur, M. de Courson.

(2) L'abbé de Seuilly manquait donc seul à cette réunion, puisque l'archevêque s'y était fait représenter par l'abbé de Noyers. — J.-B. Le Clerc du Wallon, mourut du reste cette année même, et son successeur, nommé presque aussitôt, présida plusieurs fois, dans la suite, les séances du Bureau, en l'absence de l'archevêque.

donné lecture des plus importantes d'entre elles, décident qu'elles seront, ainsi que le registre des délibérations et tous les titres et papiers concernant cet établissement, enfermées dans une armoire « fermant à trois clefs et serrures » qui sera placée dans la salle des délibérations et dont les clefs seront déposées, l'une entre les mains de l'archevêque ou de la personne qu'il désignera à cet effet, une autre entre les mains du lieutenant général, en qualité de maire, et la troisième entre celles du receveur du Collège. Ils appellent ensuite aux fonctions de receveur, pour une période de 3 années, le sieur Jean Ferrand, greffier en chef de l'Election; puis ils prennent connaissance de l'acte de démission de l'ancien principal, Jacques Breton, passé devant notaire le 6 mai précédent, et ils décident qu'il sera dressé un projet de bail des domaines, rentes et autres revenus provenant de l'abbaye de Seuilly, qui seront donnés plus tard à l'adjudication.

L'assemblée choisit alors pour secrétaire de ses séances le sieur Charles Morin, procureur au siège de Chinon. Elle charge ensuite « messieurs le lieutenant général et le lieutenant criminel » de faire « la visite au Collège pour l'année présente » et d'en dresser un procès-verbal qu'ils lui soumettront; elle désigne M. Félix Doucet, lieutenant particulier, pour, en son nom, rendre foi et hommage au comte de Chavigny; et elle enjoint au sieur Ferrand, receveur, de faire construire le plus tôt possible un mur « pour défendre l'entrée des caves appelées les caves des Valins [1] dans lesquelles il se trouve plusieurs trous et fontaines qui pourraient causer la perte de quelque écolier », et de pratiquer dans ce mur une porte fermant à clef.

Enfin le sieur Morin, greffier de la Maison de Ville, qui avait été chargé par le maire et les échevins de tenir la comptabilité du Collège en attendant l'enregistrement des lettres patentes, présente son compte qui est accepté.

Le procès-verbal de cette réunion nous apprend également-

---

[1] C'est ainsi que l'on désignait alors les caves du Collège.

— 73 —

ment que la place de principal était alors vacante et que le Collège était inhabité. Jacques Breton avait en effet été appelé à la cure de Saint-Etienne dès le mois de juin 1737. Il est donc probable que, depuis cette époque, tout en conservant le titre de principal, il n'habitait pas au Collège; et il y a tout lieu de supposer aussi que, le principal ne résidant pas dans l'établissement, les régents n'y habitaient pas non plus. Il ne pouvait donc pas y avoir de pensionnaires [1].

II

Le Collège était donc définitivement organisé conformément au décret d'union et aux lettres patentes de 1736. Le Bureau en avait dès lors l'administration, mais l'archevêque en avait la haute direction. C'est à ce prélat qu'appartenait désormais la nomination du principal et des régents; c'est lui qui devait fixer leur traitement. Aucun élève ne pouvait être renvoyé de l'établissement sans que les administrateurs et l'archevêque aient été préalablement consultés.

Au début de cette nouvelle organisation, et en raison de la modicité des ressources disponibles, il n'y eut au Collège que trois régents, dont l'un remplissait sans doute les fonctions de principal. Cependant ce titre est mentionné pour la première fois, dans les délibérations du Bureau, à la date du 1er septembre 1740. Delacour, qui occupait alors cette charge, la conserva jusqu'à la fin de 1742, et le 29 août de cette dernière année, ainsi que l'atteste un reçu signé de sa main et conservé dans un registre des délibérations municipales, la Maison de

[1] Jacques Breton, qui, nous l'avons vu, ne donna sa démission que le 6 mai 1738, resta curé de Saint-Etienne jusqu'à sa mort, survenue le 6 novembre 1785. C'est donc à tort que M. Grimaud (*Paroisses de Chinon*, Bull. de la Soc. arch. de Touraine, XIV, p. 181) le donne comme étant resté en fonctions jusqu'en 1792. Il avait eu pour successeur, en décembre 1785, son homonyme Pierre-Jean Breton, né à Chinon le 30 septembre 1755, fils du libraire et frère de l'imprimeur de ce nom, qui, ayant refusé de prêter serment à la Constitution, fut lui-même remplacé par Bourée dès le commencement de septembre 1791.

Ville lui fit remettre « un morceau d'une pièce de canon, pesant 29 livres, pour être employé à augmenter la cloche du Collège ». La réfection de cette cloche, fondue par le sieur Hiet, de Saumur, coûta 47 livres 11 sols.

Le principal touchait alors, pour lui et les deux régents, une somme de 900 livres par an; et cette rétribution resta la même ou à peu près jusqu'en 1751.

Dans cet intervalle, plusieurs principaux s'étaient succédé au Collège. A la fin de 1742, Delacour avait été remplacé par Biermant, et ce dernier, après avoir exercé le principalat pendant 6 années, avait eu pour successeur un nommé Vallée, qu'il ne faut pas confondre avec son homonyme, Adrien-Charles Vallée, dont nous aurons à parler plus tard.

Pendant ce même laps de temps, les revenus du Collège n'avaient pas varié sensiblement. Ils s'étaient maintenus un peu au-dessus de 3.000 livres, sur lesquelles le Bureau devait prélever, pendant les premières années du moins, 1.400 livres pour payer les pensions viagères des sieurs Coste et Tourton, 400 livres pour le traitement du prêtre chargé de desservir la chapelle de l'abbaye de Seuilly, ainsi que les sommes affectées au service de quelques redevances. Il restait donc à peine 1.200 livres pour rétribuer le personnel enseignant et pour faire face aux dépenses imprévues.

Cependant, la mort de dom Tourton, survenue en 1743, ayant augmenté les ressources disponibles de la somme de 700 livres que le Collège servait annuellement à ce religieux, le Bureau en avait profité, en 1745, pour amortir une partie des dettes qu'il avait dû contracter et pour acquérir, moyennant 50 livres et quelques petites rentes, une maison située au-dessus du Vert-Galant [1] et joignant le Collège du côté du nord et de l'est.

Enfin, le décès de dom Coste, en 1751, laissa disponible

---

[1] Le Vert-Galant était une auberge qui occupait la maison portant actuellement le n° 61 de la rue Jean-Jacques-Rousseau. L'immeuble acquis par le Collège était situé dans la ruelle ou impasse qui forme aujourd'hui la cour de cette maison, du côté du levant.

une nouvelle somme annuelle de 700 livres, de telle sorte que les revenus nets du Collège se trouvèrent dès lors augmentés de 1.400 livres, ce qui permit d'accroître le nombre des régents et de donner à chacun d'eux une rétribution plus élevée. A partir de cette époque, il y eut en effet quatre professeurs, indépendamment du principal, et une somme de 1.650 livres fut affectée à leur traitement.

III

Philippe Chemin, qui, en 1750, avait succédé à Vallée (1er du nom), occupait le principalat depuis quatre ans déjà lorsque surgit un différend entre l'archevêque, d'une part, le Bureau d'administration et le Corps de Ville, d'autre part, à l'occasion d'un projet de déplacement du Collège.

Dans une réunion des administrateurs, tenue le 11 septembre 1754, le principal fit savoir que l'intention de l'archevêque était de transférer le Collège dans une maison sise « cloître de Saint-Mexme, rue de l'Epeau », maison que M. de Coulaine consentait à vendre au prix de 5.000 livres, en s'engageant à prendre en échange les bâtiments du Collège pour une somme de 2.000 livres, qui viendrait en déduction du prix de sa maison. Il ajouta que Monseigneur offrait de payer à M. de Coulaine, pour les 3.000 livres restant, une rente annuelle de 150 livres et que lui, Chemin, s'engageait à avancer une somme de 1.000 livres, sans intérêts, pour faire les réparations nécessaires.

Les revenus du Collège étant alors de 3.110 livres, ses charges de 2.956 livres, il ne restait disponible qu'une somme annuelle de 154 livres, absolument insuffisante pour payer la rente et amortir le capital de la dette. Aussi, le Bureau refusa-t-il de donner son assentiment à ce projet, avant d'avoir demandé à l'archevêque des explications qui lui semblaient nécessaires. La réponse de ce dernier n'ayant pas satisfait les administrateurs, ceux-ci déclarèrent qu'ils ne pouvaient autoriser l'aliénation des bâtiments du Collège et l'échange projeté sans avoir pris l'avis du Corps de Ville.

Cependant, et sans attendre davantage, le principal, obéissant aux ordres de l'archevêque, transféra le Collège dans la maison de la rue de l'Epeau, où il ouvrit les classes le 3 novembre.

Le Corps de Ville s'en émut et résolut de soumettre cette difficulté à une assemblée générale des habitants, qui fut convoquée pour le 25 février de l'année suivante.

Les membres de cette assemblée, après avoir pris connaissance des agissements de l'archevêque, et avoir entendu les députés du Chapitre de Saint-Mexme, qui firent observer que l'installation du Collège dans une maison faisant partie de leur cloître, leur causerait un préjudice considérable et pourrait être une source d'ennuis pour le public, décidèrent qu'une députation serait envoyée auprès de Mgr de Fleury pour s'informer des motifs qui l'avaient déterminé à effectuer cette translation, lui exposer les inconvénients qui en résulteraient et lui demander si son intention était « d'unir cette maison au Collège et à quelles conditions ».

Les sieurs Chartier, chanoine de Saint-Mexme, et Buon des Brulis, procureur du roi, furent chargés de cette mission et priés de rédiger un mémoire sur cette question, et de le soumettre à l'approbation du maire et des échevins avant de le présenter à l'archevêque.

Ce prélat, ayant donné l'assurance des bonnes dispositions dont il était animé, et dit que son intention n'avait jamais été « de jeter la Ville ni le Bureau d'administration dans des dépenses préjudiciables au bien du Collège et qui pussent diminuer son revenu annuel, encore moins en aliéner les fonds », l'assemblée du 2 avril lui vota des remerciements et décida « qu'en attendant les effets de sa bonne volonté » le principal et les régents continueraient d'enseigner dans la maison qu'il avait acquise [1].

L'année suivante, l'archevêque n'ayant pas tenu compte

---

(1) Délibérations du Corps de Ville. (Arch. mun. de Chinon, BB. 22.)

des observations que lui avait présentées la municipalité, et ayant même consenti à céder au sieur Perrault, chanoine de Saint-Mexme, la moitié de la maison provenant de M. de Coulaine, le Corps de Ville, dans son assemblée du 22 mai 1756, déclara qu'il ne pouvait tolérer que le Collège restât plus longtemps dans cet immeuble et décida qu'à la requête du maire et des échevins le principal et les régents seraient sommés de retourner enseigner, dès le vendredi suivant, « dans la maison du Collège, établie par nos rois à cet effet », et de remettre dans cette maison la cloche et tous les objets appartenant au Bureau, et que, si le sieur Chemin et les régents n'obéissaient pas à cette sommation, les officiers municipaux « se pourvoiraient par les voies de droit » pour les y contraindre et demanderaient, en attendant, l'autorisation de saisir leur traitement.

Le même jour, le maire et les échevins, assistés d'un huissier, se présentèrent au domicile du principal « dans la maison acquise de M. de Coulaine ». L'y ayant rencontré, ils lui donnèrent lecture de la décision prise par le Corps de Ville et le sommèrent d'y satisfaire. Le sieur Chemin, que ces menaces ne surent intimider, répondit qu'il ne prendrait aucune détermination avant d'en avoir référé à l'archevêque [1].

Ce conflit aurait pris sans doute des proportions regrettables sans l'intervention du comte de Saint-Florentin, ministre secrétaire d'État, qui, mis au courant de ce qui se passait, — nous ne savons au juste par qui, mais probablement par l'archevêque, — adressa au maire la lettre suivante, que nous reproduisons d'après une copie faite sur le registre des délibérations municipales :

« Monsieur,

Est revenu au Roy que le corps de ville de Chinon avoit pris une délibération par laquelle il est enjoint au principal et aux régens du collège de cette ville de sortir d'une maison que Mgr l'archevesque de Tours avoit acquise et de se retirer dans l'ancien collège.

---

[1] Délibérations du Corps de Ville. (Arch. mun. de Chinon, BB. 22.)

Sa Majesté désirant savoir les motifs qui ont pu donner lieu à cette délibération, vous ne manquerez pas de m'en informer.

Au surplus, comme ce changement pourroit causer pour le présent un préjudice à l'instruction des jeunes gens qui étudient dans cette maison, et que l'ancien collège est devenu inhabitable, il me parroist qu'il convient de continuer jusqu'aux vaccances les études et les classes dans cette maison, sauf à les transférer après ce temps dans l'ancien collège.

Vous ne manquerez pas d'informer le corps de ville de ce que je vous marque à cet égard, affin qu'il ait à ne plus poursuivre, quant à présent, l'exécution de sa délibération.

Je suis, Monsieur, votre très affectionné serviteur.

FLORANTIN.

A Versailles, le 3 juin 1756. »

Le 12 du même mois, le maire communiqua cette lettre au Corps de Ville qui décida que, pour se conformer aux ordres du ministre, il serait sursis à l'exécution de la délibération du 22 mai jusqu'à l'époque des vacances.

Le 24 août, et sans doute à la suite de nouvelles intrigues, le comte de Saint-Florantin adressa au maire et aux échevins une seconde lettre, par laquelle il leur faisait savoir que l'intention du roi était que le Collège restât dans la maison où il se trouvait alors, jusqu'à ce que Sa Majesté en ait décidé autrement. Cette lettre, dont nous n'avons pas le texte exact et dont il n'est pas fait mention dans les délibérations du Corps de Ville, fut communiquée le 29 du même mois aux membres du Bureau, qui, le jour même, remirent au greffier de la Maison de Ville les clefs de l'ancien Collège, avec défense de les donner à qui que ce soit. Cependant une note, inscrite sur le registre à la suite de cette délibération, prouve qu'elles furent confiées quelque temps après au principal, qui avait laissé dans l'établissement « ses vin, blé, bois » et divers objets mobiliers.

L'archevêque avait donc obtenu gain de cause. Mais, en raison des difficultés que le principal avait eues avec les administrateurs et les autorités municipales, il était difficile qu'il conservât ses fonctions; et en effet son départ coïncida avec la fin de ce conflit. Il fut nommé à la cure de Ternay, d'où il passa ensuite à celle de La Tour-Saint-Gelin, puis au doyenné de La Haye.

IV

Chemin eut pour successeur Bernard-Julien Nagot, que l'archevêque appela au principalat le 17 octobre 1756. Le 21 janvier de l'année suivante, date de la première réunion du Bureau depuis la rentrée des classes, le nouveau principal présenta son acte de nomination aux administrateurs, qui lui remirent les clefs de l'ancien Collège et qui chargèrent en même temps le sieur Trottier, receveur comptable, de meubler la salle des délibérations de « 12 chaises, une table pliante, chenets, pelles et pincettes, et une charretée de coterets ».

Le Collège resta dans la maison de la rue de l'Epeau jusqu'au mois de septembre 1760, époque à laquelle l'archevêque — nous ne savons pour quel motif — ordonna au principal d'aller habiter dans l'ancien Collège et d'y transférer les classes.

Cet établissement, abandonné depuis six ans, se trouvait dans un état de délabrement extrême. Le Bureau se hâta de le faire mettre en état, et, dès le 30 du même mois, il donna à l'adjudication les travaux les plus urgents. Cependant, le personnel enseignant ne pouvant trouver à s'y loger avant l'achèvement des réparations, le principal et les régents allèrent, en attendant, habiter le petit Collège que le sieur Grignon, alors directeur de cette maison d'instruction, dut abandonner sur l'invitation que lui en fit le Bureau.

Le procès-verbal de la réunion du 11 septembre 1754, au cours de laquelle nous avons vu le principal communiquer aux administrateurs le projet qu'avait alors l'archevêque de déplacer le Collège, est intéressant à plus d'un titre. Il nous donne notamment la description des immeubles qui composaient à cette époque le Collège royal et le petit Collège. Nous y relevons en effet les détails suivants, que nous copions presque textuellement :

La maison du Collège comprenait : 1° une cour d'entrée; 2° un corps de logis composé d'une salle basse, cuisine à côté, escalier entre, deux chambres hautes et deux greniers; 3° un petit bâtiment où étaient deux classes, l'une sur l'autre, de 6 à 7 pieds de large; 4° un autre bâtiment dans le fond de la cour, composé de deux chambres basses et deux chambres hautes, derrière lequel étaient des latrines et des caves en roc; 5° une petite cour derrière le grand corps de logis, après laquelle était un autre corps de logis en ruine composé d'une chambre basse, une voûte et une chambre haute inhabitable.

La maison du petit Collège se composait d'un cellier, une chambre basse, buanderie à côté; une chambre haute, antichambre et grenier, un jardin, cave, four et un autre jardin.

Le petit Collège était séparé du Collège royal ou grand Collège par une maison qui appartenait à des particuliers et que le principal avait prise à loyer pour 40 livres par an.

En 1761, le Bureau acquit plusieurs petites maisons adjacentes, notamment celle qui se trouvait entre le grand et le petit Collège. Malgré ces agrandissements et malgré les réparations faites en 1760, les divers bâtiments qui composaient cet immeuble restaient isolés les uns des autres et constituaient un ensemble très défectueux.

Cependant le Collège prospéra rapidement entre les mains de l'abbé Nagot, et l'on reconnut bientôt la nécessité d'édifier de nouvelles constructions, de manière à pouvoir loger des pensionnaires, faire un réfectoire, une salle d'études, une chapelle, etc. Après diverses propositions, les administrateurs s'arrêtèrent, en 1762, à un projet qui consistait à réparer et à prolonger jusqu'à la rue le bâtiment principal, ouvrant sur la cour du côté du levant et situé par conséquent à l'ouest de cette cour; à reconstruire celui qui était au fond de la cour; et à faire les réparations nécessaires aux constructions qui se trouvaient entre le grand et le petit Collège, c'est-à-dire à l'est de la cour; le tout devant s'élever à la somme de

8.000 livres. Enfin, deux ans plus tard, sur la proposition du principal, qui venait de déclarer que le nombre des pensionnaires augmentait considérablement, le Bureau décida de faire prolonger vers le nord le principal corps de logis.

Ces constructions n'étaient pas terminées quand parut, au commencement de l'année 1765, un arrêt du Parlement qui imposait aux administrateurs l'obligation de consulter le procureur général avant de voter des dépenses importantes. Les membres du Bureau se crurent obligés de prendre l'avis de ce fonctionnaire avant de continuer les travaux. L'autorisation demandée se fit d'autant moins attendre qu'elle n'était pas nécessaire, paraît-il, et les bâtiments furent bientôt achevés.

Les constructions du Collège présentaient donc, dès cette époque, à peu près la disposition générale qu'elles ont aujourd'hui, c'est-à-dire la forme d'un fer à cheval ouvert du côté de la rue, mais probablement avec des espaces libres entre les divers corps de logis.

Si le principal Nagot avait eu des débuts assez difficiles, il eut du moins, pendant les dernières années de son administration, la satisfaction de voir s'ouvrir pour l'établissement qu'il dirigeait une ère de prospérité jusqu'alors inconnue. Les anciens bâtiments s'étaient relevés de leurs ruines; de nouvelles constructions s'étaient édifiées; l'internat, qui, avant lui, existait à peine, était devenu florissant et comptait alors plus de trente élèves.

Le prix de la pension n'était d'ailleurs pas élevé : 212 livres seulement, y compris le blanchissage, le chauffage et l'éclairage. Encore le principal devait-il en déduire une somme proportionnée au temps que les élèves passaient en vacance.

Les régents, qui, depuis 1751, étaient au nombre de quatre, furent portés à cinq sur la demande qu'en fit le principal au mois d'août 1764. Mais le Bureau n'accorda pas de traitement fixe à ce nouveau professeur. Il devait être nourri, logé, blanchi et éclairé par le principal qui, pour tous émoluments, devait lui donner une part « dans les répétitions et les petits écus » et seulement s'il était content de lui. Les autres régents, ainsi que le principal, avaient un traitement fixe que le receveur leur payait sur les revenus du Collège : le principal touchait 600 livres par an; le régent de rhétorique 300 livres; les trois autres, chacun 250 livres; ce qui faisait un total de 1.650 livres. Cependant, à partir de 1763, le principal ne toucha plus que 500 livres, parce qu'en reconnaissance des sacrifices que le Bureau avait consentis pour faire de nouvelles constructions, il abandonnait chaque année une somme de 100 livres sur son traitement.

S'il est incontestable que l'abbé Nagot laissa le Collège dans une situation très prospère, il est permis de se demander s'il faut attribuer uniquement à son habile direction le développement que cet établissement prit entre ses mains, ou bien s'il faut en voir la cause dans un événement qui se produisit alors en France et qui eut une répercussion considérable sur beaucoup de maisons d'enseignement. Il est constant en effet que le début de cette ère de prospérité coïncida avec le départ des Jésuites.

Les membres de cette congrégation, qui, depuis deux siècles, avaient joué un si grand rôle dans l'éducation de la jeunesse française, durent cesser d'enseigner et de vivre en commun, en vertu d'un arrêt du Parlement de Paris, rendu le 6 août 1762 et confirmé deux ans après par un édit du roi. La plupart de leurs établissements ne furent pas fermés, il est vrai, mais en changeant de direction ils perdirent leur caractère et beaucoup de leurs élèves allèrent dans d'autres maisons.

En même temps qu'il prononçait la dissolution de la compagnie de Jésus, le gouvernement s'occupait de donner une nouvelle organisation à tous les établissements d'instruction, même à ceux qui ne relevaient pas des universités.

Le Collège royal de Chinon appartenait à cette dernière

catégorie. Il avait une existence indépendante et ne relevait que du roi. Depuis que l'archevêque en avait pris la direction, il était régi par un Bureau qui avait pleins pouvoirs pour l'administrer et qui était constitué conformément aux dispositions des conventions intervenues entre l'abbé de Seuilly, le Corps de Ville et l'archevêque, conventions qui avaient été approuvées par le roi. Dans certains cas seulement, lorsqu'il s'agissait par exemple d'aliéner des biens appartenant au Collège, le Bureau devait préalablement présenter une requête au souverain.

A partir de 1763, il en fut autrement. Au mois de février de cette année, le roi rendit un édit réglementant l'administration de ces établissements, édit confirmé et complété plus tard par la déclaration du 11 février 1764 et par l'arrêt du Parlement du 29 janvier 1765.

D'après l'édit de 1763, le Bureau devait présenter au procureur du roi « un état circonstancié des fondation, institution, dotation, régime, exercice et composition du Collège ». Messieurs Caillault et Trottier, chargés de rédiger cet état, ne purent retrouver l'acte de fondation qui, nous l'avons déjà dit, avait sans doute été détruit dans un incendie, en 1649. Il fut alors décidé que, pour suppléer à l'absence de cette pièce, on chargerait un notaire de faire une copie authentique d'une très ancienne inscription qui se trouvait au-dessus de la porte d'une classe et qui faisait connaître l'époque de la fondation du Collège par le roi [1].

Pour se conformer aux nouvelles dispositions de la loi, il fallut bientôt aussi modifier la composition du Bureau, qui comprit dès lors : l'archevêque de Tours, chef d'administration, le lieutenant général au Bailliage, le procureur du roi, un député du Chapitre de Saint-Mexme, deux officiers municipaux, deux notables habitants, le principal du Collège. L'abbé de Seuilly, le lieutenant criminel et le lieutenant particulier n'en faisaient plus partie. Le

---

[1] Cette inscription a été reproduite précédemment, p. 16.

receveur n'avait plus voix délibérative. Mais l'archevêque pouvait toujours, en cas d'absence, se faire remplacer par un délégué qui prenait rang après le lieutenant général.

Le 15 avril 1765, le nouveau Bureau prit connaissance de l'arrêt du Parlement du 29 janvier précédent, portant règlement du Collège, et d'après lequel les administrateurs devaient dorénavant se réunir tous les quinze jours et étaient tenus de désigner l'un d'eux pour veiller à la police de l'établissement. Cet arrêt modifiait aussi, nous l'avons vu, les pouvoirs du Bureau qui ne pouvait augmenter les honoraires du principal et des régents, établir de nouvelles chaires, faire de nouvelles constructions ou emprunter sur les biens du Collège, sans y avoir été autorisé par le Parlement. Enfin le principal et les régents, qui, jusqu'alors, avaient été nommés par l'archevêque, devaient l'être, maintenant, par les administrateurs. Le principal pouvait, il est vrai, choisir les professeurs, mais la nomination de ces derniers n'était définitive qu'après avoir été agréée et confirmée par le Bureau.

Au lieu de relever directement du roi, le Collège allait donc désormais relever du Parlement. C'était l'œuvre du président Rolland.

Le 18 août de la même année, le Bureau adopta un règlement concernant surtout les congés, et que nous croyons devoir résumer.

Il décida que les vacances ne dureraient que six semaines pour les basses classes, du 15 septembre à la Toussaint, et que pour les hautes classes elles commenceraient le lendemain de la Saint-Louis [1]. Il arrêta aussi qu'il y aurait congé tous les jeudis de l'année, à moins de fête le mercredi ou le vendredi; que si la fête était le vendredi, il y aurait congé le mardi soir, tandis que si la fête se trouvait être le mercredi, ce serait le seul jour de congé. Il

---

[1] Cette dernière clause, qui, d'après les règlements officiels, ne concernait que la classe de philosophie, ne dut jamais être appliquée au Collège, où cette classe n'existait pas.

décida également qu'il y aurait congé le lundi de la foire de Pâques (lundi de la Passion), le jour de la foire de Noël (lundi après la N.-D.), le jour de la foire de Sainte-Radégonde, le lundi et le mardi gras, le matin du mercredi des Cendres, le mardi des Rogations, la Semaine Sainte à partir du mercredi soir; et enfin, qu'il serait accordé, dans le courant de l'année, huit congés, le mardi après midi, dont quatre seraient à la disposition du principal et quatre à celle de l'administrateur délégué. Le jour de l'anniversaire de la naissance du roi était de droit jour de congé. Enfin, la durée des classes fut fixée à deux heures; et le sieur Vallée, professeur de rhétorique, fut chargé de faire le discours « latin ou français » ordonné par l'article 41 du règlement, le lendemain du dimanche de Quasimodo de l'année 1766.

Le nom d'un grand nombre d'élèves fréquentant le Collège à cette époque est parvenu jusqu'à nous. Nous possédons en effet un livre de commerce du sieur Breton, alors libraire à Chinon, qui fournissait au principal des livres classiques pour les élèves et tenait un compte particulier pour chacun d'eux. Nous y voyons figurer, de 1761 à 1764, beaucoup d'enfants appartenant à des familles de la région : Auvinet, Bacot, Le Breton, de Coulaine, Cossin, Drouin, Mestayer, Poirier, Rocher, de Sassay de la Rolandière, de la Villarmois, etc. Quelques-uns de ces élèves devaient laisser un nom à la postérité, notamment l'abbé Rocher [1] et Poirier de Beauvais [2].

---

(1) PIERRE-JÉROME ROCHER, né à Chinon le 30 septembre 1751, entra dès l'âge de 10 ans au Collège où il fit toutes ses études jusques et y compris la rhétorique. Ordonné prêtre en 1776, il fut nommé chanoine de Saint-Mexme en 1782 et curé de Saint-Ours, de Loches, en 1790. Retiré en Angleterre pendant la Révolution, il revint en France avec Louis XVIII dont il fut le dernier confesseur, et mourut à Paris le 1er décembre 1828.

(2) BERTRAND POIRIER DE BEAUVAIS, né à Richelieu le 19 novembre 1750, était au moment de la Révolution « conseiller du roi en son grand conseil ». Il prit une part active aux guerres de la Vendée et commanda l'artillerie de l'armée vendéenne sous le nom de général Poirier de Beauvais. Retiré ensuite en Angleterre, il y écrivit des Mémoires dont il donna un extrait, à Londres, en 1798, et qui furent publiés *in extenso* par la comtesse de la Bouëre en 1893. Il mourut à Ligré, dans sa propriété de Beauvais, le 3 avril 1826.

Nous possédons un livre de prix qui lui fut donné au Collège de Chinon sous le principalat de Nagot et qui porte cette attestation manuscrite : *In sexta schola solutæ orationis latinæ præmium Bertrandus Poirier, anno 1762*. — Signé : B. NAGOT, *collegii cainonensis moderator*. — C'est un volume in-12, relié en veau et portant sur les plats des couvertures les armoiries frappées et dorées de Mgr de Rosset de Fleury, alors archevêque de Tours.

V

Nagot venait d'être promu à la cure de Vernou quand, le 6 novembre 1765, il donna sa démission de principal. Le Bureau désigna aussitôt pour le remplacer Adrien-Charles Vallée, prêtre du diocèse de Coutances, qui professait alors la rhétorique au Collège.

Né le 21 septembre 1732, Adrien Vallée avait été tonsuré en 1756 et ordonné prêtre en 1760. Il est donc impossible de le confondre avec son homonyme, N... Vallée, qui avait occupé le principalat de 1748 à 1750, puisqu'à cette époque il avait de 16 à 18 ans seulement. Il était professeur au Collège depuis 1757 et il enseignait la rhétorique depuis 1760 [1].

Le nouveau principal fut le digne successeur de Nagot. La prospérité du Collège ne fit que s'accentuer sous sa direction; et le Bureau, secondant ses efforts, sut employer les ressources toujours croissantes de cet établissement pour y introduire les améliorations nécessaires.

Lorsqu'Adrien Vallée prit possession de sa charge, les revenus du Collège étaient à peu près les mêmes qu'en 1738, le prix du fermage des biens provenant des places monacales de Seuilly subissant seul quelques

---

[1] Nous avons retrouvé dans les archives municipales de Chinon (série I) les actes de nomination d'Adrien Vallée, d'abord comme professeur d'une classe inférieure, le 24 octobre 1757, avec 250 livres de traitement ; puis, comme professeur de rhétorique, le 18 octobre 1760, avec 300 livres de traitement. Nous croyons intéressant de reproduire ici l'un de ces documents. Nous donnerons le premier en date :

« Henri-Marie-Bernardin de Rosset de Fleury, par la Miséricorde Divine et la grâce du S' Siège Apostolique, Archevêque de Tours, Conseiller du Roy en tous ses Conseils, etc. Sur le bon témoignage qui nous a été rendu du sieur Adrien-Charles Vallée, clerc tonsuré du diocèse de Coutances, de ses bonnes vie, mœurs, religion, piété, doctrine, capacité, expérience, Nous l'avons nommé et institué, nommons et instituons par ces présentes à une des places de Régent vacante dans notre collège de Chinon; luy assignant pour ses honoraires la somme de deux cent cinquante livres, comme l'avoit celui qui occupoit ladite place avant lui : laquelle somme sera prise sur les revenus de notre dit collège de Chinon. Mandons au principal dudit collège et tous autres qu'il appartiendra de le recevoir en cette qualité. Les présentes valables pour le tems que nous jugerons convenable. Donné à Tours, en notre palais archiépiscopal, le vingt quatre octobre mil sept cent cinquante sept.

† HENRI, archevêque de Tours. »

variations. Ils étaient alors exactement de 3.390 livres 6 sols, se décomposant ainsi :

Annuité due par le Corps de Ville	120 liv.
— par le Chapitre de S¹-Mexme.	250 liv.
— par l'abbé de Seuilly	1.200 liv.
Fermage des places monacales de Seuilly. .	1.780 liv.
Rentes dues au petit Collège.	40 liv. 6 sols.
TOTAL.	3.390 liv. 6 sols.

Mais bientôt une nouvelle branche de revenus vint augmenter les ressources de cet établissement. Dès 1764, l'abbé Louet, prieur des Roches-Saint-Paul, avait entretenu l'archevêque du projet qu'il avait formé de réunir son prieuré au Collège de Chinon, pour enrichir cette maison d'instruction. L'affaire en était restée là, quand, le 23 novembre 1766, les administrateurs décidèrent de s'en occuper. Ils firent d'abord écrire à l'abbé Louet pour s'assurer de ses intentions, puis ils adressèrent une requête à l'archevêque en le priant de vouloir bien faire le nécessaire pour supprimer ce prieuré et le réunir au Collège.

L'abbé de la Rue, prieur de l'abbaye de Cormery, dont dépendaient les Roches-Saint-Paul, ayant donné son consentement, l'archevêque rendit le 21 août 1767 un décret supprimant le prieuré des Roches et réunissant au Collège de Chinon tous ses biens et revenus, décret qui fut confirmé par lettres patentes du roi, données à Versailles au mois de février 1768 et enregistrées au Parlement le 18 juin de la même année.

Cette union doublait ou à peu près les revenus annuels du Collège, qui dépassèrent dès lors 6.000 livres [1]; mais elle avait occasionné à cet établissement des frais d'acte et d'enregistrement, qui s'étaient élevés à 2.000 livres, et elle allait lui nécessiter, pour réparer les bâtiments, des

---

[1] Les revenus du prieuré (biens fonciers et rentes) furent affermés 2.500 livres seulement, mais le Collège s'était réservé l'exploitation des bois et bruyères, ainsi que la possession des droits féodaux dont il devait retirer plus tard une somme importante.

dépenses considérables. Le Collège devait du reste servir à l'abbé Louet une pension viagère de 700 livres et faire dire la messe les dimanches et jours de fête dans la chapelle du prieuré. L'augmentation de revenus résultant de cette union était donc loin d'être nette.

Les biens dont le Collège devenait ainsi propriétaire comprenaient, indépendamment des bâtiments du prieuré, une grande étendue de terres, prés, vignes, bois et bruyères, la métairie de Vindoux, le moulin des Trois-Cheminées, diverses rentes et certains droits féodaux. Ces derniers, consistant surtout dans un droit de chasse et de pêche et une attribution de haute justice, constituaient le fief ou la seigneurie des Roches-Saint-Paul. Les administrateurs, ayant besoin d'argent, décidèrent (6 avril 1769) d'aliéner ce fief qui n'était d'aucun rapport pour le Collège et qui pouvait même, pensaient-ils, lui être préjudiciable en lui suscitant des ennuis et des procès. Mais ce projet ne pouvant se réaliser immédiatement, ils résolurent, en attendant, de se procurer des fonds en faisant abattre la superficie des 60 arpents de bois et bruyères dépendant de leurs nouveaux domaines. Un arrêt du Parlement, en date du 25 décembre 1769, les y autorisa, et cette opération produisit environ 4.500 livres qui suffirent pour parer aux besoins les plus urgents.

L'augmentation des revenus du Collège permit aussi de faire des améliorations aux anciennes constructions et même d'en édifier de nouvelles, ce qui du reste était devenu nécessaire en raison du nombre toujours croissant des élèves. Divers travaux urgents avaient déjà été exécutés quand, en 1770, le Bureau reconnut la nécessité de construire une infirmerie et de refaire la cuisine; puis, en 1772, le réfectoire, la salle d'études, les chambres à coucher et la cour se trouvant insuffisants, les administrateurs décidèrent d'apporter diverses modifications aux bâtiments, d'en édifier de nouveaux et de faire une nouvelle cour du côté du couchant.

Entre temps, le Collège avait fait une acquisition importante. Le 22 juin 1771, le Bureau avait chargé deux de ses membres de visiter une vaste maison située au carroi du Puits-des-Bancs et de s'assurer du nombre de pensionnaires qu'on y pourrait loger. Cette maison, qui appartenait alors à la famille Précieux, ayant paru convenir à l'usage qui lui était destiné, fut acquise le 8 août de la même année, moyennant une rente annuelle et perpétuelle de 300 livres, amortissable à 6.000 livres [1].

Cette acquisition fut suivie, en 1775, de l'achat, pour la somme de 900 livres, d'une autre maison appartenant alors au sieur Breton, sise près du carroi de Saint-Etienne [2] et séparée d'une petite ruelle située au levant [3] par la maison du sieur Hudault [4], et de la rue Néret située au couchant [5] par la maison du sieur Rébillaut [6]. Le Bureau acheta en même temps une écurie et un fenil dépendant de cet immeuble, situés dans le haut et à l'est de la rue Néret et joignant au nord les dépendances du Collège.

A peine Adrien Vallée avait-il été en possession de sa charge, qu'il avait apporté des modifications au règlement. Le 12 janvier 1766, il avait en effet proposé au Bureau, qui l'avait accepté, de modifier les congés établis l'année précédente. Les congés ordinaires, qui occupaient toute la journée du jeudi, furent supprimés et remplacés par deux congés d'une demi-journée chacun, fixés au mercredi soir et au samedi soir. De même, les 8 congés extraor-

---

(1) C'était une grande et belle maison en bois, datant du xv° siècle et dans laquelle fut installée plus tard l'imprimerie Breton. Elle fut démolie en 1873 par M. Cesvet, pour faire le jardin de la maison qui porte aujourd'hui, dans la rue Jean-Jacques-Rousseau, le n° 54. — Cette acquisition comprenait, indépendamment du principal corps de logis, plusieurs annexes. (Minutes de M° Salmon, Etude de M° Janvier notaire à Chinon.)

(2) C'est la maison qui porte, dans la rue Jean-Jacques-Rousseau, le n° 62.

(3) Cette petite ruelle, dont nous avons déjà parlé (page 35, note 2) et qui se prolongeait autrefois jusqu'à l'entrée des caves du Collège, fait aujourd'hui partie de la maison n° 64.

(4) C'est la maison qui porte, dans la rue Jean-Jacques-Rousseau, le n° 64.

(5) C'est l'impasse qui longe, à l'est, la maison n° 58, maison ayant appartenu au commencement du xix° siècle à un nommé Laurier et antérieurement à un nommé Chevalier.

(6) C'est la maison qui porte, dans la rue Jean-Jacques-Rousseau, le n° 60.

dinaires, qui avaient lieu le mardi soir, furent remplacés par 8 autres qui devaient avoir lieu le mercredi matin ou le jeudi matin [1].

Quelques années après, il élabora un règlement complet d'administration, que le Bureau accepta le 14 août 1768 et que nous reproduisons *in extenso*.

« 1° On ne reçoit pour pensionnaires que des enfans de bonnes mœurs, dociles et capables de profiter dans les sciences. Ils sont admis dès l'âge de sept ans pourvu qu'ils scachent lire et écrire et qu'ils n'aient pas d'infirmités trop gênantes.

2° Comme la principale vue des écoles chrétiennes est de former l'esprit et le cœur des jeunes gens, de leur développer les principes de la religion et de la morale chrétienne, d'exciter, de nourrir et d'augmenter en eux une piété solide et éclairée, MM. les professeurs ont eu soin que leurs écoliers ne passent aucun jour sans apprendre par mémoire plusieurs maximes de l'écriture Sainte et particulièrement du nouveau testament, et quelques demandes du catéchisme du diocèse de Tours, à l'enseignement duquel ils donnent tous les mercredis une demi-heure.

3° C'est dans la même vue que M. le principal rassemble le samedi et les veilles des grandes fêtes, dans la chapelle du collège [2], les écoliers de toutes les classes et leur fait des instructions proportionnées à leur âge. Les dimanches et fêtes, il fait aux pensionnaires des instructions particulières pour les disposer aux sacrements de pénitence, de confirmation, d'eucharistie.

4° On enseigne dans le collège la grammaire, les humanités et la rhétorique. On commence par l'étude de la langue latine; l'étude de la grammaire et de la littérature française suit de près, et bientôt on fait marcher ces deux études à pas égal. On y joint l'étude de la géographie et de l'histoire, dont on donne des leçons tous les jours. A la fin de chaque année, MM. les professeurs font faire à leurs écoliers un exercice public sur toutes ces différentes parties. Ils y préparent les pensionnaires par des répétitions qu'ils leur font tous les soirs depuis six heures jusqu'à sept.

---

[1] Indépendamment de ces congés réglementaires, le Bureau accordait aussi quelquefois des congés supplémentaires. C'est ainsi que, le 27 juillet 1775, il décida de prolonger d'une semaine les vacances, à l'occasion du sacre du roi. Dix ans plus tard, il donna de même 8 jours de congé, à la suite d'une visite du duc de Penthièvre et sur la demande de ce dernier.

[2] Des délibérations du Bureau, datant de cette époque, nous apprennent que la chapelle était alors à l'extrémité nord des bâtiments, au bas des rochers.

5° Les pensionnaires ne peuvent sortir qu'avec la permission du principal, ni s'absenter pour quelques jours sans ladite permission et un congé du Bureau ou au moins de M. l'administrateur nommé en exécution de l'édit de février 1763.

6° Ne peuvent pareillement les dits pensionnaires apporter au collège ni armes à feu, ni mauvais livres, ni généralement rien de contraire à la religion, aux bonnes mœurs, à la sûreté et à la discipline du collège. Les épées seront déposées chez M. le principal.

7° Les jours de congé, M. le principal peut permettre aux pensionnaires de sortir en ville, pourvu qu'ils soient sous la conduite de quelqu'un envoyé par les parents pour les accompagner soit en allant, soit en revenant, ce qui cependant ne pourra avoir lieu les jours de grandes fêtes, mais les dimanches et les fêtes moins solennelles et après qu'ils auront assisté à la messe et aux instructions du matin. Ils se rendront au collège pour y assister aux vêpres qui se chantent à deux heures précises. Il leur est expressément enjoint par le Bureau de se conformer en tout ce qui leur est prescrit par l'édit de février 1763 et l'arrêt du Parlement de 1765 dont M. le principal leur fera une lecture de trois mois en trois mois.

8° La pension est égale pour tous, de 234 liv. par an. Elle se paye au moins par quartier et toujours d'avance. On ne diminue rien pour les absences dans le cours de l'année, si elles n'arrivent pour cause de maladie. On diminue le temps des vacances à compter du 15 septembre jusqu'au 2 novembre, jour fixé pour la rentrée de la pension. Si quelqu'un prend ses vacances avant le 15 septembre, il ne lui sera rien rabattu.

9° Outre la pension de 234 liv. pour la nourriture, chaque pensionnaire paye par chacun an dix livres pour le blanchissage de son linge, pour le bois, la chandelle, le lit, et trois livres pour les gages des domestiques. Ces deux sommes se payent avec le premier quartier.

10° Ceux qui veulent avoir un perruquier pour leur faire les cheveux, les friser et poudrer les dimanches, fêtes et jours de congé extraordinaire, lui payent treize sols quatre deniers par mois.

11° Ceux qui veulent faire raccommoder leur linge, leurs habits, ravauder et blanchir leurs bas, payent douze livres par année scholastique. Les parents fournissent les pièces seulement.

12° Chaque pensionnaire apporte avec lui un petit coffre ou une malle, quatre draps, huit serviettes (si les parents n'aiment mieux payer tous les ans six livres pour les draps et serviettes), un gobelet, une cuiller, une fourchette d'argent s'il est possible. Tous ses habits, bas, linge et autres hardes seront marqués des deux premières lettres de son nom et de plus numérotés au numéro que M. le principal indiquera à MM. les parents qui lui auront demandé des places.

13° Au commencement de chaque année tout pensionnaire doit remettre à M. le principal un état de ses effets, et dans le cours de l'année il n'en renverra et n'en recevra aucun sans lui en donner avis dans le moment.

14° M. le principal ne peut être tenu de répondre d'aucun des effets que les pensionnaires peuvent perdre, tels sont les mouchoirs, les cols, les boutons, les agrafes, les boucles d'argent, les couteaux, les écritoires, les livres et généralement tout ce dont ils ont la disposition.

15° M. le principal ne fait aucune avance ni pour l'entretien des pensionnaires, ni pour leurs menus plaisirs, ni pour livres, papiers, plumes, encre, canifs, écritoires; ni pour les maîtres d'écriture, de danse, de musique, d'instruments, d'armes, qui n'entreront dans le collège que de son consentement et qu'il ne donnera aux pensionnaires que sur une permission de vive voix ou par écrit de leurs parents. Ceux-ci avanceront l'argent nécessaire pour toutes ces dépenses et M. le principal leur en rendra un compte exact.

16° Dans le cas de maladie, la pension de l'enfant ira pour la nourriture de la garde, à qui MM. les parents payeront quatre sols pour le jour et quatre sols pour la nuit. Ils payeront également ce qui sera dû au médecin, au chirurgien, à l'apothicaire et les autres dépenses d'infirmerie. »

Ce règlement, qui est le plus ancien que nous ayons retrouvé, nous montre que la discipline était alors assez sévère au Collège, que les exercices religieux y tenaient une grande place, que l'étude de la langue latine y précédait celle de la langue française, et qu'à la fin de chaque année les professeurs faisaient passer aux élèves un examen public sur toutes les matières de l'enseignement.

Il nous initie à la vie que les écoliers menaient dans l'établissement et nous donne quelques détails qui, sans avoir une grande importance, ne manquent pas d'intérêt.

C'est ainsi qu'il nous apprend que, contrairement à ce qui se passait alors dans un grand nombre de maisons d'enseignement, les élèves étaient autorisés à se faire friser et poudrer les cheveux les dimanches, fêtes et jours de congé.

Il nous renseigne enfin sur le prix de l'internat, alors supérieur à ce qu'il était sous le principalat de Nagot. Peu de temps après son entrée en fonctions, le 19 janvier 1766, Adrien Vallée avait, en raison de la cherté des vivres, obtenu du Bureau, qui, d'après l'arrêt de 1765, avait seul qualité pour fixer le prix de la pension, l'autorisation de l'augmenter de 28 livres, mais pour cette année seulement, ce qui le portait à 240 livres. Le 31 mars 1768, les administrateurs lui avaient accordé, pour le même motif, une augmentation de 12 livres pour l'année courante. Enfin, le règlement que nous venons de reproduire le fixait à 247 livres, tout compris. Cependant les vivres continuant toujours d'augmenter, le principal réclama le 13 janvier de l'année suivante une nouvelle augmentation de 20 livres qui lui fut accordée; et, le 26 janvier 1772, il obtint que le prix du pensionnat fût porté à 300 livres, y compris le blanchissage, mais à condition qu'il verserait chaque trimestre dans la caisse du Collège une somme de 45 sols par pensionnaire (9 livres par an) indépendamment des 100 livres qu'il abandonnait chaque année sur ses honoraires.

Le traitement du personnel enseignant n'avait pas changé depuis le départ de l'abbé Nagot, lorsqu'en 1772 il fut décidé que le cinquième régent, qui n'avait pas encore d'appointements fixes, recevrait chaque année 100 livres d'honoraires et que le principal toucherait une somme de 50 livres pour la nourriture de ce régent.

Les délibérations du Bureau nous apprennent aussi que, depuis l'avènement de Vallée au principalat, le nombre des élèves en général, et des pensionnaires en particulier, alla toujours en augmentant jusqu'en 1772, époque à laquelle le Collège comptait 150 élèves, dont

92 pensionnaires. Le nombre de ces derniers nous est fourni par un document conservé aux archives d'Indre-et-Loire (série D. 7), qui nous apprend en même temps que l'année précédente il y en avait 83, et qu'en 1766, première année de l'exercice de ce principal, il s'en trouvait 38 seulement. Le Collège avait donc pris un grand développement. Mais il était arrivé à son apogée. Le nombre des pensionnaires diminua dès lors chaque année, et lorsque Vallée donna sa démission, en 1776, il n'y en avait plus que 60.

Le livre de commerce de Breton, dont nous avons déjà parlé, nous donne le nom de beaucoup de ces élèves. On en compte notamment 72 pour l'année scolaire 1768-69, et ces élèves devaient probablement être tous des pensionnaires. On trouve en effet sur le même registre des fournitures de livres classiques, faites à des familles de la ville, dont les enfants fréquentaient sans doute le Collège, mais en qualité d'externes, pour la plupart du moins.

Ce registre nous donne en même temps la liste des livres alors en usage au Collège. C'était, indépendamment des grammaires et des ouvrages élémentaires : Cicéron, Horace, Phèdre, Tacite, Virgile, etc., puis des traités d'histoire et de géographie, des catéchismes et divers autres livres religieux, enfin des dictionnaires parmi lesquels le *Gradus ad parnassum.*

Breton fournissait aussi quelquefois les volumes destinés à être donnés en prix. C'est ainsi qu'en 1776 le Bureau eut à lui payer de ce chef une somme de 126 livres 15 sols. D'autres fois ils étaient offerts par l'archevêque, ou bien le principal les demandait lui-même à Paris, après en avoir dressé la liste et l'avoir soumise à l'approbation des administrateurs.

La distribution des prix était précédée d'exercices littéraires qui se passaient en public dans la cour du Collège. Le programme de ces exercices, qui occupaient ordinairement plusieurs séances, était imprimé et indiquait, en même temps que le nom des élèves, les auteurs qu'ils auraient à expliquer et les matières sur lesquelles ils seraient interrogés.

C'est du moins ainsi que les choses se passèrent en 1769. Nous possédons en effet un exemplaire du programme des exercices littéraires qui eurent lieu cette année dans la cour du Collège, le mercredi 13 et le jeudi 14 septembre, et qui furent suivis de la distribution solennelle des prix, faite sous la présidence de Mgr de Rosset de Fleury, alors archevêque de Tours. C'est un placard *in folio*, imprimé chez de Gouy, à Saumur, et dont nous donnons à la fin de ce volume une reproduction réduite [1].

On y voit le nom d'un grand nombre d'élèves, avec leurs prénoms et l'indication du lieu de leur naissance, ce qui permet de les identifier pour la plupart. On y remarque notamment : *Petrus Baignoux, convictor, Blesensis*, qui est sans doute Pierre-Philippe Baignoux, né à Blois en 1753, député d'Indre-et-Loire à l'Assemblée législative de 1791 ; *Ludovicus Champigny, cainonensis*, qui est fort probablement Louis Champigny-Aubin, né à Chinon le 2 décembre 1756, député suppléant à l'Assemblée législative de 1791, puis à la Convention nationale, où il fut appelé à siéger le 5 vendémiaire an III en remplacement de Dupont qui avait démissionné le 30 floréal précédent ; *Joannes-Ludovicus Chalmel, convictor, Turonicus*, qui est sans aucun doute l'historien tourangeau Jean-Louis Chalmel, né à Tours le 1er octobre 1756, député d'Indre-et-Loire au Conseil des Cinq-Cents en l'an VI, puis membre de la Chambre des Cent-Jours. Beaucoup d'autres, sans être aussi connus, appartiennent à des familles notables de la région, par exemple : Ouvrard de Martigny de Nazelles, de Marsay, de Lavau de Crozé, Renault des Vernières, Ragonneau, Mollandin, Fey, etc.

Ce programme nous montre en même temps que la réputation du Collège s'étendait au delà des limites de la

---

[1] Ce programme a été, de la part de M. Louis de Grandmaison, l'objet d'une communication faite, le 26 novembre 1902, à la Société archéologique de Touraine. Mais, M. de Grandmaison, n'ayant que la moitié supérieure de ce placard, n'avait pu en donner la date exacte.

Touraine, un certain nombre d'élèves étant originaires, non seulement des provinces voisines, mais même de villes éloignées.

Ces joutes littéraires, très en vogue à cette époque, étaient autorisées par l'arrêt du Parlement de 1765. C'était du reste un excellent moyen d'exciter l'émulation des élèves et de les exercer dans l'art oratoire. Des prix spéciaux étaient décernés à ceux qui s'y distinguaient le plus.

VI

A la réunion du Conseil d'administration, tenue le 8 août 1776, Adrien Vallée déclare être dans l'intention de donner sa démission pour le 1er octobre suivant. Les membres du Bureau, reconnaissant les services qu'il a rendus au Collège pendant près de vingt ans, le nomment aussitôt administrateur honoraire avec voie délibérative, et lui accordent une pension de 300 livres et le titre de principal émérite.

Ce n'était pas la première fois que le Bureau témoignait ainsi sa reconnaissance aux fonctionnaires du Collège, qui avaient fait preuve d'une bonne administration. Le 22 décembre 1767, lors de l'approbation des comptes de gestion de René Trottier qui pendant 24 ans (1742-1766) avait rempli gratuitement les fonctions de receveur de cet établissement, il avait en effet accordé à ses héritiers et à sa veuve une gratification de 628 livres 11 sols, en récompense du zèle qu'il avait apporté dans l'accomplissement de sa charge.

Le 20 septembre 1776, sur la proposition d'Adrien Vallée et avec l'agrément de l'archevêque, le Bureau appelle « à l'état et dignité » de principal François-Joseph Le Manceau [1], prêtre du diocèse de Touraine, qui depuis

[1] C'est ainsi que Le Manceau écrivait alors son nom. Il ne l'écrivit en un seul mot qu'à partir du 6 octobre 1793. Son acte de baptême n'a pu être retrouvé à Preuilly, où l'on a dit qu'il était né et où son père s'est en effet marié sous le nom de : Manceau.

cinq ans « s'est concilié par ses talents comme professeur au Collège l'estime et la considération publiques ».

Le nouvel élu, qui assiste à la séance, soumet aussitôt à l'approbation de l'assemblée un « prospectus du plan d'éducation et des conditions de la pension » approuvé par l'archevêque le 29 août précédent. Le Bureau, après en avoir pris connaissance, l'accepte et en autorise l'impression.

Le prix de la pension est dès lors fixé à 340 livres, à la charge par le principal de faire raccommoder les habits, bas et linge des pensionnaires, de les blanchir, de leur fournir de lits, draps, serviettes, papier, plumes, encre, écritoires et canifs, « de les faire friser les dimanches et fêtes et les jours de grands congés ». Toutefois le principal devra déduire de ce prix la somme de 42 livres 10 sols pour le temps des vacances. Enfin, le sieur Le Manceau est autorisé à percevoir 600 livres des parents qui voudraient se décharger de tous détails et dépenses concernant la pension, l'instruction et l'habillement de leurs enfants pendant les 12 mois de l'année, mais à condition qu'il donnera à l'élève un maître d'agrément au choix des parents et 6 sols par semaine pour ses menus plaisirs [1].

Le Manceau était parait-il un homme de talent. Il composa plusieurs ouvrages, notamment un *Traité de la Sphère, du Globe et de la Mappemonde* à l'usage des élèves

---

[1] C'est sans doute à la suite de l'impression de ce prospectus que le *Journal d'Education*, rédigé par Le Roux, publia au mois d'avril 1777, sur le Collège de Chinon, un article élogieux que nous reproduisons d'après une note insérée à la demande de M. Saint-Marc, alors principal, dans le n° du 30 septembre 1831 de la *Feuille hebdomadaire de l'arr* de Chinon : « ..... Le Collège royal de Chinon nous parait réunir tout ce que l'on peut souhaiter de plus propre à procurer une éducation solide. Les procédés que l'on y suit dans l'enseignement sont les fruits d'une longue expérience; et c'est cette expérience même qui doit en quelque sorte assurer à cette Maison la confiance entière du public. Autant de morale qu'il en faut pour être éclairé sur tous ses devoirs, et conséquemment vertueux; assez de littérature pour ouvrir aux élèves l'entrée de toutes les sciences, de tous les arts; et, pour le physique, tout ce qui peut procurer et conserver une santé vigoureuse; voilà ce qui constitue l'éducation qui se donne depuis longtemps dans ce Collège, et avec des succès

du Collège de Chinon [1]. Le Bureau semblait du reste l'avoir en haute estime comme professeur, mais il était sans doute moins bon administrateur, car le Collège ne prospéra pas entre ses mains. La diminution du nombre des élèves et en particulier des pensionnaires, qui avait commencé à se faire sentir pendant les dernières années du principalat de son prédécesseur, ne fit que s'accentuer avec lui. Contrarié de cet état de choses, il démissionna au bout de deux ans, le 25 août 1778, et Aurien Vallée reprit les fonctions de principal.

Le projet d'aliénation du fief des Roches-Saint-Paul, que le Bureau du Collège poursuivait depuis près de dix ans, s'était enfin réalisé [2]. L'adjudication avait eu lieu le 9 avril 1778 au profit de Fortuné Louin de Noiré, chanoine de Saint-Mexme, pour la somme de 16.600 livres, que le Collège avait touchée le 12 juillet suivant.

Le Conseil d'administration employa aussitôt une partie de ces fonds à payer la maison acquise du sieur Précieux en 1771, et pour laquelle il servait depuis cette époque une rente annuelle de 300 livres. Cette maison, qui, au moment de la plus grande prospérité du Collège, avait servi à loger des pensionnaires, se trouvait alors vacante. L'année suivante, sur la proposition du maire, le Bureau la fit réparer, puis, ayant acheté d'un nommé Chevalier deux petits bâtiments en ruine situés dans le haut de la rue Néret et joignant cet immeuble du côté du couchant, il y fit construire de vastes écuries qu'il loua en même temps que la maison pour y caserner une partie du régiment de carabiniers, alors en garnison dans la ville.

Le surplus du prix d'adjudication du fief des Roches servit à amortir diverses rentes que devait le Collège et à

---

(1) *Traité de la Sphère, du Globe et de la Mappemonde*, pour précéder l'étude de la Géographie, spécialement à l'usage du Collège royal de Chinon. A Chinon, chez Pierre-François Breton, marchand-libraire, 1777. — Une nouvelle édition, revue et augmentée par l'auteur, a été imprimée à Chinon, en 1800, chez F. Breton-Challuau. — Nous possédons ces deux éditions.

(2) Par lettres patentes, données au mois de mars 1771 et enregistrées le 20 février 1777, le roi avait approuvé la décision prise à cet effet par les administrateurs le 6 avril 1769. (Archives de l'Hôpital de Chinon.)

faire au moulin des Trois-Cheminées et aux autres bâtiments que possédait cet établissement, tant à Ligré qu'à Seuilly, les réparations dont ils avaient besoin. Enfin, au mois d'août 1781, le Conseil d'administration acheta de la famille Hudault une maison appelée le Vert-Galant, située au carroi de Saint-Étienne [1] et joignant au levant une ruelle ou impasse et au couchant la maison que le Collège avait acquise du sieur Breton en 1775.

A peine Vallée avait-il repris la direction du Collège qu'il obtenait des administrateurs (31 août 1778) l'autorisation de faire imprimer un extrait du prospectus adopté au mois de septembre 1776; puis, le 20 janvier 1780, il décidait le Bureau à rédiger et à livrer à l'impression un nouveau règlement, qui diffère trop peu de celui de 1768 pour que nous croyions devoir le reproduire. Nous y apprenons cependant que, contrairement à ce qui avait lieu en 1768, l'étude de la langue française précédait alors, au Collège, celle de la langue latine, ce qui du reste était plus rationnel. Le prix de la pension était le même qu'en 1772 : 300 livres pour les élèves qui passaient toute l'année au Collège, et 259 livres 10 sols pour ceux qui n'y restaient que pendant l'année scolaire.

En même temps, le principal se faisait dispenser par le Bureau de payer les 100 livres qu'il versait chaque année dans la caisse du Collège, ainsi que les 9 livres qu'il donnait par pensionnaire. Il touchait donc intégralement les 600 livres auxquelles il avait droit. Le régent de rhétorique en touchait 450; les quatre autres, chacun 400.

Le règlement du Collège ne devait pas tarder à être encore légèrement modifié. Le 8 août 1784, en conséquence d'un arrêt du Parlement, en date du 10 juillet précédent, concernant la discipline, les classes et les congés, les administrateurs apportèrent en effet quelques modifications aux dispositions qu'ils avaient adoptées en 1765 et 1766.

---

(1) C'est la maison qui porte aujourd'hui, dans la rue Jean-Jacques-Rousseau, le n° 64. (Voir les notes de la page 89.)

Le Bureau décida notamment :

1° Que le temps des vacances resterait fixé à six semaines — ainsi le voulait du reste l'arrêt de 1765 — et que la rentrée se ferait le 3 novembre, ou le 4 si le 3 était un dimanche ; — 2° qu'il n'y aurait de congés ordinaires que le mercredi soir et le samedi soir ; que si le mercredi était précédé ou suivi d'une fête, le congé du mercredi n'aurait pas lieu ; et que, de même, celui du samedi serait supprimé si le vendredi était jour de fête ; — 3° que le jour de l'anniversaire de la naissance du roi, qui était de droit jour de congé, ne préjudicierait pas aux congés de la semaine, et que s'il tombait le dimanche il serait remis au lundi ; — 4° que le 6 décembre serait fête pour le Collège ; — 5° qu'il y aurait congé le lundi de la foire des Avants, le lundi de la foire de Pâques, ainsi que le jour de la foire de Sainte-Radégonde ; mais que si cette dernière foire était le mardi ou le jeudi, le congé du mercredi soir serait supprimé ; de même que si elle se trouvait être le vendredi, le congé du samedi n'aurait pas lieu ; — 6° qu'il y aurait congé le lundi gras, le mardi gras et le matin du mercredi des cendres ; — 7° que les congés de Pâques commenceraient le mercredi saint à midi et finiraient le mardi soir ; — 8° que le jour de l'Octave du Saint-Sacrement serait congé ; — 9° que tous les autres congés seraient supprimés ; — 10° que la classe du matin commencerait immédiatement après la messe qui se dirait à 8 heures, et finirait à 10 heures et demie, et que celle du soir durerait de 2 à 4 heures.

L'arrêt du 10 juillet 1784, motivé, semble-t-il, par la négligence que le personnel enseignant de certains collèges apportait dans l'accomplissement de ses fonctions, interdisait formellement aux professeurs de s'absenter les jours de classe sans nécessité absolue et leur enjoignait de ne se faire remplacer que par une personne agréée par le principal. Ils devaient alors, sauf en cas de maladie, subir sur leurs honoraires une retenue fixée à 30 sols pour les professeurs de philosophie et de rhétorique, à 25 sols pour ceux de seconde et de troisième, et à 20 sols pour les autres. Cette retenue était destinée à indemniser le régent chargé de les remplacer.

L'un des professeurs portait alors, et depuis plusieurs années déjà, le titre de sous-principal. Comme le principal, il ne faisait aucune classe, mais il était chargé de remplacer ses collègues lorsqu'ils s'absentaient. Ce poste fut maintenu jusqu'en 1790, et il fut occupé, à partir de 1784, par un nommé Arvers.

Malgré les efforts d'Adrien Vallée, le Collège ne recouvrait que lentement son ancienne prospérité. Un document, qui date de 1783 et qui est conservé aux archives d'Indre-et-Loire (D. 7), nous apprend en effet que cet établissement comptait :

En 1780, 67 élèves (18 pensionnaires) dont 8 en rhétorique.
En 1781, 65 — (18 pensionnaires) dont 10 en rhétorique.
En 1782, 77 — (31 pensionnaires) dont 3 en rhétorique.
En 1783, 108 — (52 pensionnaires) dont 6 en rhétorique.

On était donc encore bien loin des 150 élèves et des 92 pensionnaires, dont nous avons constaté la présence en 1772.

Le principal pensait que les difficultés qu'il rencontrait pour relever le Collège tenaient surtout à ce que les honoraires des régents étaient insuffisants pour qu'il lui fût possible de parvenir « à y fixer des sujets propres à l'éducation de la jeunesse ». Il fallait donc avant tout tâcher d'augmenter les ressources de cet établissement, et c'est vers ce but que tendirent les efforts des administrateurs pendant les derniers temps de son principalat.

Nous avons vu que, lors de l'union au Collège de Chinon des biens et revenus de la mense conventuelle de Seuilly, il avait été convenu que, pour éviter toute contestation ultérieure, l'abbé paierait au Collège une somme annuelle de 1.200 livres pour tenir lieu de ce qu'il donnait en nature aux religieux ; et que le Chapitre de Saint-Mexme verserait une somme de 250 livres, à laquelle avait été estimé le revenu de la prébende préceptoriale. Dans le courant de l'année 1784, le nouvel archevêque de Tours, Mgr de Conzié, et les autres membres du Bureau, pensant que c'était à tort que ces redevances avaient été fixées à une somme immuable, demandèrent aux débiteurs à ce qu'elles fussent augmentées en proportion de l'accroissement qu'avait subi le prix des denrées. Ils rédigèrent, pour faire valoir leurs droits, des mémoires détaillés, mais qui n'apportaient aucune preuve sérieuse en faveur de leur cause. Il était incontestable qu'en donnant son approbation aux conventions passées avec l'abbé de Seuilly et le Chapitre de Saint-Mexme, Mgr de Rastignac en avait accepté les conditions sans réserve. Aussi les prétentions de l'archevêque et des administrateurs restèrent-elles sans effet.

Le Bureau songea alors à se créer de nouvelles ressources en demandant la suppression de l'abbaye de Seuilly. Il décida donc, au mois de décembre 1784, de présenter à cet effet une supplique au roi, en le priant de vouloir bien réunir tous les biens et revenus de cette abbaye à ceux de la mense et du petit couvent, dont jouissait déjà le Collège. Mais ce projet n'ayant pu être mis à exécution, les administrateurs se trouvèrent dans l'impossibilité d'augmenter les honoraires des régents.

Le document de 1783, que nous venons de citer à propos du nombre des élèves, nous apprend aussi que les pensionnaires étaient conduits à la chapelle, le matin à 6 heures et le soir à 8 heures et demie, pour y faire la prière en commun ; que, chaque jour, à 8 heures, ils y entendaient la messe, ordinairement dite par le principal ; et que, le dimanche, ils y assistaient à la grand'messe et aux vêpres.

Il nous donne enfin la liste des « livres scolastiques » qui étaient en usage vers la fin du principalat de Vallée, liste sur laquelle ne figure aucun auteur grec, et que nous croyons devoir reproduire presque textuellement :

RHÉTORIQUE ET SECONDE

Pour les leçons : Les maximes du nouveau testament de Rollin. — Manuale rhetorices, autore Hurtaut, ed° 3°. — Les principes de la langue latine. — La grammaire française de Wailly. — Géographie dédiée à M"° Crozat. — Instructions sur l'hist. de France, par Le Ragois.

Pour l'explication et la traduction : Virgilius cum notis Abrami. — Horatius cum notis Juvenici. — Selectæ Ciceronis Orationes. — Selecta latini Sermonis exemplaria, de Chompré, 3ᵉ pars.

TROISIÈME ET QUATRIÈME

Pour les leçons : Maximes du nouveau testament. — Catéchisme de Tours. — Histoire poétique tirée des poètes français. — Prosodie latine, par l'abbé ***. — Rudiment. — Grammaire française. — Géographie. — Histoire de France, par Le Ragois.

Auteurs à expliquer : Selecta latini sermonis exemplaria, de Chompré, 2ᵉ pars. — Cicero : de Amicitia, de Senectute, de Officiis. — Quidam selecti Ovidii libri.

CINQUIÈME ET SIXIÈME

Leçons : Rudiment de Wailly. — Abrégé de la grammaire française, du même. — Abrégé de l'histoire sainte. — Maximes de l'ancien testament, de Rollin. — Catéchisme de Tours.

Auteurs à expliquer : Les 2 premiers livres des lettres choisies de Cicéron. — Selectæ e veteri testamento historiæ. — Phœdrus et Appendix de Diis.

SEPTIÈME

Leçons : Catéchisme de Tours. — Rudiment de Wailly. — Abrégé de la grammaire française de Wailly. — Cours de thèmes pour cette classe.

Auteurs à traduire : Catechismus historicus. — Selectæ e veteri testamento historiæ.

LIVRES RELATIFS A LA RELIGION

Catéchisme de Tours. — Journée du Chrétien. — Catéchisme historique de l'abbé Fleury. — Paroissien à l'usage de Rome et de Paris. — Les Epitres et Evangiles pour les dimanches et fêtes de l'année. — L'Instruction de la jeunesse, par Gobinet. — L'Ecolier chrétien, de Collet. — Vies des Saints, par Mésenguy.

VII

Au cours de la réunion tenue par le Bureau du Collège le 4 novembre 1784, Adrien Vallée avait déclaré qu'étant pourvu d'un canonicat du Chapitre de Saint-Mexme, il ne pouvait continuer d'exercer longtemps le principalat [1]. Le 25 du même mois, les administrateurs acceptent sa démission et lui confirment les titres de principal émérite et d'administrateur honoraire, ainsi que la rente de 300 livres, dont ils l'avaient gratifié en 1776 ; mais ils le prient en même temps, de vouloir bien conserver la direction de l'établissement jusqu'à la fin de l'année scolaire, époque à laquelle (6 août 1785) le Conseil d'administration désigne pour le remplacer Pierre-Urbain Hudault, licencié en théologie, professeur de rhétorique au Collège, qui devra entrer en fonctions le 1er octobre.

Pendant son principalat, Adrien Vallée avait acheté de ses deniers un important mobilier que le Bureau avait tout intérêt à conserver. L'estimation, qui en fut faite le 8 mars 1787, s'éleva à 5.240 liv. 9 sols [2]. Le nouveau principal en prit pour son compte une partie qui fut estimée 1.074 liv. 7 sols, et le Bureau fit l'acquisition du reste pour la somme de 4.166 liv. 2 sols.

Il fut en même temps convenu que l'abbé Hudault jouirait, en qualité de principal, de tous les objets acquis par le Bureau, auquel il les remettrait lors de sa sortie du Collège. Toutefois, ces objets furent divisés en deux catégories : ceux de la première, estimés ensemble 772 livres 17 sols, devaient être remis en nature par le principal et repris par le Bureau dans l'état où ils se trouveraient alors, le principal n'étant responsable que de ceux qui viendraient à disparaître ; les autres, estimés 3.405 livres

---

[1] Vallée avait eu ce canonicat de Symphorien Gosselin-Dupré, demeurant alors à Paris au Collège de Narbonne, qui le lui avait cédé par acte notarié en date du 6 décembre 1783. Il avait été installé le 3 mars 1784. Il continua de faire partie du Chapitre jusqu'à la Révolution, et du Bureau du Collège jusqu'à la fermeture de cet établissement. Après avoir prêté serment à la Constitution les 26 août et 11 octobre 1792, il remit ses lettres de prêtrise au Conseil général de la commune le 25 brumaire an II et continua de résider à Chinon où il mourut le 29 pluviôse an VII. (Archives municipales de Chinon, séries I, BB, B, etc.)

[2] Nous n'entrerons pas dans le détail de ces meubles qui étaient pour la plupart à l'usage du pensionnat. Nous dirons seulement qu'il y avait 56 lits garnis, en comptant ceux du personnel de la maison, un grand nombre de meubles divers, de la batterie de cuisine, de la vaisselle, des ornements d'église, etc. (Registres des délibérations du Bureau.)

5 sols, ne devaient être repris par le Bureau que pour le montant de l'estimation qui en serait faite à cette époque, le principal étant tenu de payer la différence.

Pour se libérer vis-à-vis du sieur Vallée, le Bureau lui versa une somme de 166 liv. 2 sols, et s'engagea à lui payer pour le surplus une rente annuelle de 200 livres.

Pendant tout le temps que dura le principalat de l'abbé Hudault, le règlement alors en vigueur ne subit aucune modification et le prix de la pension ne fut pas changé. Les appointements du principal et des cinq professeurs restèrent aussi les mêmes : le principal touchait 600 liv., le régent de rhétorique 450, les quatre autres chacun 400, ce qui faisait un total de 2.650 livres. Le Collège, qui, depuis quarante ans, s'était rendu acquéreur de plusieurs immeubles, ne fit aucune acquisition nouvelle ; mais ses domaines de Seuilly et de Ligré lui attirèrent quelques difficultés avec le fermier de Seuilly, avec le seigneur de Chavigny et surtout avec le sieur Poirier de Beauvais, contre lequel il eut à soutenir un procès important, relativement au moulin des Trois-Cheminées. Nous n'insisterons pas sur ces faits qui n'ont qu'une importance secondaire pour l'histoire de l'établissement qui nous occupe.

Pendant ce même laps de temps, le Bureau ne fit exécuter au Collège que des travaux de peu d'importance, si ce n'est la confection de la grande cour. Depuis longtemps la cour de récréation avait été reconnue insuffisante et, à diverses reprises, il avait été question d'en faire une nouvelle dans l'emplacement des jardins situés au couchant des bâtiments et qui offraient alors une superficie de 9 toises de largeur sur 20 de longueur [1]. Le 18 janvier 1788, le principal fut autorisé à commencer les travaux et le 12 du mois suivant un crédit de 1.000 livres lui fut ouvert pour faire exécuter « la clôture, les abords et l'accès de la nouvelle cour » et pour faire reconstruire le

---

[1] Ces terrains provenaient de legs faits autrefois au Collège par Robert Martin, d'un jardin acquis des héritiers Précieux, et, pour la partie la plus occidentale, d'un autre jardin acquis en 1783 d'un sieur Barbot des Lignes.

mur qui soutenait les terres du côté du nord. Ces travaux furent assez promptement terminés, et le 2 juillet de l'année suivante le principal présentait au Bureau le compte des dépenses qu'ils avaient nécessitées et qui s'élevaient à 3.873 liv. 11 sols 6 deniers.

Cette cour, qui est la grande cour actuelle du Collège, n'a subi depuis lors aucune modification, si ce n'est la construction, à son extrémité occidentale, d'un préau couvert au-dessus duquel on a élevé, en 1869, un étage pour faire des classes.

L'acquisition du mobilier laissé par Vallée, tout en étant avantageuse pour le Collège, n'avait pas été sans grever son budget. La confection de la grande cour, dont les travaux s'exécutaient en 1788, allait aussi coûter fort cher. Les administrateurs se décidèrent donc, pour faire face à ces dépense, à réclamer à la Ville ce qu'elle devait à cet établissement. Dans une réunion, tenue le 7 août 1788, à laquelle assistaient MM. Bouchet et Mingot, échevins, que les officiers municipaux avaient délégués pour les représenter, le Bureau put prouver que depuis 1763 le Corps de Ville n'avait rien versé de la « dotation annuelle et perpétuelle de 120 livres » qu'il s'était engagé à payer au Collège « de toute ancienneté » et « en vertu de laquelle le maire et les échevins avaient été maintenus autrefois dans le droit de nommer le principal et les régents ». Il était donc dû 25 années d'arrérages, soit 3.000 livres. Comme la Ville n'aurait pu que difficilement se libérer de cette somme en un seul paiement, il fut convenu, à la demande des échevins, qu'elle s'acquitterait de cette dette en faisant, à partir du 1er octobre suivant, cinq versements annuels de 600 livres chacun ; et cette convention fut ratifiée par l'assemblée municipale le 16 du même mois.

Sous le principalat de l'abbé Hudault, la distribution des prix était, comme sous ses prédécesseurs, accompagnée d'exercices publics qui duraient plusieurs jours. Nous possédons le prospectus imprimé des « exercices littéraires » qui eurent lieu les 10, 11, 12 et 13 septembre 1787 « dans la salle des Actes du Collège royal de Chinon » et qui furent suivis de la distribution des prix. Ce programme, qui porte les armoiries de l'archevêque de Tours, n'a pas moins de 16 pages in-4°. Il nous donne le nom d'un grand nombre d'élèves qui devaient se faire connaître plus tard comme médecins, notaires, avoués, avocats, etc. Il nous montre aussi que l'on enseignait alors dans cet établissement, indépendamment des langues française et latine, l'histoire, la géographie, l'arithmétique, l'algèbre et la physique, cette dernière science étant presque exclusivement limitée à des éléments de cosmographie et de météorologie ; mais il nous apprend en même temps que l'on n'y étudiait encore ni le grec ni la philosophie. Il nous prouve enfin que le Collège était toujours fort prospère.

Le principal avait commencé, dès le printemps de 1790, à avoir des difficultés avec la municipalité. Le 11 mars, une députation du corps municipal, composée du sieur Pichereau, maire, de trois officiers municipaux, du procureur de la commune et du greffier, s'était présentée au Collège et, après avoir fait connaître à l'abbé Hudault son intention de prendre en mains l'administration de l'établissement, s'était fait conduire dans le local où se trouvaient les archives et s'était emparée des clefs du chartrier, qu'elle avait emportées malgré les protestations du principal. Ce dernier s'en plaignit au Département qui, par un arrêté en date du 8 septembre, décida que les anciens administrateurs du Collège continueraient provisoirement leurs fonctions, et ordonna à la municipalité de remettre au principal les clefs dont elle s'était emparée. Les officiers municipaux ne tinrent pas compte de cette décision, et le principal ne rentra en possession des clefs qu'à la suite d'une délibération prise le 3 décembre par une nouvelle municipalité, élue à la fin du mois précédent.

Il n'est donc pas étonnant si, dans l'intervalle, les rapports restèrent fort tendus entre l'abbé Hudault et l'administration municipale, et l'on s'explique ainsi que, dans le courant de septembre, une députation envoyée au Collège par les officiers municipaux, pour avoir des explications au sujet du renvoi d'un professeur que le principal avait congédié, fut éconduite sans que ce dernier ait voulu l'entendre [1].

L'abbé Hudault touchait du reste au terme de son principalat. La loi du 26 décembre 1790, qui imposait aux ecclésiastiques remplissant des fonctions publiques l'obligation de prêter serment à la Constitution, ne devait pas tarder à recevoir son exécution [2]. Les prêtres de Chinon, astreints à remplir cette formalité, furent invités à se présenter à la Maison de Ville le 13 février de l'année suivante. Le principal et les quatre professeurs du Collège [3] n'ayant pas répondu à cette convocation, le Conseil général de la commune décida que le procureur syndic du Directoire du district en serait informé [4].

C'était, pour le principal et pour le corps enseignant tout entier, la destitution à brève échéance. Et en effet, le 4 août, le Conseil général de la commune désignait pour remplir les fonctions de principal le sieur Jean-Baptiste Gaultier La Richerie, ancien bénédictin, puis, quelques jours après, le 17 août, il en informait le Directoire du département en le priant de régulariser promptement cette nomination, et il prévenait en même temps l'évêque d'avoir à se concerter à ce sujet avec les autorités départementales.

---

[1] Délibérations du Conseil général de la commune. (Arch. mun. de Chinon, B. 29.)

[2] Cette loi ne faisait que confirmer, en le rendant exécutoire, le décret de l'Assemblée nationale du 27 novembre précédent. Voici la formule du serment politique qu'elle exigeait des prêtres considérés comme fonctionnaires publics, c'est-à-dire ayant charge d'âmes ou mission d'enseigner : « Je jure d'être fidèle à la Nation, à la Loi, au Roi, et de maintenir de tout mon pouvoir la Constitution décrétée par l'Assemblée nationale et acceptée par le Roi. »

[3] Les quatre ecclésiastiques qui enseignaient alors au Collège, sous la direction du principal, étaient les abbés : Patrike, Chrétien, Ratier et Ribot (Arch. mun. de Chinon, série I.)

[4] Délibérations du Conseil général de la commune. (Arch. mun. de Chinon, B. 30.)

En agissant ainsi, le Corps municipal avait outrepassé ses droits. Le Directoire du département le lui fit savoir, lui rappelant que le principal et les professeurs devaient être désignés par le Bureau d'administration, et, par un arrêté en date du 9 septembre, il lui prescrivit de compléter préalablement ce Bureau en nommant des titulaires aux places laissées vacantes par les administrateurs qui les occupaient de droit, comme remplissant certaines fonctions supprimées par l'Assemblée constituante tels que l'archevêque de Tours, le lieutenant général au siège de Chinon et le substitut du procureur général au même siège. Le surlendemain, le Conseil général de la commune procéda à ces nominations et désigna MM. Renault, juge au tribunal, Becquet, juge suppléant, et Leconte, curé de Saint-Maurice, qui, ayant accepté leurs fonctions, furent installés le 12, en présence de l'ancien principal. Le Bureau comprenait en outre MM. Vallée, principal émérite et administrateur honoraire, Poitevin et Joubert, officiers municipaux, Mingot aîné et Lemoine, notables, et il devait être complété par le futur principal qui ne devait avoir que voix consultative [1].

Le Conseil d'administration se trouvant ainsi constitué, le principal et les professeurs furent bientôt désignés, et J.-B. Gaultier fut définitivement investi du principalat en remplacement de l'abbé Hudault [2].

VIII

Si maintenant nous résumons les faits que nous avons exposés dans ce chapitre, nous voyons que, depuis la réunion de la mense monacale de Seuilly jusqu'à l'année 1791, le Collège eut une existence autonome.

---

[1] Délibérations du Conseil général de la commune. (Arch. mun. de Chinon, B. 31.)
[2] Né à La Guerche le 7 février 1759, Pierre-Urbain Hudault était, dès 1787, docteur en théologie de l'Université d'Angers. Appelé, après la Révolution, à la cure de Preuilly-sur-Claise, il occupait ce poste lorsque Mgr Soyer le nomma, en 1821, vicaire général du diocèse de Luçon. Deux ans plus tard, le 9 septembre 1823, Mgr de Sauzin, évêque de Blois, le nommait chanoine titulaire de son église cathédrale, puis, le 27 du même mois, vicaire général honoraire, fonctions qu'il exerça jusqu'à sa mort, survenue le 29 juillet 1840.

Les bâtiments étaient restés la propriété de la Ville, qui continuait de payer à l'établissement une subvention annuelle de 120 livres, mais qui ne s'occupait ni de la direction ni de l'administration.

La direction appartenait à l'archevêque de Tours, et l'administration était confiée à une commission mixte, dont ce prélat avait la présidence, mais dans laquelle l'élément ecclésiastique était en minorité.

Cette commission constituée d'abord d'après les prescriptions du décret d'union de 1736, eut alors les pouvoirs les plus étendus. Toutefois, les biens de l'établissement ne pouvaient être aliénés sans l'autorisation du roi, et l'archevêque avait seul le droit de nommer le principal et les régents, et de fixer leurs appointements.

Plus tard, l'édit de 1763 et l'arrêt du Parlement de 1765 ayant modifié la composition et les attributions du Bureau, les administrateurs furent chargés de nommer le principal et les régents, mais ils ne purent aliéner les biens de l'établissement, ni disposer des fonds lui appartenant, sans avoir pris l'avis du Parlement. La prospérité du Collège n'en souffrit nullement; ce fut au contraire à partir de ce moment qu'elle atteignit son plus haut degré.

Le principal, qui n'avait d'abord sous ses ordres que deux régents, vit leur nombre s'élever successivement jusqu'à cinq. Son traitement, d'abord assez modeste, fut ensuite porté à 600 livres, tandis que celui des régents, qui, dans les premières années, était inférieur à 250 livres, atteignit, à partir de 1780, la somme de 450 livres pour le professeur de rhétorique et de 400 livres pour chacun des autres.

D'après les clauses du décret d'union, le principal et les régents appartenaient tous au clergé séculier. Le principal, qui jusqu'alors avait été chanoine titulaire de la collégiale de Saint-Mexme, n'était plus que chanoine honoraire. Enfin les régents étaient logés au Collège, nourris, blanchis, éclairés et chauffés aux frais du principal, auquel ils abandonnaient pour cela une partie de leurs émoluments, souvent plus de la moitié.

Les revenus du Collège, qui, au début de cette période, dépassaient à peine 3.000 livres, avaient à peu près doublé en 1765 par suite de la réunion du prieuré des Roches-Saint-Paul; et, lors de la Révolution, ils atteignaient de sept à huit mille livres, sur lesquelles la Ville n'en donnait, comme par le passé, que 120. Une bonne partie de ces ressources était absorbée par l'entretien et l'administration des bâtiments et domaines que possédait cet établissement, ainsi que par le service de quelques rentes. Cependant, la somme disponible était plus que suffisante pour payer le personnel enseignant. Aussi, les administrateurs avaient-ils pu acheter plusieurs immeubles situés entre le carroi de Saint-Etienne et la rue du Puits-des-Bancs; et leur intention était sans doute d'acquérir successivement toutes les maisons occupant, entre ces limites, le côté nord de la rue, de façon à pouvoir y reconstruire entièrement le Collège, dont les bâtiments étaient en mauvais état et se trouvaient insuffisants pour loger les élèves. La Révolution devait empêcher ces projets de se réaliser.

Le Collège ne fut jamais plus prospère qu'à cette époque. On y compta jusqu'à 150 élèves, dont 92 pensionnaires. Cependant on n'y enseignait pas la philosophie; mais, bien que l'étude des sciences y occupât une assez large place, surtout pendant les dernières années, la culture des lettres n'y fut jamais négligée et les études y demeurèrent toujours très fortes.

Depuis que l'établissement avait acquis une réelle prospérité, le principal ne faisait aucune classe. Il se contentait d'exercer une surveillance active et de s'assurer des progrès des élèves. Dans les dernières années, le Bureau lui avait même adjoint un sous-principal qui remplaçait les professeurs lorsqu'ils se trouvaient obligés de suspendre leur cours.

L'enseignement était gratuit. Les élèves acquittaient

seulement, au commencement de l'année scolaire, un droit uniforme de 3 livres, fixé d'abord par le décret d'union, puis confirmé par arrêt du Parlement. Quant aux internes, ils payaient pour leur pension, un prix qui, sans doute déterminé d'abord par le principal avec l'assentiment de l'archevêque, le fut par le Bureau à partir de 1765, et qui, depuis cette date, varia entre 212 et 340 livres, mais pour les douze mois de l'année, le temps des vacances devant en être déduit.

La distribution des prix était précédée, au moins depuis 1765, d'exercices littéraires publics, qui constituaient un excellent moyen de s'assurer des progrès des élèves et d'exciter leur émulation.

Parfois aussi l'on donnait au Collège des représentations théâtrales, comme cela se pratiquait alors dans la plupart des maisons d'instruction. C'est ainsi que, dans le courant de l'année 1790, l'on joua dans cet établissement deux tragédies en vers français, l'une en 5 actes (le Vieillard de Byzance), l'autre en 3 actes (Astianax en Épire), qui étaient l'œuvre de l'abbé Chrétien, professeur au Collège. Ces représentations avaient cependant été interdites par l'arrêt du Parlement de 1765.

La prospérité du Collège se maintint avec quelques fluctuations jusqu'au début de la Révolution, époque à partir de laquelle elle déclina rapidement.

CHAPITRE VI

Le Collège national (1791-1793).

Aussitôt que le Conseil d'administration eut ratifié la nomination de Gaultier comme principal du Collège, ce dernier prit possession de sa charge, ainsi que du mobilier appartenant à l'établissement et dont l'inventaire, commencé le 23 septembre, fut fait, en présence de son prédécesseur, par deux experts, assistés du procureur syndic, d'un administrateur du district et de deux des membres du Bureau [1].

Les professeurs chargés d'enseigner sous la direction du nouveau principal étaient : Claude-André Simon, clerc tonsuré du diocèse de Tours, pour la rhétorique et la seconde; Michel Brédif, également clerc tonsuré, pour la 3e et la 4e; René-Paul Villain, étudiant, pour la 7e; Joseph Renaud La Grenouillère, pour la 5e et la 6e. Ils prêtèrent serment devant les officiers municipaux, le procureur de la commune et le greffier, les trois premiers le 2 novembre, le quatrième le 8 décembre [2].

Indépendamment des classes dirigées par ces maîtres, le Collège allait avoir un cours de mathématiques, de

---

[1] Les meubles, que d'après l'inventaire de 1787 l'abbé Hudault était tenu de remettre en nature, furent estimés 237 livres 6 sols seulement, mais il en manquait quelques-uns représentant d'après cet inventaire une somme de 7 liv. 6 sols dont il fut déclaré débiteur. Au contraire, la partie du mobilier que le Bureau devait reprendre à prix d'estimation fut évaluée à 3.795 livres 10 sols, en augmentation, sur l'inventaire de 1787, de la somme de 404 livres 7 sols que le nouveau principal s'engagea à verser à son prédécesseur. On comptait alors, au Collège, 57 lits. (Arch. mun. de Chinon, série I.)

[2] D'après l'arrêté du Directoire du département du 9 septembre, ces professeurs devaient être nommés par le Bureau du Collège, tandis que d'après les procès-verbaux de leur prestation de serment ils avaient été désignés par l'évêque. Les délibérations du Bureau s'arrêtant, par suite d'une mutilation du registre, au 4 juillet 1791, il nous est impossible de trancher cette question. 10 feuillets ont été arrachés, sans doute intentionnellement, faisant ainsi disparaître les délibérations prises pendant une année entière. Le registre suivant commence à la date du 5 juillet 1792.

physique et d'histoire naturelle, dont la création avait été décidée le 30 septembre par le Conseil général de la commune. Ce cours était destiné, non seulement aux élèves de l'établissement, mais encore aux jeunes gens du dehors qui pouvaient être admis à le suivre gratuitement après en avoir été reconnus dignes à la suite d'un examen. Un ancien bénédictin de la congrégation de Saint-Maur, Louis Delatre, fut désigné pour occuper cette chaire et il prêta serment le 12 novembre. C'était la première fois qu'un cours de cette nature s'ouvrait au Collège et il eût pu, dans un autre moment, rendre les plus grands services.

La rentrée des classes au Collège national — car ce n'était plus le Collège royal — semblait donc se faire dans d'excellentes conditions. Le personnel enseignant était suffisamment nombreux ; le principal et les administrateurs étaient animés des meilleures intentions et prêts à faire tous les sacrifices pour l'instruction et l'éducation des enfants qu'on allait leur confier. Le *prospectus* que le Bureau du Collège avait adopté le 25 septembre en est la meilleure preuve. Il donne une idée si exacte de « l'éducation physique, morale, littéraire et sociale » que l'on donnait au Collège, des détails si précis sur la vie que les élèves menaient dans l'établissement, sur les soins dont ils y étaient entourés, ainsi que sur les conditions de la pension, que nous n'hésitons pas à le reproduire *in extenso* malgré sa longueur. Cet important document présentera au lecteur, mieux que nous ne saurions le faire en le commentant, un tableau fidèle de ce que furent, sous la direction de Gaultier La Richerie, l'instruction, l'éducation et la discipline, dans cette maison qui était encore, à cette époque, l'une des plus prospères de la région.

PROSPECTUS DE L'EDUCATION DU COLLEGE NATIONAL
de la ville de Chinon, département d'Indre-et-Loire.

Si les sages, les législateurs des Nations regardèrent toujours l'éducation de la jeunesse comme la source du repos et de la prospérité des Empires, combien cette vérité ne devient-elle pas sensible au moment où la Nation françoise, régénérée, appelle aux fonctions législatives, aux différentes places dans l'administration et l'ordre judiciaire, tous les citoyens, sans autre distinction que celle du mérite et de la vertu. N'est-ce pas, en effet, l'éducation qui forme les hommes, et les met en état de remplir dignement les différents emplois que leur confie la république?

La jeunesse est comme la pépinière de l'Etat. Cette propriété politique exige tous les soins, toute la surveillance de la société. Nos enfans sont destinés à devenir des chefs de famille, des administrateurs, des magistrats, des législateurs même. D'où il suit que ce qu'il peut y avoir de bon ou de vicieux dans leur éducation influe nécessairement sur la Nation entière, sur la race actuelle et sur les générations futures. En cela l'éducation peut être regardée comme la source de l'esprit et du caractère national.

Nos sages législateurs ont senti la nécessité d'une réforme dans l'enseignement public. Ils ont décrété comme article constitutionnel qu'il seroit établi une éducation nationale, uniforme pour toutes les parties de l'Empire : mais ce grand travail n'est pas fait. Cette partie essentielle de notre législation exige peut-être encore beaucoup de tems pour être entièrement organisée.

Il importe cependant, en attendant, que les pères de famille ne soient pas privés des moyens de procurer à leurs enfans une éducation solide; le tems est précieux, sa perte est irréparable. On croit donc répondre aux désirs de Messieurs les parents en les prévenant que cette ressource leur est continuée au Collège de Chinon.

Monsieur Gaultier la Richerie, ci-devant Bénédictin de la congrégation de Saint-Maur, vient d'être nommé au Principalat de ce Collège. L'amour seul du bien public et le désir d'acquitter sa dette envers la société, de s'y rendre utile, lui ont fait accepter cette importante et pénible fonction. Il se fera un devoir de mériter la confiance en dirigeant l'éducation sur les meilleurs principes.

PLAN D'ÉDUCATION

Quel but se proposent les parents dans l'éducation qu'ils donnent à leurs enfans? De leur former un tempérament robuste, de leur donner des mœurs pures, de développer le germe de leurs talents, de les mettre enfin en état de remplir avec succès les différentes places auxquelles ils peuvent être destinés.

L'Education se divise donc naturellement en trois branches, l'éducation physique, morale et littéraire, auxquelles on en peut ajouter une quatrième, l'éducation sociale.

Éducation physique.

Un air pur, une nourriture saine et abondante, une grande propreté, un exercice modéré, sont les plus sûrs moyens de conserver la santé des enfans et de leurs former un bon tempérament.

Le Collège de Chinon réunit tous ces avantages. La situation de cette ville, dont la Vienne baigne les murs, est assez connue. On se dispensera de faire l'éloge de la beauté de ses différents sites et du pyttoresque de sa vue à l'arrivée de Saumur et de Richelieu. La salubrité de son atmosphère est une suite nécessaire de la bonté de son sol. Les comestibles y sont de la meilleure qualité, surtout ceux du règne végétal. Rien de si parfait que les légumes et les fruits de cette belle contrée.

On veillera à ce que la nourriture des enfans soit plus solide que délicate, de bon pain de pur froment, peu de viande, mais de bonne qualité, de bon vin mêlé d'eau en seront la base. On y joindra le plus souvent des légumes, des salades et des fruits, surtout pendant l'été; le sang alors desséché par une transpiration continuelle, a besoin sans cesse de réparer sa fluidité.

Pour la propreté et le bon ordre, chaque enfant a son lit dans des salles propres et aérées, sous la surveillance d'un *Régent*. Ils sont peignés exactement tous les jours, par des femmes à ce destinées. On a soin de les faire changer de linge assez souvent pour les tenir dans une parfaite propreté.

Une cour grande, spacieuse, en bel air et dégagée des bâtimens, leur facilite les moyens de se livrer, pendant les récréations, à des exercices propres à aider le développement de leur physique. On leur accorde deux promenades par semaine, et souvent dans les beaux jours, on les fait sortir l'après-souper, pour leur faire respirer l'air frais de la campagne, et toujours accompagnés d'un ou plusieurs instituteurs qui savent mettre à profit ces momens de loisir et de délassement en aiguillonnant la curiosité des élèves sur quelques faits d'histoire naturelle qu'ils se font un plaisir de discuter avec eux.

Éducation morale.

Un des principaux objets de l'éducation est de former le cœur des enfans; c'est le but de la morale; elle est plus de pratique que de théorie. Ne chargeons pas la mémoire de nos enfans de sentences et de maximes; disposons leur âme, par la pratique de toutes les vertus, à recevoir les bons principes, comme on prépare une terre avant d'y répandre la semence qui doit l'enrichir.

Toutes nos actions ont une fin particulière, et, comme ces fins, tendent à un but général qui est le bonheur. Ce n'est pas dans la fin que nous nous trompons, c'est dans le choix des moyens. Par les fausses idées que nous avons des biens et des maux, nous agissons presque toujours sans savoir ce qu'il faut désirer, ce qu'il faut craindre.

Distinguer les vrais biens des biens apparens, tel est l'objet de la morale. Chercher son bonheur dans la pratique de ses devoirs envers Dieu, envers les hommes, telle est la fin qu'elle se propose.

La religion, source de tant de consolations, doit être la base d'une bonne éducation; on s'attachera à la faire connoître aux enfans telle qu'elle est : grande, belle, douce, bienfaisante; on leur en développera les grands principes; on les instruira de ses principaux dogmes; on les disposera, par des instructions fréquentes, à s'approcher dignement des sacrements, unique moyen d'en espérer du fruit; on leur fera goûter la morale sublime de l'évangile; on les accoutumera de bonne heure à en pratiquer toutes les vertus.

L'homme est né pour la société : en cet état, il a des droits à exercer, des devoirs à remplir. Les droits de l'homme, les devoirs du citoyen, feront donc une partie essentielle de l'instruction morale de nos élèves.

Éducation littéraire.

On ne peut se dissimuler combien cette partie de l'éducation est vicieuse dans la plupart de nos collèges. On consume les plus belles années des enfants à leur apprendre une langue morte, qu'ils ne savent jamais que très imparfaitement, et qu'ils pourroient apprendre d'une manière plus expéditive et sans dégoût par des méthodes mieux combinées. On néglige presque partout la langue nationale, ou on n'en donne qu'une connoissance très superficielle qui s'efface bientôt, de sorte que la majeure partie des françois, ceux mêmes dont l'éducation a été la moins négligée, parlent très incorrectement leur langue : bien différent des Grecs et des Romains chez lesquels le dernier des esclaves auroit rougi de faire une faute, même légère, contre la pureté du langage.

Nous ferons marcher ensemble l'étude des deux langues Latine et Françoise, elles se prêtent un secours mutuel. Nous formerons nos élèves à une bonne prononciation, nous les accoutumerons à lire, à écrire correctement : nous éviterons qu'ils se laissent aller à cette monotonie qu'ils contractent si aisément dans leurs premières années d'école et dont ils ont tant de peine à se défaire.

Les principes de la bonne littérature accompagneront l'étude des langues : on ne peut habituer trop tôt les jeunes gens à sentir, à goûter les beautés des auteurs qu'on leur met sous les yeux, à en saisir les grands traits, les pensées sublimes; c'est le vrai moyen de les former à l'art de la parole, et de leur donner une élocution facile. On les appliquera de bonne heure à la composition; on les habituera à rendre leurs pensées avec précision, à s'énoncer avec clarté, à parler avec noblesse, et une certaine hardiesse qui ne messied point à la modestie.

La Mythologie, nécessaire à l'intelligence des Auteurs, et sans laquelle les chef-d'œuvres de peinture et de sculpture ne sont pour nous que des énigmes, fera partie des premières instructions que nous donnerons aux enfants.

La Géographie et l'Histoire se donneront la main. Les beaux jours de la Grèce et de Rome seront comparés aux siècles d'ignorance et de barbarie qui les ont suivis. Le progrès des abus, la marche rapide de l'autorité vers le despotisme seront rapprochés de cet état heureux de liberté où une révolution, si longtemps méditée par les sages, tant désirée, si peu espérée, peut-être, vient enfin de nous placer.

Rien ne dispose mieux notre esprit à être propre aux spéculations justes et profondes que le génie qu'on puise dans l'étude des mathématiques; rien n'élève plus l'âme que l'étude de la nature. Les premiers élémens de ces sciences que nos besoins ont fait naitre, peuvent être mis à la portée des enfans. Notre établissement croit avoir fait en ce genre une acquisition qui n'est pas à mépriser. Un ci-devant Bénédictin de la congrégation de Saint-Maur, qui, depuis neuf ans, a toujours été occupé à enseigner cette partie dans les Collèges d'école militaire tenus par ce corps, et à se perfectionner par l'étude des travaux et des découvertes modernes, veut bien sacrifier sa tranquillité à l'intérêt public et se charger de donner à nos élèves des leçons de mathématiques, histoire naturelle et physique. Cette partie des études ne sera pas la moins intéressante, et les parents doivent être flattés de trouver cette ressource dans notre Collège.

L'homme physique est intéressant à connoître. Le jeu des différents ressorts qui composent son étonnante machine, l'action des fluides et des solides, les fonctions des viscères qui la vivifient et la réparent en y maintenant un parfait équilibre, sont autant d'objets dignes de notre curiosité. Nous sommes sujets à des maladies que souvent nous pourrions prévenir par un régime approprié à notre tempérament; quelques leçons de physiologie et d'hygiène peuvent donc terminer utilement le cours d'instruction de nos élèves.

Éducation sociale.

La vie sociale nous impose des devoirs; elle nous soumet à des lois de bienséance. Il nous importe de connoître ce que nous devons à nos concitoyens, et de nous convaincre que ce que nous pouvons exiger en retour ne peut être que dans une juste proportion de ce que nous faisons pour eux et que cette dette n'est pas même exigible.

Nous accoutumerons de bonne heure nos jeunes élèves aux petits sacrifices qu'exige sans cesse l'ordre de la société; nous leur ferons sentir la nécessité de se prévenir les uns les autres; nous leur ferons comprendre qu'il ne faut pas trop tenir à ses opinions, qu'il faut souvent faire le sacrifice de la manifestation de sa façon de penser, au besoin de maintenir la paix et la concorde; on s'appliquera enfin à leur former un caractère doux, prévenant et affable, à leur faire contracter l'habitude de cette politesse de sentiment qui fait le charme de la bonne compagnie.

Enfin, le plus beau de nos titres, celui de Citoyen françois, exige que nous soyons instruits des lois qui régissent l'Empire; nous nous ferons donc un devoir d'établir dans notre Collège une sorte d'école de droit public. Deux soirées par semaine seront consacrées au développement des principes de notre Constitution, à des instructions sur les différents Codes qui composent l'ensemble de notre législation. On ne négligera rien, en un mot, pour procurer aux enfants qui nous seront confiés une instruction solide dans tous les genres et capable d'en faire des sujets précieux pour l'État.

CONDITIONS DE LA PENSION

Les élèves payeront 360 liv. de pension, par quartier et par avance. On se charge pour cette somme, outre la nourriture, de fournir aux enfants, encre, plumes et papiers; de les blanchir, faire repasser et raccommoder leur linge, bas et habits; la fourniture des étoffes nécessaires sera seule à la charge de Messieurs les parents : de sorte qu'on ne leur présentera jamais de mémoires que pour les livres et les autres choses qui seront fournies de leur consentement.

Chaque écolier, outre le prix de la pension, paye en entrant, chaque année, 3 liv. pour droit de classe.

La plupart de Messieurs les parents seront sans doute surpris de la médiocrité de cette pension, vu le haut prix des denrées, surtout du vin. En effet, il n'est pas d'établissement où elle soit aussi modique; mais nous leur observerons que nous ne sommes pas des mercenaires conduits par un intérêt sordide. Loin de nous ces spéculations financières! Nous ne cherchons qu'à faire du bien ; nous voulons être utiles à nos Concitoyens; nous serons toujours assez récompensés de nos soins si nous voyons sortir de nos écoles de jeunes Citoyens instruits, vertueux et capables de servir utilement la Patrie.

Chaque enfant apportera avec lui un couvert et un gobelet d'argent ou autre matière, un peignoir, un porte-peigne garni d'un démêloir et un peigne fin d'ivoire; assez de linge pour qu'on ne soit pas forcé de blanchir trop souvent. Ils apporteront en outre quatre draps et une demi-douzaine de serviettes de toile commune. Ceux de Messieurs les parents qui ne voudront pas fournir ce dernier article, payeront pour cet objet 6 liv. par an. Tout le linge sera marqué d'un numéro qui sera indiqué par Monsieur le Principal.

OBSERVATIONS PARTICULIÈRES

Ceux de MM. les parents qui désireront donner à leurs enfants des maîtres d'écriture, de dessin et lavis, les arts d'agrément, la danse, la musique instrumentale et vocale, trouveront cette ressource à Chinon; mais cette dépense sera à leur compte. Ceux cependant qui, pour leur tranquillité, voudraient se débarrasser des honoraires des maîtres, de l'entretien de leurs enfants, même des frais de maladie, pourront le faire en payant 700 livres de pension.

Nous exhortons les père et mère à ne pas retirer les enfants du Collège pendant les vacances qui commencent le 15 septembre et finissent au 1er novembre. Ce temps tourne en pure perte pour un enfant ; ils perdent, pour l'ordinaire, le goût de l'étude; ils prennent pour la contrainte et la discipline, une aversion qu'ils propagent trop souvent parmi les autres écoliers lorsqu'ils reviennent au Collège.

On permet aux enfants d'écrire à leurs parents aussi souvent qu'ils le désirent, on les force à le faire une fois par mois.

Monsieur le Principal fera tous les mois un examen dans les différentes classes; il prendra les notes des professeurs sur le caractère et les dispositions de chaque élève.

A la fin de chaque trimestre, il réunira ces notes et les fera passer aux parents pour les instruire du progrès de leurs enfants et de l'aptitude qu'ils montrent pour les différentes parties de l'enseignement.

L'année classique sera terminée par des exercices publics, suivis de la distribution solennelle des prix par lesquels on alimente l'émulation des élèves qui se sont distingués dans les différentes parties de leurs études.

Ceux de MM. les parents qui désireront placer leurs enfants dans notre Collège voudront bien en prévenir M. le Principal le plus tôt possible.

On admet les enfants depuis l'âge de six à sept ans, pourvu qu'ils sachent lire passablement et former quelques lettres.

Les lettres et paquets seront adressés francs de port, à M. Gaultier la Richerie, Principal du Collège à Chinon.

Lu et approuvé par Nous, Administrateurs du Bureau du Collège de Chinon, Département d'Indre-et-Loire, ce vingt-cinq septembre mil sept cent quatre-vingt-onze.

Vallée, Becquet, Mingot, Renault juge du tribunal, Joubert, Poitevin, Lemoine, Leconte curé de S⁺ Maurice, Gaultier principal.

A Chinon, de l'Imprimerie de F. Breton, 1791.

Nous ne pouvons dire si l'empressement des parents à mettre leurs enfants au Collège répondit à l'attente et à la bonne volonté des administrateurs et du principal. Nous savons en effet peu de choses sur ce qui se passa dans cet établissement pendant l'année scolaire 1791-1792, les délibérations du Bureau faisant presque entièrement défaut. Nous pensons néanmoins qu'il fut encore assez prospère et que, si le nombre des élèves diminua sensiblement, ce ne fut que vers la fin de l'année, par suite du départ du principal et du changement de quelques-uns des professeurs. Ces derniers étaient aussi nombreux que par le passé, mais plusieurs d'entre eux « que les dangers de la patrie avaient décidés à partir pour les frontières » quittèrent le Collège avant l'époque des vacances et ne furent peut-être pas avantageusement remplacés [1].

---

[1] Registre des délibérations du Bureau du Collège, 1792-93. (Arch. d'Indre-et-Loire, L. 320.)

Cependant les événements s'étaient précipités et la situation financière du Collège en avait ressenti le contre-coup. L'Assemblée nationale, par le décret du 2 novembre 1789, avait « mis à la disposition de la Nation » les biens du clergé, autrement dit les avait confisqués; puis, par le décret du 13 février de l'année suivante, elle avait supprimé les abbayes et en général toutes les congrégations régulières. Le Collège ne touchant plus dès lors les redevances que lui payaient l'abbé de Seuilly et le Chapitre de Saint-Mexme, se trouva fort en peine pour faire face à ses dépenses et il dut s'adresser à l'administration départementale pour obtenir que l'Etat, qui s'était substitué aux anciens propriétaires, acquittât leurs dettes. Faisant droit à cette juste réclamation, le Département, par deux arrêtés en date des 2 et 14 mai 1792, déclara le Collège créancier de la Nation pour la rente annuelle de 1.200 livres que lui servait l'abbé de Seuilly et pour celle de 250 livres que lui payait le Chapitre de Saint-Mexme [1]. Mais ces engagements furent-ils fidèlement remplis ? Nous ne pouvons l'affirmer. Et, dans tous les cas, ils ne le furent pas pendant longtemps.

A cette époque d'expropriation arbitraire, les propriétés du Collège elles-mêmes se trouvaient menacées, et les administrateurs prévoyaient déjà le sort qui leur était réservé. Dès le commencement de 1792, ils avaient en effet été invités par le Conseil général de la commune, et sur la demande du Directoire du district, à fournir un état détaillé des « biens, fondations et domaines » de cet établissement, et ils se demandaient avec anxiété si le Collège n'allait pas être assimilé aux communautés et si le gouvernement ne se proposait pas de s'emparer de ses biens. Une décision du Directoire du district, en date du 5 février de l'année suivante, devait les rassurer momentanément, en déclarant que les propriétés de cet établissement continueraient provisoirement à être administrées comme par le passé. Ils étaient en même temps autorisés

---

[1] Archives municipales de Chinon, série M.

à vendre des coupes de bois, dans les domaines que le Collège possédait à Ligré et à Seuilly, afin de leur permettre de faire diverses réparations et de payer le principal et les régents (1).

Gaultier La Richerie ayant été appelé à la cure de Richelieu, se démit du principalat au commencement de juillet 1792.

Après son départ, Delatre se chargea provisoirement de la direction du Collège et prit dès lors le titre de vice-principal ou de principal provisoire. C'est en cette qualité qu'il s'occupa des préparatifs de la distribution des prix, qui eut lieu le 3 septembre. Le Bureau vota à cette occasion une somme de « 36 à 40 livres » pour l'achat de volumes destinés aux lauréats, et les fonds nécessaires pour la construction d'une estrade sur laquelle les élèves devaient jouer une pièce de théâtre (2).

Quelques jours après, Gaultier ayant manifesté le désir d'être déchargé des effets mobiliers qui lui avaient été mis entre les mains lors de son entrée au Collège, l'inventaire en fut fait les 14 et 17 septembre et le procès-verbal fut signé par Delatre qui, à la date du 17, prenait déjà le titre de principal (3).

En votant la loi du 18 août 1792, qui supprimait les congrégations séculières, l'Assemblée législative avait, par cela même, déterminé la fermeture d'un grand nombre de collèges. Celui de Chinon, alors dirigé par des prêtres assermentés et non réunis en congrégation, ne fut pas atteint. Il subsista pendant toute une année encore, à peu près dans les mêmes conditions que par le passé. Ses revenus avaient cependant, déjà, subi une diminution

---

(1) Archives municipales de Chinon, série M.
(2) Délibérations du Bureau du Collège, 1792-93 (Arch. d'Indre-et-Loire, L. 320.)
(3) Cet inventaire fut arrêté à la somme de 237 liv. 6 sols, comme l'avait été le précédent, pour les objets que le principal devait remettre en nature, et à celle de 3.220 livres 6 sols seulement pour ceux que le Bureau devait reprendre au prix d'estimation. Cette dernière somme étant inférieure à celle pour laquelle Gaultier avait pris possession de ces objets en 1791, il remit pour se libérer une somme de 130 livres et divers objets mobiliers lui appartenant en propre et estimés 55 livres. (Arch. mun. de Chinon, série I.)

très sensible; ils se trouvaient réduits à 3.000 livres, déduction faite des charges.

Malgré cette situation relativement précaire, le Bureau n'hésita pas, dans sa réunion du 11 septembre, à décider la réouverture des classes pour le commencement de novembre, mais il se vit dans l'obligation de réduire à trois le nombre des professeurs : un pour les mathématiques, deux pour les humanités. Il décida en même temps que ces trois maîtres habiteraient le Collège et qu'ils toucheraient : le premier 900 livres, à la charge de remplir les fonctions de principal; les deux autres, chacun 575 livres. Au moment de la rentrée, et sur la réclamation des deux derniers, qui considéraient leur traitement comme étant insuffisant, il leur fut alloué 700 livres par an; tandis que les émoluments du premier furent, sur sa demande, réduits à 750 livres [1].

Le nouveau principal, Delatre, continua d'enseigner les mathématiques, comme par le passé. Mais, en acceptant provisoirement le principalat, il avait déclaré qu'il ne voulait pas tenir de pensionnat [2]. Il n'y eut donc pas d'internes au Collège, lors de la rentrée de 1792, et cette mesure regrettable, en éloignant de l'établissement un certain nombre d'élèves, lui causa sans aucun doute un grand préjudice.

Peu de temps après la rentrée, les trois professeurs du Collège avaient été l'objet d'une mesure d'exception de la part du Conseil général de la commune, qui les avait autorisés à ne pas monter la garde, ce à quoi étaient alors astreints tous les citoyens. Ils avaient fait valoir, pour obtenir cette faveur, que ce service les mettrait dans l'obligation d'interrompre les classes et que du reste le traitement qu'ils recevaient était trop minime pour leur permettre de se faire remplacer par d'autres citoyens [3].

C'est à cette époque que fut créée, pour la première

---

(1) Délibérations du Bureau du Collège, 1792-93 (l. c.).
(2) Délibérations du Bureau du Collège, 1792-93 (l. c.).
(3) Délibérations municipales. (Arch. mun. de Chinon, B. 32.)

fois, une bibliothèque au Collège. Il se trouvait alors au Directoire du district une grande quantité de livres, provenant des communautés religieuses qui avaient été supprimées. Le Conseil général de la commune désirant les utiliser pour former au Collège une bibliothèque publique, en demanda l'autorisation aux administrateurs du district. Cette démarche, faite le 9 octobre 1792, reçut un accueil favorable, et le 5 janvier suivant le principal fut chargé de choisir et de faire transporter au Collège tous les volumes qui lui paraîtraient convenir pour former cette bibliothèque dont il devait avoir la surveillance [1].

Cependant Delatre, qui n'avait accepté le principalat que temporairement et en attendant que l'administration pût trouver une personne capable d'en remplir les fonctions, finit par se lasser de cette situation. Le 26 février 1793, il déclara qu'il ne voulait pas exercer plus longtemps cette charge, et que son désir était de se consacrer entièrement à l'enseignement des mathématiques. Le Bureau pria alors deux de ses membres de prendre des informations sur un nommé Pierre Péchigny, que l'un des administrateurs du département avait indiqué comme pouvant se charger de la direction du Collège. Les renseignements ayant sans doute été favorables, Péchigny, qui se trouvait à Paris, fut prié de se rendre à Chinon.

Les deux principaux, qui, depuis la rentrée de 1791, venaient de se succéder au Collège national, avaient appartenu l'un et l'autre au clergé régulier et à l'ordre des Bénédictins de la congrégation de Saint-Maur. Leur successeur, pour la première fois depuis deux siècles, n'appartenait pas au clergé.

---

[1] Délibérations municipales. (Arch. mun. de Chinon, B. 32.) — L'Assemblée constituante, puis l'Assemblée législative, avaient fait dresser par les administrateurs des districts, des catalogues de ces livres. La Convention devait plus tard, par un décret du 8 pluviôse an II, ordonner de créer, avec ces volumes, des bibliothèques publiques, analogues à celle dont le Conseil général de la commune de Chinon décidait alors la formation.

— 126 —

Le 2 avril, le nouveau principal se présenta pour prendre possession de son poste. Il arrivait dans un bien mauvais moment. Le Collège se trouvait complètement désorganisé. Delatre était seul. Les deux professeurs chargés d'enseigner les humanités, Simon et Villain, que leur patriotisme avait, pour la seconde fois, engagés « à se vouer à la défense de la patrie », s'étaient enrôlés le mois précédent dans les armées de la République [1]. Il fut donc convenu, puisqu'il n'y avait pas de pensionnaires, que Péchigny, tout en exerçant le principalat, occuperait l'une des deux chaires laissées vacantes par le départ de leurs titulaires; et, le 1er mai suivant, le Bureau lui vota provisoirement un traitement de 1.000 livres. C'est à cette somme que le décret de la Convention des 14 et 16 février précédent avait fixé le minimum des appointements des professeurs dans les villes dont la population n'atteignait pas 30.000 habitants.

Le nombre des élèves devait sans doute être alors fort restreint, puisque Péchigny et Delatre suffirent seuls à l'enseignement pendant presque tout le reste de l'année scolaire. Villain ne revint pas au Collège, et Simon ne rentra que le 1er juillet [2].

---

(1) La Convention avait décrété, le 22 mars, que les professeurs, qui se rendraient à la frontière pour la défense de la patrie, conserveraient pendant leur absence le tiers de leur traitement et qu'ils reprendraient leur place lors de la paix. Simon et Villain n'avaient pas attendu cette décision, puisqu'ils étaient partis dès le 7 mars.

(2) Délibérations du Bureau du Collège, 1792-93. (Arch. d'Indre-et-Loire. L. 320.)

CHAPITRE VII

L'Ecole secondaire (1793-1794).

Dès qu'il fut en possession de sa charge, Péchigny s'occupa d'organiser l'enseignement sur de nouvelles bases.

Le 11 avril, il présenta à cet effet au Conseil général de la commune un « plan d'instruction et d'éducation » qu'une commission de six membres fut chargée d'examiner et qui fut accepté, après avoir subi sans doute quelques modifications, le 17 du même mois. L'administration municipale décida en même temps de soumettre ce programme d'enseignement à l'approbation des membres du district et de demander ensuite aux autorités départementales l'autorisation de le mettre en pratique [1]. Une copie en fut faite le jour même, sur le registre destiné à recevoir les « pétitions, lettres et envois de la municipalité [2] », mais il n'en fut plus question jusqu'à la fin de l'année scolaire.

Les administrateurs du département et du district, ainsi que les officiers municipaux, avaient en effet d'autres soucis. La Vendée venait de se soulever et son armée victorieuse, après s'être emparée de Thouars et de Saumur, entra bientôt à Chinon où elle ne resta, il est vrai, que dix jours. Mais, à la suite de cette occupation, la municipalité fut suspendue de ses fonctions et l'administration momentanément désorganisée. De plus, la ville était alors constamment encombrée de troupes que l'on dirigeait vers le foyer de l'insurrection. Enfin, l'on se battait aux frontières, et le régime de la terreur commen-

---

[1] Délibérations municipales. (Arch. de Chinon, B. 33.)
[2] Archives municipales de Chinon, D. 13, n° 68 bis.

çait à peser sur la France, ajoutant encore aux angoisses de la guerre civile et de la guerre étrangère [1].

On conçoit aisément que, dans ces conditions, l'instruction publique ait été fort négligée pendant tout l'été de l'année 1793. Deux professeurs, Péchigny et Delatre, dont le premier occupait en même temps le principalat, suffisaient, ainsi que nous l'avons dit, pour instruire le peu d'enfants qui fréquentaient le Collège; et encore étaient-ils parfois investis par la municipalité de fonctions tout à fait étrangères à leur charge et auxquelles ils devaient consacrer un temps précieux.

Cependant, lors de la rentrée des classes, à l'automne de cette même année, la ville étant plus calme, les projets de réorganisation de l'enseignement furent mis à exécution. Le 17 brumaire an II (7 novembre 1793) les administrateurs du Collège présentèrent à cet effet, à l'assemblée des membres du district et de la municipalité réunis, un « plan provisoire d'instruction publique » que le citoyen Lemanceau, officier municipal et ancien principal du Collège, avait été chargé d'élaborer et que le Bureau d'administration avait discuté et accepté quelques jours auparavant. Le voici tel qu'il est transcrit sur le registre des délibérations de la commune :

« Il y aura deux degrés d'instruction, l'un sous le nom d'école primaire, telle qu'elle existe déjà; l'autre sous celui d'école secondaire et qui est celle qui s'organise.

Cette école sera tenue par trois instituteurs qui sont les citoyens Delatre, Péchigny et Lemanceau.

Le premier instituteur complètera l'enseignement du calcul, arithmétique, dont les élèves doivent avoir déjà puisé les premiers élémens dans l'école primaire.

---

[1] Une délibération du 12 mai nous apprend cependant que Péchigny venait alors d'adresser à la municipalité une lettre relative à l'établissement d'une « Société d'instruction publique..... pour former l'esprit public et établir la concorde parmi les membres de la société ». (Délibérations municipales, registre 33). — L'avant-veille, le 10, Péchigny avait « fait un don de 25 livres pour les frais de la guerre, et proposé des vues utiles de défense renvoyées au comité défensif ». (Bulletin de la Commission centrale du département d'Indre-et-Loire près l'Armée de Chinon, n° 1.)

Il donnera un traité de pratique raisonnée du trait en usage dans les arts et métiers, du toisé des surfaces et des solides, non seulement à la portée des élèves d'habitude, mais encore des ouvriers qui sachant déjà compter veulent se perfectionner dans la pratique.

Il ajoutera quelques principes de mécanique et l'application du calcul aux effets des machines en général et de celles qui son particulières au pays.

Il enseignera la partie la plus nécessaire des principes de géométrie élémentaire, suivie des règles de l'arpentage et de la trigonométrie rectiligne. Il fera opérer sur le terrain et enseignera à lever les plans.

Il donnera des leçons de sphère traitées géométriquement selon la portée des élèves, et de géographie physique, civile et politique.

Il terminera son cours par les premiers principes de physique, surtout dans ce qu'elle a de relatif aux ateliers et à l'agriculture.

Le second instituteur développera les principes généraux et raisonnés des langues, les élémens particuliers de la langue latine comparée avec la françoise, les génies et les procédés des principales langues étrangères.

Il donnera des leçons élémentaires d'histoire naturelle, de celle des hommes, de la fable ou mythologie et des diverses religions de la terre.

Il expliquera les droits de l'homme, les loix constitutionnelles de la république françoise et les principes de la morale.

Le troisième instituteur continuera la théorie des langues, du latin, et de chaque expression en particulier, à laquelle se lie l'exactitude du jugement.

Il fera un cours de littérature nationale et étrangère dont il parcourra les diverses branches.

A ce cours succèdera la rhétorique ou l'art de parler.

Il donnera les principes de législation de tout bon gouvernement, du nôtre en particulier et la manière d'étudier l'histoire.

Enfin, il terminera par des leçons de philosophie, qu'il divisera en deux parties : la logique ou l'art de penser, laquelle renferme l'analyse des sensations, des idées, la méthode des sciences; et la morale ou la connaissance des devoirs.

L'instruction sera d'une heure et demie le matin et autant le soir.

Les vacances seront le premier et le cinquième jour de chaque décade.

Il y aura un concierge qui sera chargé de former la jeunesse aux évolutions militaires.

Les élèves payeront provisoirement un droit d'entrée qui ne sera pas moindre de 5 livres (1) ».

Appelés à délibérer sur ce programme, les membres de l'assemblée, considérant que la jeunesse de la commune et du district tout entier « a été trop longtemps privée d'instruction par le malheur des temps et la crise particulière où s'est trouvée cette ville », considérant aussi qu'il est urgent, « aujourd'hui que la tranquillité y paraît rétablie avec solidité », de satisfaire au vœu des parents et au besoin des enfants, adoptent à l'unanimité le plan proposé, applaudissent au choix fait des trois professeurs qui leur sont présentés, et arrêtent en outre que l'école publique s'ouvrira le 21 brumaire ou 11 novembre (vieux style) et que le prospectus en sera imprimé, publié et distribué aux communes et villes voisines (2).

L'école publique comprenait donc deux sections distinctes : une école primaire qui existait depuis quelque temps déjà et dont nous aurons à parler plus loin, et une école secondaire qui n'était que l'ancien Collège réorganisé. Les professeurs de ces deux écoles portaient le titre d'instituteurs. Ceux de l'école primaire étaient des instituteurs du premier degré; ceux de l'école secondaire, des instituteurs du second degré. L'un de ces derniers, Péchigny, avait le titre de principal ou de directeur (3).

Le programme de l'école secondaire, que nous avons reproduit ci-dessus, était bien conçu et aurait pu, dans

---

(1) Ce programme n'est en quelque sorte qu'un résumé de celui qui avait été accepté par la municipalité le 17 avril précédent.

(2) Une délibération identique avait été prise le 11 brumaire par les membres du Bureau du Collège. (Registre des délibérations.)

(3) Par décision de la Convention, et par mesure égalitaire, il n'y avait plus ni collèges ni régents, mais seulement des écoles et des instituteurs.

des temps moins troublés, donner d'excellents résultats. Cours de sciences, appliqués à l'industrie, aux arts et à l'agriculture; leçons élémentaires d'histoire naturelle; cours de grammaire et de littérature, comprenant, indépendamment de l'étude des langues française et latine, des notions sur les principales langues étrangères; enfin, cours de rhétorique, de législation et de philosophie; le tout accompagné d'exercices militaires. C'était certes un plan d'instruction plus complet et aussi bien compris que tout ce qui avait été fait jusque-là. Le cours de sciences n'était du reste que la continuation de celui qui avait été inauguré lors de la rentrée de 1791, et il restait, comme alors, ouvert aux jeunes gens du dehors qui manifestaient le désir de le suivre et présentaient les aptitudes nécessaires. Pour la première fois, enfin, il y avait au Collège un cours de philosophie.

Les appointements du principal restèrent d'abord fixés à 1.000 livres, et ceux de Delatre, professeur de mathématiques, à 750 livres. Mais, plus tard, la Convention ayant porté à 1.200 livres le traitement des « instituteurs publics », Péchigny adressa une réclamation aux membres du Bureau qui, le 10 germinal an II, firent droit à sa demande. Delatre ne réclama au contraire aucune augmentation. Quant à Lemanceau, il nous paraît avoir exercé gratuitement les fonctions qu'il avait acceptées; nous n'avons trouvé aucune trace de mandat délivré en son nom [1].

Le principal, nous l'avons dit, n'avait jamais appartenu au clergé. Ses deux auxiliaires étaient au contraire d'anciens prêtres qui avaient prêté tous les serments exigés successivement par les lois et qui allaient bientôt être appelés à en prêter de nouveaux.

Quelques jours après la rentrée des classes, le 25 brumaire (15 novembre 1793), Lemanceau vient en effet décla-

[1] Lemanceau ou Le Manceau continua du reste de remplir ses fonctions d'officier municipal. Il avait été, nous l'avons vu, professeur au Collège royal qu'il avait même dirigé pendant deux années (1776-1778). Il mourut à Chinon, le 14 décembre 1811, à l'âge de 72 ans. (Voir la note le concernant, p. 96.)

rer devant le Conseil général de la commune qu'il ne veut faire à l'avenir aucune fonction de prêtre et qu'il a brûlé ses lettres sacerdotales il y a plus de six mois « dans un mouvement d'indignation vertueuse contre tous les charlatans à soutane »; puis, le 7 frimaire (27 novembre), Delatre vient jurer qu'il renonce à jamais « au pouvoir de faire aucune fonction de ministre d'un culte quelconque » et dit qu'il ne souffrira même pas qu'on lui donne « le titre odieux de ci-devant prêtre ».

L'enseignement étant organisé à la « Maison d'éducation dite du Collège », il ne restait plus qu'à désigner le portier. Cette place fut accordée le 15 frimaire (5 décembre) au citoyen Gaudin, chapelier, dont « le civisme, les talents et le zèle » étaient connus de la municipalité. Il fut logé avec sa femme dans l'établissement et reçut 360 livres par an, à la charge de nettoyer tous les jours les appartements et les cours, « d'allumer les feux et la lumière, de fermer et d'ouvrir les portes », de faire les commissions et de « donner des leçons d'exercice tant aux écoliers du Collège qu'à ceux des écoles primaires ».

Malgré tout ce que promettait le nouveau programme, malgré les efforts de la municipalité qui fit tout son possible pour obliger les parents à envoyer leurs enfants dans cet établissement, l'école secondaire fut peu fréquentée et ne tarda pas à être fermée.

Doit-on, comme on l'a fait [1], attribuer à la présence au Collège des deux anciens prêtres que nous avons nommés, la défaveur qui frappa cet établissement et amena sa chûte? Nous ne le pensons pas. Nous croyons qu'il faut plutôt en voir la cause dans la situation intérieure du pays, dans le malaise qui en était la conséquence et dont souffrait alors la société tout entière.

La Terreur était à son comble. Un certain nombre de familles aisées, dont les enfants auraient pu fréquenter le Collège se trouvaient privées de leur chef par l'emprisonnement ou l'émigration; beaucoup d'autres étaient

---

[1] Journal de Chinon, n° du 26 octobre 1871.

considérées comme suspectes ou accusées de modérantisme. Une partie de la population vivait donc dans un état d'inquiétude tel, que l'instruction y était forcément négligée ou, peut-être, donnée par les parents eux-mêmes ou par des maîtres particuliers [1].

Quoi qu'il en soit, l'école secondaire cessa d'exister avant la fin de l'an II. Le 5 messidor (23 juin 1794), Delatre, ancien professeur de mathématiques, remit entre les mains des officiers municipaux quelques objets se trouvant dans la maison qu'il occupait au moment de son départ [2]. Ces objets étaient loin de constituer, comme on l'a dit ailleurs [3], tout le mobilier du Collège. Ce n'en était au contraire qu'une très minime partie [4]. L'inventaire général des meubles appartenant à cet établissement eut lieu le mois suivant seulement. Le 2 thermidor, à la demande du Directoire du district, la municipalité désigna l'un de ses membres pour assister à cette opération qui ne fut achevée que le 17. Le 27 du même mois, le Conseil général de la commune, obéissant à une réquisition du district d'avoir « à mettre sans délai à la disposition du commissariat temporaire du Comité de salut public pour l'extraction du salpêtre et la confection des salins, le local et les bâtiments du ci-devant Collège », les

---

(1) Un professeur, Guérinet-Barré, qui avait enseigné sous le principalat de l'abbé Hudault, et qui reprit ses fonctions lors de la réouverture du Collège, au commencement du XIX° siècle, fit valoir lorsqu'il demanda sa retraite, en 1827, que, pendant la Révolution, il s'était livré constamment à l'enseignement particulier des enfants que les familles lui confiaient. (Arrêtés du Bureau administratif du Collège depuis 1811 jusqu'à nos jours, Archives du Collège.)

(2) Cette maison, qui dépendait du Collège, fut mise en location le 19 du même mois.

(3) Journal de Chinon, n° du 3 octobre 1871.

(4) En voici, du reste, la liste : « Cinq croix d'argent, décoration d'émulation des enfants, remises entre les mains du secrétaire ; un grand dressoir en bois ; une grande table ; deux tréteaux et deux traverses en bois ; trois chaises ; un banc ; deux portoires ; un baquet relié de deux cercles en fer ; une liasse de papiers du chartrier ; 3 à 4 clefs sans destination ; un poêlon ; une cuiller à pot ; deux assiettes de fayence ; une d'étain ; un triangle à fourneau ; deux bouteilles de terre et une lanterne, qui sont tous les meubles que le citoyen Delatre a laissés pour en faire la déclaration, lesquels sont incombants dans la maison qu'occupait ce dernier, appartenant au Collège. » (Délibérations municipales. Arch. mun. de Chinon, B. 34.)

abandonna sans protester, mais en décidant que l'on prendrait auparavant les mesures nécessaires pour mettre en sûreté les effets mobiliers qui s'y trouvaient.

Ainsi disparut l'ancien Collège, dont les bâtiments, après avoir servi pendant quelques mois à déposer les cendres destinées à la nitrière [1], furent utilisés ensuite pour le logement des troupes.

La commune de Chinon, ayant été autorisée par un arrêté du Comité de salut public, en date du 6 fructidor an II [2], à échanger cet immeuble contre « la maison des ci-devant hospitalières » qui, par suite d'un échange antérieur était devenue propriété nationale [3], le Collège devint dès lors la propriété de la Nation et, en cette qualité, il faillit plus tard être aliéné à diverses reprises, et ne dut d'être conservé qu'à l'intervention et aux instances réitérées de la municipalité [4].

---

[1] La nitrière nationale de Chinon était installée dans l'ancienne église de Saint-Mexme.

[2] Cet arrêté, transmis à l'administration départementale le 28 du même mois, ne fut communiqué au Conseil général de la commune que le 15 frimaire an III.

[3] En 1793, les guerres de la Vendée ayant nécessité l'annexion d'un hôpital militaire à l'hôpital civil, ces établissements furent installés dans l'ancien couvent des religieuses du Calvaire (hôpital actuel), qui était devenu propriété nationale et que la ville échangea contre l'ancien hôpital qui était sa propriété, mais dont les bâtiments étaient insuffisants.

[4] C'est par erreur que M. Carré de Busserolle (*Dict.*, T. II, p. 274) dit que cet établissement fut adjugé le 24 germinal an VI à Prosper Sionneau. Cette adjudication concerne le petit Collège et non le Collège. Ce dernier resta, pendant tout le temps de la Révolution, la propriété de l'État qui l'abandonna plus tard à la Ville, par un arrêté en date du 16 frimaire an XII autorisant en même temps la création d'une école secondaire.

Tous les autres immeubles appartenant au Collège furent confisqués et vendus comme domaines nationaux, en vertu du décret du 8 mars 1793. Le prieuré des Roches et ses dépendances furent adjugés, pour la plus grande partie, les 21 frimaire et 24 nivôse an III, le surplus les 8, 12 et 13 messidor an IV et le 14 thermidor an VII ; les propriétés provenant de l'abbaye de Seuilly, les 22 prairial et 3 messidor an III, ainsi que le 18 thermidor an IV ; enfin, les trois maisons que le Collège possédait dans la rue Jean-Jacques-Rousseau, le 20 vendémiaire an IV. Ainsi se trouvaient réalisées les craintes que les membres du Bureau exprimaient dès 1792.

Les rentes que possédait le Collège, et qui provenaient pour la plupart de l'abbaye de Seuilly et du prieuré des Roches, furent presque toutes conservées et attribuées à l'hôpital de Chinon par un arrêté du préfet d'Indre-et-Loire, en date du 12 messidor an IX, pris en exécution de la loi du 4 ventôse précédent. Plusieurs de ces rentes étaient importantes ; l'une d'elles, consistant en « 23 setiers de blé mouture, 7 setiers de blé froment et un cent d'an-

Moins d'un an après la fermeture de l'école secondaire, la loi du 7 ventôse an III supprimait ces établissements et y substituait des écoles centrales. Ces dernières, maintenues par la Constitution de l'an III, furent organisées par la loi du 3 brumaire an IV. Il n'y en eut qu'une par département, et celle d'Indre-et-Loire fut établie à Tours. Mais cette loi autorisait les communes possédant des collèges, et dans lesquelles il ne serait pas établi d'école centrale, à organiser à leurs frais des écoles centrales supplémentaires.

La ville de Chinon attendit plus de trois ans pour réclamer la création de cette école. Elle en fit la demande le 12 ventôse an VII et pria l'administration centrale du département de la transmettre au Corps législatif et de l'appuyer de tout son pouvoir.

D'après les intentions de la municipalité, cet établissement aurait eu trois professeurs chargés d'enseigner : « le premier, la partie des mathématiques applicable aux mécaniques, les éléments des connaissances nécessaires à l'agriculture et des phénomènes de la nature qui s'y rattachent ; le second, l'histoire philosophique des peuples, la géographie et l'élocution ; le troisième, la morale et la législation ». Le traitement annuel de chacun d'eux eut été de 1.200 francs ; et la Ville pensait pouvoir trouver des ressources plus que suffisantes pour faire face à ces dépenses, dans le prix de location des prairies lui appartenant et que la loi du 11 frimaire précédent

---

guilles appelées pimpeneaux ou cent sols » était due par un nommé Louis Duchesne, à qui l'abbé Louet avait arrenté le moulin de Saint-Julien ou des Planches ; elle a été remboursée l'an dernier, à l'hôpital, au capital de 12.415 fr. 16 centimes.

Les biens dont le Collège fut ainsi dépossédé, valaient certainement plus de 200.000 francs.

Le petit Collège, qui appartenait à la Ville, mais avec destination spéciale, devint sans doute la propriété de l'Etat en même temps que le Collège et par suite de l'échange mentionné précédemment. Un jardin, qui en dépendait, fut vendu le 9 messidor an IV. Le petit Collège, lui-même, fut adjugé le 24 germinal an VI, mais cette vente dut être annulée dans la suite, puisque cet établissement faisait partie des dépendances du Collège dès les premières années du XIXᵉ siècle. Il avait dû être abandonné à la Ville par l'Etat, en même temps que l'ancien Collège, par l'arrêté du 16 frimaire an XII.

l'autorisait à affermer. (Délibérations municipales, registre 39.)

Ce projet n'eut pas de suite, et, depuis la fermeture de l'école secondaire, en 1794, jusqu'en 1803, il n'y eut à Chinon, en fait d'écoles publiques, que des écoles primaires. Nous dirons quelques mots de ces dernières, puisqu'elles furent, pendant neuf ans, les seuls établissements officiels d'instruction qui existèrent dans la ville. Mais, auparavant, nous parlerons du petit Collège qui n'était lui-même qu'une école primaire, créée au commencement du XVIIe siècle et qui subsista jusqu'à la Révolution.

APPENDICE AU LIVRE II

A. — Liste des principaux de l'ancien Collège.

1. Bizaul Michel, 1578-1581 (1582?).
2. De Vendosme Jean, (1582?) 1585-1601.
3. Martin Robert, (1601?) 1609-1620.
4. Chenard François, 1620-1634 (1636?).
5. Breton Louis, 1636-1662.
   Siet Charles, 1662 (non acceptant).
6. Fournier François, 1662-1704.

Le prieur des Religieux Augustins, 1705-1721.

Dusoul de Laurais Louis, 1721 (non acceptant).
7. Lefebvre Etienne, 1721 (bientôt démissionnaire).
8. Ferrand Barthélemy, 1722-1731.
9. Courtois Pierre, 1731 (bientôt démissionnaire).
10. Breton Jacques, 1732-1738.

---

11. Delacour Louis, 1740-1742.
12. Biermant N..., 1742-1748.
13. Vallée N... (1er du nom), 1748-1750.
14. Chemin Philippe, 1750-1756.
15. Nagot Bernard-Julien, 1756-1765.
16. Vallée Adrien-Charles, 1765-1776.
17. Le Manceau François-Joseph, 1776-1778.
    Vallée Adrien-Charles (pour la 2e fois), 1778-1785.
18. Hudault Pierre-Urbain, 1785-1791.

---

19. Gaultier La Richerie Jean-Baptiste, 1791-1792.
20. Delatre Louis, 1792-1793.
21. Péchigny Pierre, 1793-1794.

B. — Liste des régents de l'ancien Collège [1].

Tessier Mathieu	1585.
Le Roy Joachim	1585-1586.
Le Sainct François	1586.
Le Roy François	1587.
Martin Jehan	1608-1610.
Tardif Pierre	1610-1611.
Le Bourdays Jacques	1611.
Chenard François	1611-1620.
Moussault Jehan	1616-1617.
Charpentier Fouques	1618-1619.
Le Commandeur Jehan	1620.
Jubeau Paul	1627.
Martin Antoine	1656-1669.
Million Charles	1669.

Coirard Alexandre, depuis vers 1680 jusqu'à 1705.
Destouches, prêtre du diocèse d'Angers, 1731-1732.
Poisnin Jean, prêtre du diocèse de Poitiers, 1732-1735.

Pasquier Guillaume	1735-1740.
Boucher	1737-1738.
Delacour Louis	1738-1740.
Mérillon	1739-1740.
Bourgeois	1740-1745.
Biermant	1740-1742.
Brosson	1741-1744.
Herpin	1742-1745.
Chemin Philippe	1749-1750.
Picheret	1751-1753.
Piballeau	1751-1755.
Bardin	1753-1756.
Ferrand Jean	1755-1756.
Plouard	1755-1756.
Gréban	1755-1756.

Vallée Adrien-Charles, 1757-1765 (prof. la rhét. depuis 1760).

Heurtault	1765.
Pimparé	1765.
Devant	1765.

---

(1) Cette liste, dont nous avons surtout puisé les éléments dans les comptes municipaux, et dans les délibérations du Corps de Ville et du Bureau du Collège, est forcément très incomplète. — Les principaux, qui n'ont pas professé en dehors du temps de leur principalat, n'y figurent pas.

Paulmier, 1765-1772 (professait la rhétorique en 1771-1772).
Gigault François-Joseph, de la paroisse de La Guerche; 3ᵉ et 4ᵉ; 1772.
Guérineau Jean, de la paroisse de Ligueil; 5ᵉ et 6ᵉ; 1772-1775.
Le Manceau François-Joseph, de la paroisse de Preuilly; 7ᵉ puis rhétorique; 1772-1776.
Coquille d'Alleux Jacques, de la paroisse de Saint-Venant de Tours; basses classes; 1772.
Poisson Urbain-Pierre, du dioc. d'Angers; rhét.; 1777 (janv.-avril).
Le Manceau François-Joseph (pour la 2ᵉ fois); rhét.; 1778-1780.
Hardy; rhétorique et seconde; 1780-1784.
Poulain; 3ᵉ et 4ᵉ; 1780-1784.
Lefebvre; 5ᵉ; 1780-1784.
Luce; 6ᵉ; 1780-1784.
Hudault Pierre-Urbain; licencié en théologie; rhét.; 1784-1785.
Hudault Raphaël; 3ᵉ et 4ᵉ; 1784-1786.
Capy; 5ᵉ; 1784-1785.
Biré; 6ᵉ; 1784-1785.
Arvers, professeur suppléant et sous-principal; 1784-1789.
Leconte, ancien vicaire de Sᵗ-Symphorien de Tours; rhét.; 1785.
Thibault René-Clément-François-J.-B., du dioc. de Blois; 5ᵉ; 1785-86.
Santerre Pierre, du diocèse d'Angers; 7ᵉ; 1785-1786.
Muray; 3ᵉ et 4ᵉ; 1786-1787.
Danin; 7ᵉ et 8ᵉ; 1786-1787.
Tendron; basses classes; 1786-1787.
Rattier Louis-Charles-Auguste, du diocèse d'Angers; 5ᵉ; 1788-1791.
Chrétien, 1789-1791.
Vessor Paul; 3ᵉ et 4ᵉ; 1790.
Patrike, 1790-1791.
Ribot, 1790-1791.
Guillard, fin du xviiiᵉ siècle, mais avant 1791.
Guérinet Julien, 1791.
Simon Claude-André; rhétorique et seconde; 1791-1793.
Villain René-Paul; 7ᵉ; 1791-1793.
Brédif Michel; 3ᵉ et 4ᵉ; 1791.
Renaud La Grenouillère Joseph; 5ᵉ et 6ᵉ; 1791-1792.
Delatre Louis; mathématiques et physique; 1791-1794.
Blandin, 1792.
Bellanger Jean-Baptiste, 1792.
Perré, 1792.
Mingot Victor, a suppléé un professeur pendant l'été de 1792.
Le Manceau François-Joseph (pour la 3ᵉ fois), 1793-1794.

C. — Liste des administrateurs de l'ancien Collège.
1° — 1738-1764.

D'après le décret d'union de 1736, le Bureau d'administration était composé de 11 membres : L'archevêque de Tours président, pouvant se faire remplacer par un délégué qui prenait rang après l'abbé de Seuilly ; l'abbé de Seuilly ; le lieutenant général au Bailliage ; un député du Chapitre de Saint-Mexme ; le lieutenant criminel ; le lieutenant particulier ; le procureur du roi ; le maire ; deux échevins ; le receveur du Collège. Lorsque le lieutenant général ou un autre fonctionnaire, membre de droit du Bureau, remplissait les fonctions de maire, le nombre des administrateurs se trouvait réduit à 10.

Nous n'avons fait figurer ici que les administrateurs dont nous avons retrouvé le nom sur les registres des délibérations.

Mgr. de Chapt de Rastignac François, arch. de Tours, 1738-1750.
Bouin de Noiré Louis, lieutenant général et maire, 1738-1744.
Breton Pierre, chanoine de Saint-Mexme, 1738-1745.
Lenée François, lieut. criminel (maire de 1750 à 1753), 1738-1762.
Doucet-Dugué François, lieut. part. (maire de 1744 à 1750), 1738-1750.
Le Breton François-Jean, procureur du roi (maire de 1753 à 1759), 1738-1759.
Torterue Joseph, échevin, 1738-1741.
Chesnon Louis-Pierre, échevin, 1738-1741.
Ferrand Jean, receveur du Collège, 1738-1742.
Hocquart Jacques-François, abbé de Seuilly, 1738-1760.
Legrand Alexandre, échevin, 1741-1744.
Lenée de la Thibaudière Pierre, échevin, 1741-1744.
Trottier René, receveur du Collège, 1742-1764.
Gilloire de Lépinaist, échevin, 1744-1747.
Le Breton Joseph-Philippe-François, chanoine de St-Mexme, 1746.
Renault de Beauchesne Joseph, échevin, 1747-1750.
Picault de la Férandière Joseph, échevin, 1747-1753.
De Brou Gabriel-Alexis, chanoine de Saint-Mexme, 1749-1754.
Hervé de la Guiffardière Jean-Baptiste, échevin, 1750-1753.
Mgr de Rosset de Fleury Jean-Bernardin, arch. de Tours, 1750-1764.
Boureau de Vaumulon Henry, échevin, 1753-1759.
Mollandin Jean-François, échevin, 1753-1759.
Chartier Hyacinthe, chanoine de Saint-Mexme, 1756-1763.
Le Breton de Nueil Pierre-François-Jacques, proc. du roi, 1758-1764.
Torterue de Langardière Pierre-Joseph, échevin, 1759-1764.

Caillault Philippe, échevin, 1759-1764.
Bouin de Noiré Jean-Louis-François, lieut. gén. et maire, 1759-1764.
Bouin de Noiré Fortuné, chanoine de Saint-Mexme, 1759-1764.
De Molen de la Vernède Joseph-Raymond, abbé de Seuilly, 1760-1764.
Legrand Alexandre-François, chanoine de Saint-Mexme, 1761-1764.
Lenée Charles, assesseur, 1762.

2° — 1764-1791.

A partir de 1764, le Bureau ne compta plus que 9 membres, dont les 3 premiers étaient « chefs perpétuels d'administration ». C'étaient l'archevêque de Tours, président, pouvant se faire remplacer par un délégué qui prenait rang après le président; le lieutenant général; le procureur du roi; un délégué du Chapitre de Saint-Mexme; deux officiers municipaux; deux notables habitants; le principal du Collège. — La suppression du Chapitre de Saint-Mexme en 1790, réduisit ce nombre à 8, sans compter les administrateurs honoraires, que pouvait nommer le Bureau.

Mgr de Rosset de Fleury Jean-Bernardin, arch. de Tours, 1764-1773.
Bouin de Noiré Jean-Louis-François, lieutenant général, 1764-1774.
Le Breton de Nueil Pierre-François-Jacques, proc. du roi, 1764-1774.
Arvers de Vauthioud, chanoine de Saint-Mexme, 1764.
Torterue Joseph, échevin, 1764-1766.
Caillault (l'aîné) Philippe, échevin puis notable, 1764-1787.
Trottier René, notaire, receveur du Collège, notable, 1764-1766.
Chesnon de Baigneux (père) Pierre, notable puis maire, 1764-1783.
Nagot Bernard-Julien, principal du Collège, 1764-1765.
Vallée Adrien-Charles, principal du Collège, puis administrateur honoraire, 1765-1791.
Le Breton, chanoine de Saint-Mexme, 1765-1770.
Duclos Pierre-François, échevin puis lieut. de maire, 1768-1778.
Goujon Alexandre, échevin, 1766-1768.
Michel, notable, 1768-1771.
Mollandin Jean-François, échevin puis lieut. de maire, 1770-1780.
Lenée, chanoine de Saint-Mexme, 1770-1785.
Torterue de Langardière, 1771.
Mgr de Conzié Joachim-Mamert-François, arch. de Tours, 1774-1791.
Tourneporte de Vonte, lieutenant général, 1775-1791.
Chesnon de la Billottière, procureur du roi, 1776-1791.
Le Manceau François-Joseph, principal du Collège, 1776-1778.
Mingot l'aîné, échevin puis notable, 1779-1791.

Chesnon de Baignoux (fils) Pierre-Bertrand, lieutenant criminel, maire, 1783-1789.
Bouchet Jacques, échevin, 1784-1789.
Hudault Pierre-Urbain, principal du Collège, 1785-1791.
Auvinet, maître particulier des eaux et forêts, notable, 1787-1790.
Joubert, officier municipal, 1790-1791.
Poitevin, officier municipal, 1790-1791.
Lemoine, notable, 1790-1791.

3° — 1791-1794.

A partir du mois de septembre 1791, les trois chefs perpétuels d'administration furent remplacés par trois membres élus par le Conseil général de la commune. (Il nous semble que c'est à tort que les almanachs d'Indre-et-Loire pour 1792 et 1793 font figurer l'évêque comme chef d'administration.) Le principal du Collège n'avait plus que voix consultative. Voici, pour cette période, ceux des membres du Bureau dont nous avons retrouvé la nomination ou la signature sur les registres des délibérations :

Poitevin, officier municipal, 1791.
Joubert, officier municipal, 1791-1793.
Mingot l'aîné, notable, 1791-1794.
Lemoine, notable, 1791 (septembre-décembre).
Renault, juge au tribunal, 1791-1793.
Becquet, juge suppléant, 1791-1792.
Leconte, curé de Saint-Maurice, 1791-1792.
Vallée Adrien-Charles, principal émérite, 1791-1794.
Gaultier La Richerie, principal du Collège, 1791-1792.
Chesnon de Baigneux, officier municipal, 1791-1794.
Richard, officier municipal, 1791-1794.
Delatre, principal du Collège, 1792-1793.
Froger le jeune, 1793-1794.
Le François, 1793.
Poitevin, avoué, 1793.
Péchigny, principal, 1793-1794.
Le Manceau
Cassenac-Breton
Bruneau
{ Membres du Conseil général de la commune, administrateurs provisoires pendant la suspension des officiers municipaux et notables faisant partie du Bureau (30 juillet-17 août 1793).

LIVRE III

LE PETIT COLLÈGE [1]

Au commencement du XVIIe siècle, il n'existait pas d'école gratuite dans la ville de Chinon. Les vicaires des paroisses devaient cependant se livrer à l'instruction des enfants, comme cela se pratiquait alors en vertu des décisions de l'autorité ecclésiastique. Mais ces prêtres, n'ayant pas de local spécial, ne pouvaient tenir d'école régulière; peut-être même demandaient-ils à leurs élèves une légère rétribution, ce qui empêchait les enfants des pauvres de bénéficier de leurs leçons.

Un vénérable ecclésiastique, Robert Martin, alors principal du Collège royal, eut l'heureuse idée de combler cette lacune. Par son testament, passé devant Me Leconte, notaire à Chinon, le 17 mars 1618, il donna à la Ville un logis avec jardin, à condition d'y établir une école où les jeunes garçons des familles indigentes recevraient gratuitement l'instruction [2].

Cette école, que le testateur désignait sous le nom de « Collège des pauvres », devait être tenue par « quelque pauvre chapelain ou autre pieuse personne » qui serait logé dans la maison et qui, tout en donnant aux écoliers une instruction en rapport avec leur âge, leur apprendrait « le *Pater noster*, le *Credo* et les commandements de Dieu ». Il était en outre stipulé que les enfants des

---

[1] Tous les faits concernant le petit Collège sont extraits, sauf indication contraire, des délibérations du Corps de Ville. (Arch. mun. de Chinon, série BB.)

[2] Ce testament est reproduit *in extenso* à la fin de ce volume (pièces justificatives, E).

familles aisées n'y seraient pas admis et que l'immeuble ne pourrait recevoir une autre destination.

Robert Martin donnait en même temps à la Ville, pour servir de dotation à cette école, deux rentes, l'une de dix livres, l'autre de cent sols, et une autre maison avec jardin y attenant. Enfin il désignait, pour remplir les fonctions de « principal et recteur dudit Collège des pauvres, Me Jehan Brisoult, natif de la ville de Mayenne », demeurant alors avec lui; et il décidait qu'après le décès ou la démission de ce dernier, ses successeurs seraient nommés par les élus et les échevins de la ville, qui leur imposeraient comme conditions d'exercer gratuitement leur charge et de faire réciter aux enfants, à la fin des classes, les prières que l'on avait coutume de dire « à l'ancien Collège », c'est-à-dire au Collège royal [1].

Après la mort de Robert Martin, survenue sans doute vers la fin de l'année 1620, Brisoult fut donc de droit principal du Collège des pauvres, plus connu désormais sous le nom de petit Collège. Mais, tout en ayant ce titre, il ne s'occupa guère de satisfaire par lui-même aux obligations qui en étaient la conséquence, car il ne résida que rarement à Chinon.

Cette manière de faire était absolument illégale; elle était contraire aux prescriptions de l'ordonnance de Blois qui, par son article 72, exigeait que les principaux des collèges exerçassent leurs fonctions en personne et demeurassent dans l'établissement [2]. Cependant les officiers municipaux sanctionnèrent eux-mêmes, à diverses reprises, ce qu'il y avait d'irrégulier dans cette façon d'agir.

Dès le 2 septembre 1621, le Corps de Ville donnait en effet son assentiment à un bail par lequel Brisoult cédait

---

(1) La fondation d'établissements analogues, destinés à assurer la gratuité de l'instruction aux enfants des classes indigentes, sans imposer aucun sacrifice aux villes ni à l'Etat, n'était pas rare au XVIIe siècle, qui, d'après M. Alfred Babeau, La Ville sous l'ancien régime, a plus que tout autre favorisé les progrès et la diffusion de l'enseignement.

(2) Cette ordonnance a été rendue à Paris, par Henri III, au mois de mai 1579, sur les plaintes et doléances des Etats réunis à Blois en 1576.

l'administration du petit Collège, pour un laps de temps de deux années, à François Chenard, alors principal du Collège royal, à la charge, par ce dernier, de se conformer aux intentions du fondateur.

Trois ans plus tard, en 1627, Chenard n'ayant sans doute pas renouvelé son bail et Brisoult n'étant pas à Chinon, la Ville se vit dans la nécessité de nommer d'office un principal. Après avoir constaté « la longue absence de Brisoult » et fait observer que la charge de principal du petit Collège impliquait l'obligation d'y résider, le Corps de Ville, par une délibération en date du 23 septembre, désigna, comme « précepteur et recteur » de cet établissement, un nommé Paul Jubeau, alors régent au Collège, en réservant toutefois les droits de Brisoult pour le cas où il donnerait un motif légitime de son absence.

Il n'en fallait pas davantage pour provoquer le retour du titulaire légal du principalat, et le 22 décembre suivant la Ville le réintégrait dans ses fonctions, mais en lui imposant l'obligation de les remplir en personne.

Malgré cette décision, Brisoult ne devait pas tarder à abandonner de nouveau son poste. Il était en effet parti depuis 4 ou 5 mois déjà, laissant pour le remplacer un nommé Julien Briand qu'il n'avait même pas pris la peine de faire agréer par la municipalité, quand, le 22 novembre 1628, le Corps de Ville décida de le sommer de revenir dans le délai de trois mois, sous peine de se voir donner un successeur et d'être déchu de tous ses droits.

Brisoult obtempéra sans doute aux injonctions des officiers municipaux. Mais, deux ans après, par un acte passé le 14 février 1631 devant M° Besnard notaire à Chinon, il se faisait encore remplacer en donnant à bail, pour neuf années entières et consécutives, à Loys Beaudet, maître écrivain, demeurant paroisse Saint-Maurice, « les maisons, bâtiments, jardins, cours, rentes foncières et constituées, droits et appartenances dudit petit Collège », lesquels « maisons et appartenances, jardins et dépendances situés en la rue montant du carrefour Saint-Etienne à la Porte de la Barre ». Ce bail était consenti moyennant une somme de 200 livres tournois pour les neuf années, mais il ne devait recevoir son exécution qu'à partir du moment où le sieur Beaudet serait autorisé par le Corps de Ville à prendre la direction de l'établissement (1).

Cette façon de procéder était, nous l'avons dit, tout à fait illégale. Cependant l'administration municipale lui donna son assentiment dans sa réunion du 22 du même mois, en présence des intéressés qui signèrent le procès-verbal de la séance.

Jehan Brisoult s'était retiré à Mayenne, son pays natal, où il mourut en 1640, étant alors prêtre habitué en l'église Notre-Dame. Il y fut inhumé le 6 mars, ainsi qu'il résulte d'un certificat délivré le 23 septembre 1641 par Estienne Laurens, curé de cette paroisse (2).

D'après les clauses du testament de Robert Martin, il appartenait désormais à la Ville de choisir et de nommer le principal du petit Collège. Le procès-verbal d'une assemblée générale des habitants, tenue le 23 décembre 1641, nous apprend qu'à cette époque plusieurs candidats postulaient déjà pour occuper cette place. Cependant la nomination n'eut lieu qu'à la réunion du 24 janvier 1643, au cours de laquelle Gilles Petit, prêtre habitué en l'église Saint-Etienne, fut désigné pour remplir cette fonction. L'élu de l'assemblée, qui était présent à la séance, accepta et fit le serment « de se bien et fidèlement comporter dans cette charge » et de satisfaire aux obligations imposées par le fondateur.

Gilles Petit conserva la direction du petit Collège jusqu'à la fin de 1665. Cependant, dès le 20 mai 1660, « étant très malade et sans espoir de guérison, à cause de grandes douleurs et d'une fièvre lente » dont il souffrait

---

(1) Une copie de ce bail se trouve aux Archives d'Indre-et-Loire, D. 7.
(2) Ce certificat, délivré sans doute à la demande du Corps de Ville de Chinon qui voulait s'assurer de la mort de Brisoult avant de lui donner un successeur, est annexé à la copie authentique du testament de Robert Martin, conservée aux archives d'Indre-et-Loire, D. 7.

alors, et « ne pouvant plus vaquer à l'instruction des pauvres », il avait écrit aux officiers municipaux qu'il désirait remettre et que de fait il remettait « entre les mains de Messieurs du Corps de Ville le petit Collège des pauvres, pour la décharge de sa conscience », et qu'il les suppliait d'en pourvoir dès ce moment M° François Perthuis, prêtre habitué en l'église Saint-Etienne [1].

Il resta pourtant en fonctions pendant cinq ans encore. Le 5 décembre 1665, seulement, le Corps de Ville fit droit à sa requête en lui donnant pour successeur celui qu'il avait lui-même désigné au choix de la municipalité et qui fut installé le surlendemain. Voici le procès-verbal de son installation :

« Aujourd'huy septiesme décembre mil six cens soix^{te} cinq, nous, François Auvinet, greffier de la ville et communauté de Chinon, en conséquence de l'acte d'assemblée du cinquiesme de ce mois, et pour l'exécution d'icelluy, nous nous sommes transportés au petit collège des pauvres de cette ville, où estant, et Me François Perthuis, p^{re} habitué en l'esglise St Estienne, nommé à l'exercice d'icelluy par ledit acte, s'estant présenté, l'avons, luy ce requérant, mis en possession dudit petit collège des pauvres, ce qui a esté fait en présence de Me Pierre Dusoul p^{re} curé de St Estienne, et Me Pierre Beaudelon advocat au siège dudit Chinon. Les clefs et tiltres duquel collège ont esté mis ès mains dudit sieur Perthuis par Me Gilles Petit cy-devant pourveu d'icelluy, suivant l'inventaire fait aujourd'huy par nous dit greffier. De laquelle possession luy avons octroyé acte et jugé de ce qu'il s'est chargé desdites clefs et tiltres. Fait audit petit collège ledit jour et an que dessus » — Suivent les signatures [2].

François Perthuis ne resta pas longtemps à la tête du petit Collège. Il fut inhumé à Saint-Etienne le 8 mai 1673; et, le 18 du même mois, le Corps de Ville désigna pour le remplacer M° Mathieu Thomas, prêtre habitué en l'église de cette paroisse, qui conserva ses fonctions pendant près de 44 ans.

Lorsqu'il mourut, en 1717, Thomas était premier vicaire

---

(1) Cette lettre se trouve aux Archives d'Indre-et-Loire, D. 7.
(2) Archives d'Indre-et-Loire, D. 7.

de Saint-Etienne, où il exerçait son ministère depuis 50 ans. Cependant, il fut enterré dans la collégiale de Saint-Mexme, par les chanoines du Chapitre et à l'insu du clergé de Saint-Etienne qui, lorsqu'il se présenta à la porte de la maison mortuaire (le petit Collège) pour faire la levée du corps, ne trouva plus le cercueil. Les chanoines étaient venus l'enlever et l'avaient emporté par la rue de la Mariette, afin d'éviter de se rencontrer avec les prêtres de la paroisse. Les membres du Chapitre avaient agi ainsi parce que le défunt remplissait dans leur église une fonction honorifique qui leur donnait, prétendaient-ils, le droit de procéder à l'inhumation. L'acte de sépulture, transcrit sur les registres de Saint-Mexme, nous apprend en effet que Thomas était « chapelain épistolier » de la collégiale [1]. Ces faits se passaient le 7 janvier 1717 [2].

Joseph Richard, qui succéda à Mathieu Thomas, était encore en fonctions au moment où la Ville céda à l'archevêque la direction du Collège royal, auquel le petit Collège fut alors réuni par suite de l'accord intervenu le 24 janvier 1736 entre la Ville et l'archevêque, et des lettres patentes données par le roi au mois de décembre suivant.

A la demande du Corps de Ville, Joseph Richard conserva sa charge sous la nouvelle administration ; mais à sa mort, survenue le 7 mars 1748, il n'eut pas de successeur. L'un des régents fut chargé de l'instruction gratuite des enfants pauvres.

Cependant, le 3 octobre 1754, le principal du Collège royal, qui était alors Philippe Chemin, exposa aux administrateurs que ses occupations et celles des régents ne leur permettaient plus d'enseigner gratuitement les enfants des familles indigentes, et les pria de disposer de la maison du petit Collège et des revenus qui s'y trouvaient attachés pour satisfaire aux obligations de

---

[1] Le chapelain épistolier était chargé de chanter les épîtres.
[2] Voir à ce sujet une très curieuse protestation des clergés de Saint-Etienne et de Saint-Maurice réunis. (Registres paroissiaux de Saint-Etienne de Chinon.)

la fondation de 1618. En conséquence, le 10 du même mois, le Conseil d'administration désigna, pour occuper le principalat du petit Collège, Pierre Grignon, clerc minoré et chapelain du Chapitre de Saint-Mexme, qui toucha dès lors les 45 livres de rente appartenant à cet établissement et que le receveur du Collège lui payait en deux termes égaux.

Pierre Grignon fut le dernier principal du petit Collège, qu'il dut quitter en 1791, lors de la fermeture de cette maison d'instruction. Peu de temps après, un arrêté du Conseil général de la commune, en date du 4 frimaire an II, l'attachait, en qualité d'auxiliaire, à l'école primaire publique de la ville, dont le directeur était alors le « citoyen Pépin ».

Le petit Collège, étant ensuite devenu la propriété de l'Etat [1], fut aliéné comme domaine national et adjugé à un nommé Prosper Sionneau le 24 germinal an VI [2]. Mais cette adjudication fut sans doute bientôt annulée, puisqu'après la Révolution, les bâtiments, alors en ruine, furent démolis en vertu d'un arrêté préfectoral, en date du 10 avril 1806, rendu à la demande de la Ville qui était alors propriétaire de cet immeuble.

Divers documents nous apprennent que le petit Collège était situé dans la rue conduisant du carroi de Saint-Etienne à la Porte de la Barre et qu'il joignait le grand Collège du côté du couchant. Les restes de constructions anciennes, que l'on voit encore sur le bord de la terrasse située à l'est de l'aile droite du Collège actuel, doivent être les derniers vestiges des dépendances de cet établissement où, pendant près de deux siècles, les enfants des classes indigentes reçurent gratuitement l'instruction.

―――――

(1) Sans doute par suite de l'échange mentionné page 134.
(2) C'est par erreur que M. Carré de Busserolle (*Dict.*, *t. II, p. 274*) donne cette adjudication comme se rapportant au Collège royal (voir p. 134, note 4).

Liste des principaux du petit Collège et de leurs suppléants.

1. BRISOULT Jehan, 1620-1640.
   - * *Chenard* François, 1624-1626; agréé par la Ville, et en même temps principal du Collège royal.
   - ** *Jubeau* Paul, 1627 (sept.-déc.); nommé d'office par la Ville pendant l'absence de Brisoult.
   - *** *Briand* Julien, 1628; non agréé par la Ville.
   - **** *Beaudet* Loys, 1631-1640; agréé par la Ville.
2. PETIT Gilles, 1643-1665.
3. PERTHUIS François, 1665-1673.
4. THOMAS Mathieu, 1673-1717.
5. RICHARD Joseph, 1717-1748; à partir de 1738, il fut sous l'autorité du principal du Collège royal, ces deux établissements ayant été réunis par le décret d'union de 1736 et les lettres patentes de la même année.
   - ♦ De 1748 à 1754, *le principal du Collège royal* se charge de faire donner l'instruction au petit Collège.
6. GRIGNON Pierre, 1754-1791.

APPENDICE AU LIVRE III

Les écoles primaires pendant la Révolution.

Nous avons dit que, depuis la fermeture, en l'an II, de l'école secondaire qui avait remplacé le Collège royal, jusqu'à l'an XII, date de la réouverture de cet établissement, il n'y avait eu à Chinon, en fait d'écoles publiques, que des écoles primaires.

La création d'une école primaire publique avait été décidée par le Conseil général de la commune dès la fin de 1791, et sans doute par suite de la fermeture du petit Collège [1]. Toutefois, le directeur de cette nouvelle école ne fut nommé que le 22 novembre de l'année suivante. Ce fut le citoyen Pépin, précédemment maître d'écriture à Richelieu. Il devait apprendre aux enfants à lire et à écrire, mais ne pouvait admettre d'élève au-dessous de 8 ans pour la lecture, et de 10 ans pour l'écriture. Chaque enfant devait lui donner 3 livres par an et la Ville lui accordait un traitement de 600 livres.

Le sieur Pépin établit son logement et ouvrit ses classes dans une partie des bâtiments du Collège que, sur la demande de la municipalité, les administrateurs mirent provisoirement à sa disposition.

Cette école remplaçait donc en réalité le petit Collège, mais avec cette différence que l'instruction n'y était plus absolument gratuite et que tous les enfants, sans distinction, y étaient admis.

Son directeur, le citoyen Pépin, n'avait pas, semble-t-il, une conduite exemplaire. C'est du moins ce qui résulte d'une délibération, en date du 20 octobre 1793, par laquelle

---

[1] Peut-être aussi n'y avait-il plus alors d'écoles privées, dont on constate de temps à autre l'existence à Chinon, pendant le cours du XVIIIe siècle.

le Conseil général de la commune décide de lui adresser des reproches sur sa conduite et de le menacer de destitution s'il continue « d'apporter de la négligence dans l'exercice de ses fonctions, en ne tenant pas régulièrement sa classe et en se livrant à des débauches qui ne peuvent se tolérer de la part d'un citoyen chargé de l'éducation des enfants ».

L'école primaire fut peu florissante à ses débuts. Plusieurs délibérations municipales nous apprennent en effet qu'en l'an II, malgré les avertissements réitérés de la municipalité, les parents mettaient peu d'empressement à y envoyer leurs enfants, et que beaucoup même, après les y avoir mis, les retiraient.

Cependant le décret du 29 frimaire an II avait rendu l'instruction gratuite et obligatoire [1]. Les instituteurs étaient salariés par l'Etat en proportion du nombre de leurs élèves [2], et tous les enfants étaient tenus de fréquenter l'école avant l'âge de 8 ans accomplis et pendant 3 années consécutives au moins. Mais l'irrégularité de la conduite du citoyen Pépin n'était pas faite, il faut en convenir, pour gagner la confiance des familles; et c'est pour cela sans doute que nombre de parents ne se conformaient pas aux prescriptions de la loi, malgré les peines sévères dont ils se rendaient passibles.

Il en était du reste presque partout ainsi. Les instituteurs ne présentaient pas, il est vrai, les garanties désirables. On n'exigeait d'eux que des certificats de civisme et de bonnes vie et mœurs.

Le gouvernement voulut y remédier; et, par la loi du 27 brumaire an III, qui complétait l'organisation des écoles primaires en donnant le programme d'enseigne-

---

[1] Quelques mois auparavant la Convention avait eu l'idée de fonder « des maisons d'instruction commune » dans lesquelles les enfants, enlevés à leur famille, auraient été logés, nourris et instruits gratuitement par la Nation. Mais, comprenant bientôt le ridicule d'une pareille entreprise, elle avait, le 28e jour du 1er mois de l'an II, rapporté le décret portant création de ces écoles.

[2] Ils recevaient pour chaque élève 20 livres par an, tandis que les institutrices en recevaient 15.

ment et d'éducation que l'on y devait suivre, il imposa aux instituteurs l'obligation de faire preuve de capacité devant un jury d'examen. Il leur accorda en même temps, au lieu du traitement proportionnel qu'ils touchaient alors, un traitement fixe qui était de 1.200 livres dans les villes n'ayant pas 20.000 habitants.

Cependant la Convention ne tarda pas à s'apercevoir qu'il était très onéreux pour l'Etat de donner gratuitement l'instruction. Elle supprima donc la gratuité par la loi du 3 brumaire an IV, qui chargeait les administrateurs des départements de fixer le montant de la rétribution que devaient payer les élèves.

Par décision du Conseil général de la commune de Chinon, en date du 15 frimaire an III, l'école primaire avait été transférée « dans la maison des ci-devant religieuses hospitalières » que la Ville venait d'échanger contre le Collège [1]. C'était alors le seul établissement d'instruction qui existât à Chinon, pour les garçons. Mais la liberté de l'enseignement, proclamée successivement par le décret de frimaire an II et la loi de brumaire an III, devait bientôt être inscrite dans la Constitution (fin de l'an III).

Des écoles privées s'élevèrent dès lors à côté de l'école publique, et la municipalité leur prêta son appui en fournissant un logement aux instituteurs [2]. Mais, lorsque la gratuité eut été supprimée dans les écoles publiques, les chefs des institutions libres furent tenus, pour ne pas nuire à ces écoles, de faire également payer leurs élèves ; il leur fut même interdit de demander « un prix inférieur à celui fixé par l'administration départementale pour les instituteurs nommés par les municipalités [3] ».

---

[1] Cette maison est celle qu'habite aujourd'hui M. Cornet architecte, place de l'Hôtel-de-Ville, n° 53. — Les religieuses hospitalières appartenaient à l'ordre des Augustines. Elles accédaient à l'hôpital, qui occupait les bâtiments du théâtre actuel, par un pont jeté au-dessus de la rue des Caves-des-Valins. Ces deux immeubles étaient compris dans l'échange que venait de faire la Ville.

[2] Les instituteurs publics seuls avaient droit au logement et à un jardin que devait leur donner la commune. (Loi du 3 brumaire an IV.)

[3] Registres des délibérations municipales, 13 germinal an IV. (Arch. mun. de Chinon, B. 35.)

Ce fut d'abord le citoyen Pallu-Lemanceau, à qui la Ville, par décision du 9 ventôse an IV, concéda gratuitement les bâtiments du petit Collège pour y établir une école [1] ; puis, le citoyen Chobet qui, après être resté quelque temps instituteur libre, fut autorisé le 2 frimaire an V à s'installer, comme instituteur public, dans une partie de l'ancien hôpital, à condition d'instruire gratuitement quatre enfants que lui désignerait la municipalité [2]. La Ville limita d'ailleurs à ce chiffre le nombre des places gratuites qu'elle se réservait d'accorder dans chacune des écoles, bien que la loi du 3 brumaire an IV l'autorisât à faire bénéficier de cette faveur le quart des élèves.

Les instituteurs publics, auxquels le décret du 29 frimaire an II avait interdit de prendre des internes, pouvaient alors en avoir. C'est ainsi que le 27 prairial an V, à la demande du sieur Barbet, qui avait remplacé le citoyen Pépin, la municipalité lui prêta 6 lits complets ; puis, le 14 messidor suivant, elle mit à sa disposition les anciennes cellules des religieuses pour y faire coucher ses pensionnaires.

Les écoles primaires étaient de la part des autorités municipales l'objet d'une surveillance constante [3], qui s'étendait également aux établissements libres. Un arrêté du Directoire, en date du 17 pluviôse an VI, ordonnait en effet aux municipalités de faire, au moins une fois par mois, des visites imprévues dans ces écoles, pour constater si les maîtres prenaient pour base de la première instruction la Déclaration des droits de l'homme et la Constitution, si les livres élémentaires adoptés par la Convention étaient entre les mains des élèves [4], si l'on y

---

(1) Nous croyons qu'il ne fut pas donné suite à ce projet.
(2) Le 4 germinal an IV, l'administration municipale avait décidé qu'il y aurait dans la commune 2 écoles primaires publiques pour les enfants de chaque sexe.
(3) Décision du Conseil général de la commune du 11 ventôse an II ; loi du 3 brumaire an IV, etc.
(4) Des concours pour la composition des livres élémentaires destinés à l'enseignement national, avaient été ouverts les 13 juin 1793, 9 pluviôse an II et 7 fructidor an III.

observait les Décadis, si l'on y célébrait les fêtes républicaines, « si l'on s'y honorait du nom de citoyen », et enfin si les enfants y étaient entourés des soins hygiéniques nécessaires.

L'organisation des écoles primaires fut du reste encore modifiée à diverses reprises pendant la période révolutionnaire. C'est ainsi que le 16 frimaire an VII, l'administration municipale décida que les instituteurs diviseraient leurs écoles en trois classes. Dans la première, on devait enseigner la lecture ; dans la seconde, la lecture et l'écriture, et faire apprendre par cœur « les meilleurs ouvrages des livres élémentaires indiqués par les lois » ; dans la troisième, on devait enseigner « la lecture dans l'écriture », l'écriture, le calcul, le dessin et autres sciences. La rétribution à payer par les élèves était en même temps fixée à 2 francs pour la première classe, à 3 francs pour la seconde et à 4 pour la troisième.

A cette époque, Barbet et Chobet conduisaient à toutes les fêtes républicaines leurs élèves qui prenaient place dans le cortège officiel. L'un des instituteurs, Chobet, était même chargé des préparatifs de ces fêtes.

En l'an X, la municipalité, qui songeait déjà à réorganiser le Collège, demanda, à la date du 26 ventôse, à ce que les livres qui étaient à la sous-préfecture [1] fussent remis au citoyen Barbet, principal instituteur, pour former une bibliothèque, en attendant qu'il y ait un Collège. Cet établissement ne devait en effet s'ouvrir que dix-huit mois plus tard.

Les écoles, qui, pendant la Révolution, avaient été installées dans l'ancienne maison des religieuses Augus-

---

[1] Ces livres provenaient pour la plupart des communautés religieuses supprimées au début de la Révolution. Déposés d'abord au District, ils avaient servi en l'an II à former une bibliothèque publique installée au Collège ; puis, après la fermeture de cet établissement, ils avaient été de nouveau réunis au District. A ce moment (an X) le préfet venait de choisir les volumes qui lui avaient paru avoir quelque valeur et les avait envoyés à Tours, à la « Bibliothèque du Musée ». Ceux qui restèrent à Chinon servirent plus tard à former la bibliothèque municipale de cette ville.

tines, durent quitter cet immeuble en 1811, lorsque la Ville le donna en location par bail emphitéotique. Elles s'installèrent donc ailleurs, puis elles furent supprimées sous la Restauration, époque à laquelle l'instruction primaire publique fut complètement réorganisée à Chinon par la création de deux nouvelles écoles, dirigées l'une par des congréganistes, l'autre par des instituteurs laïques, et employant chacune une méthode d'enseignement différente. Les familles pouvaient ainsi choisir pour l'éducation de leurs enfants l'établissement qui, par la nature de sa direction ou ses méthodes d'enseignement, était le plus à leur convenance. La première de ces écoles, celle des Frères des écoles chrétiennes, dans laquelle on pratiquait l'enseignement simultané, et dont la création avait été décidée dès 1820, s'ouvrit en 1825; la seconde, l'école mutuelle, ainsi nommée parce qu'on y suivait alors la méthode lancastérienne, s'ouvrit en 1828. Cette dernière est l'école laïque actuelle, qui est aujourd'hui, pour les garçons, la seule école primaire publique de la ville.

LIVRE IV

LE COLLÈGE MODERNE DEPUIS 1803 JUSQU'A NOS JOURS [1]

(Ecole secondaire communale; Collège communal)

I

Nous avons vu que l'ancien Collège, transformé en école secondaire en 1793, avait cessé d'exister avant la fin de l'an II, c'est-à-dire vers le milieu de l'année 1794, et que, depuis cette époque jusqu'à la fin de la période révolutionnaire, la ville de Chinon n'avait possédé, en fait d'écoles publiques, que des écoles primaires.

L'adoption de la Constitution de l'an VIII, qui sanctionnait le coup d'État de Brumaire et modifiait profondément le gouvernement intérieur de la France, fut le point de départ de la réorganisation de l'enseignement.

Dès le commencement de l'an IX, le premier consul avait appelé Chaptal au ministère de l'Intérieur. L'état déplorable dans lequel se trouvait alors l'instruction publique, dont le service était du ressort de son administration, ne tarda pas à attirer l'attention du nouveau ministre qui, le 25 ventôse de la même année (16 mars 1801), chargea les préfets de procéder, dans leurs départements, à une enquête sur l'enseignement.

---

[1] Tous les faits concernant le Collège moderne sont extraits, sauf indication contraire, des délibérations du Conseil municipal de Chinon, des arrêtés du maire de la ville, et surtout du registre des *Arrêtés du Bureau administratif du Collège* depuis 1811 jusqu'à nos jours, registre que M. le Principal a eu l'obligeance de nous communiquer.

Après avoir rappelé l'état florissant des anciens collèges et les services qu'ils avaient rendus en leur temps ; après avoir fait ressortir l'insuffisance notoire d'une seule école centrale par département, et exposé que le moment était venu de réorganiser l'enseignement ; le ministre invitait les préfets à profiter de la prochaine session des Conseils d'arrondissement pour les prier de donner des détails précis sur le nombre, l'organisation, les revenus et l'état de prospérité des établissements d'instruction existant dans l'arrondissement avant la Révolution, — de faire connaître les ressources dont on pourrait disposer pour les rétablir, tant au point de vue des bâtiments et des revenus que du personnel enseignant, — de formuler enfin leur opinion sur les avantages de ces maisons d'instruction.

Les résultats de cette enquête, connue sous le nom d'Enquête scolaire de l'an IX, parvinrent pour la plupart au ministère au printemps de la même année. Ils apprirent au ministre que la réforme qu'il projetait serait bien accueillie, lui en confirmèrent la nécessité et lui démontrèrent la possibilité de l'effectuer sans trop de difficultés. Et, en effet, un an après, cette réforme recevait son exécution par la loi du 11 floréal an X (1er mai 1802) qui réorganisait complètement l'instruction publique et dont nous croyons devoir reproduire les articles suivants :

Art. I. — L'instruction sera donnée :
1° Dans des écoles primaires établies par les communes ;
2° Dans des écoles secondaires établies par les communes ou tenues par des maîtres particuliers ;
3° Dans des lycées et des écoles spéciales, entretenus aux frais du trésor public.
Art. VI. — Toute école établie par les communes ou tenue par des particuliers, dans laquelle on enseignera les langues latine et française, les premiers principes de la géographie, de l'histoire et des mathématiques, sera considérée comme école secondaire.

Par son article VII, cette loi encourageait la création

des écoles secondaires par la concession d'un local et de divers autres avantages.

Le 4 messidor de la même année, un arrêté enjoignait aux préfets et aux sous-préfets de signaler au gouvernement, après les avoir visités, les établissements situés dans leurs arrondissements respectifs et pouvant être autorisés à porter le nom d'écoles secondaires. Cet arrêté, par son article V, imposait aux communes et aux instituteurs, désirant établir des écoles de ce genre, l'obligation d'en faire la demande au sous-préfet, qui devait donner son avis sur la capacité et la moralité du directeur et des professeurs proposés, ainsi que sur les avantages ou les inconvénients de l'établissement projeté.

Bientôt après, un autre arrêté en date du 30 frimaire an XI décidait, par ses articles I et II, que les bâtiments des anciens collèges, qui n'avaient pas été aliénés et qui n'étaient pas affectés à un autre service public en vertu d'une décision formelle et spéciale du gouvernement, seraient de préférence à tous autres concédés aux écoles secondaires; et, par son article VI, que les maires auraient la surveillance de ces écoles, sous l'autorité des préfets et sous-préfets, et veilleraient particulièrement à ce que l'enseignement comprenne au moins tous les objets prescrits par l'article VI de la loi du 11 floréal an X, et à ce qu'il n'y ait jamais moins de trois professeurs, y compris le principal.

Cependant, les écoles secondaires ne devaient être définitivement réglementées que l'année suivante, par l'arrêté du 19 vendémiaire an XII, dont nous croyons devoir donner, sinon le texte exact, du moins le sens des principales dispositions.

Arrêté du 19 vendémiaire an XII
contenant règlement pour les écoles secondaires communales
(Extrait).

Art. 1. — Il y aura dans chaque ville où il sera établi une école secondaire communale un Bureau d'administration de cette école, composé du sous-préfet, du maire, du commissaire du gouvernement près le tribunal d'arrondissement s'il y en a un, de deux membres du Conseil municipal, du juge de paix et du directeur.

Art. IV et V. — Le directeur et les professeurs de ces écoles seront nommés par le ministre de l'intérieur sur la présentation de deux sujets pour chaque place, faite par le Bureau, et après avis du sous-préfet et du préfet.

Art. VI. — Le sous-préfet et, à son défaut, le maire, sera le président du Bureau d'administration.

Art. VII. — Il y aura un registre coté et paraphé par le président sur lequel seront transcrites toutes les délibérations.

Art. VIII. — L'instruction, dans les écoles communales secondaires, sera donnée à des élèves pensionnaires et à des élèves externes.

Art. IX. — Le pensionnat sera au compte du directeur avec qui sera fait des conventions par le Bureau d'administration.

Art. X. — Le prix de la pension sera fixé par le Bureau, ainsi que la rétribution que devront payer les externes.

Art. XV. — Les classes vaqueront un jour par semaine, qui pourra sur l'arrêté du Bureau être partagé en deux demi-jours.

Art. XVI. — Les vacances auront lieu depuis le 15 fructidor jusqu'au 15 vendémiaire.

Art. XVII. — Les professeurs des écoles secondaires communales porteront, dans leurs fonctions et dans les cérémonies publiques, « habit français complet noir, chapeau français ». Le directeur aura, de plus, une broderie noire en soie au collet.

Art. XXIV. — Aux termes de l'art. VI de la loi du 11 floréal an X, l'instruction dans les écoles secondaires communales aura pour objet les langues latine et française, la géographie, l'histoire et les mathématiques.

Art. XXV. — L'enseignement littéraire sera divisé en six classes, dénommées 6e, 5e, 4e, 3e, 2e et première. Il en sera de même pour les mathématiques.

Art. XXIX. — Dans les écoles où, conformément à l'art. VI de l'arrêté du 30 frimaire an XI, il n'y aura que trois professeurs, y compris le directeur, l'un d'eux enseignera les mathématiques et il n'y aura ni 2e, ni 1re classe. Ces deux classes n'existeront que quand il y aura quatre professeurs.

Art. XXXII. — Les élèves pensionnaires porteront un habit ou une redingote de drap vert, doublé de même couleur, collet et parements couleur ponceau; chapeau rond jusqu'à 14 ans; chapeau français après cet âge; boutons blancs, de métal, portant au milieu les mots : école secondaire, et autour en légende le nom du lieu où sera l'école.

Art. LIII. — A la fin de chaque année, il y aura des compositions générales pour les prix de toutes les classes, et des exercices sur toutes les parties de l'instruction.

Art. LIV. — Les exercices se feront en public et en présence des membres du Bureau.

II

Aucune des maisons d'instruction existant à Chinon lors de l'enquête de l'an IX ne remplissait les conditions voulues pour être érigée en école secondaire [1]. Mais, dès que la loi du 11 floréal an X eut été promulguée, la Ville, qui depuis longtemps déjà songeait à réorganiser son ancien Collège, s'occupa des moyens d'avoir une de ces écoles. Le 26 thermidor, le Conseil municipal chargea le maire de s'entendre à cet effet avec l'autorité supérieure; et, dès le commencement de l'an XI, ce magistrat, après y avoir été autorisé par le préfet, entra en pourparler avec le citoyen Ragueneau, de Panzoult, que la municipalité aurait voulu mettre à la tête de cette école.

Ragueneau avait fondé à l'Ile-Bouchard, plusieurs années auparavant, un établissement d'instruction secondaire qui, dès l'an VIII, était très florissant [2] et qui, seul dans tout l'arrondissement, venait d'être érigé en école secondaire par un arrêté en date du 30 vendémiaire an XI [3].

(1) Il nous a été impossible, toutefois, de retrouver les réponses faites par le Conseil d'arrondissement de Chinon au questionnaire adressé par le ministre et qui durent être transmises par l'intermédiaire du sous-préfet. Elles n'existent, semble-t-il, ni à la sous-préfecture, ni aux archives d'Indre-et-Loire, ni au ministère de l'instruction publique, ni aux archives nationales.

(2) Le programme des examens publics qui précédèrent la distribution des prix, en l'an VIII, programme qui comprend 31 pages in-4°, nous apprend que le *pensionnat du citoyen Ragueneau* existait depuis trois ans déjà; que l'on pouvait y faire toutes les classes de latinité, et qu'il s'y trouvait des élèves de Sainte-Maure, de Richelieu, de Chinon, de Saumur, etc.

(3) Cette école était installée au lieu dit la Garnauderie, dans une maison appartenant alors à M. Voisine de la Fresnaye et aujourd'hui à M. Huguet. Cet immeuble, qui fait en quelque sorte partie de l'agglomération de l'Ile-Bouchard, est situé à l'extrémité nord-ouest du bourg de Saint-Gilles, à l'intersection des routes de Chinon et de Panzoult, et sur cette dernière commune.

L'administration municipale aurait désiré pouvoir opérer la translation de cette école à Chinon. Mais les pourparlers engagés avec Ragueneau n'ayant pas abouti [1], le maire traita avec « le citoyen Gigault » et, le 29 floréal, il en informa le préfet, en lui demandant en même temps l'autorisation de faire aux bâtiments de l'ancien Collège les réparations que nécessitait l'installation de la nouvelle école.

En prenant l'initiative de cette création, la Ville avait assuré au directeur un traitement de 1.200 francs, à la charge par celui-ci de choisir et de solder les régents et d'administrer le pensionnat à ses risques et périls.

Gigault, qui avait professé autrefois au Collège royal [2], prit aussitôt ses dispositions pour ouvrir l'établissement dont on venait de lui confier la direction. Il adressa à cet effet une demande au sous-préfet et en même temps il fit savoir par un *Avis au public*, imprimé sous forme de placard *in-folio*, que « le 1er thermidor an XI le directeur du Collège de Chinon ouvrirait un cours d'étude des langues latine et française, d'histoire, de géographie et de mathématiques ». Mais il avait compté sans les lenteurs administratives. Le sous-préfet attendit en effet jusqu'au 7 thermidor pour prendre l'arrêté suivant [3] :

---

[1] Pendant que Ragueneau était sollicité de venir à Chinon, il recevait de la ville de Tours des propositions sans doute plus avantageuses, et bientôt son école était réunie aux deux écoles secondaires existant déjà dans cette ville, celles des citoyens Corneille (appelé aussi Marc Corneille ou Corneille Saint-Marc) et Trousseau (père du célèbre médecin), pour former le Collège de Tours, dont la direction fut confiée à Ragueneau et à Trousseau. Ragueneau avait été curé constitutionnel de Saint-Gilles de l'Ile-Bouchard, en 1793.

[2] François-Joseph Gigault, né à La Guerche le 17 février 1750, était professeur Collège royal de Chinon dès 1772. Nommé à la cure de Huismes à la fin de décembre 1781, il occupa ce poste jusqu'en 1793. Il resta dans cette commune pendant toute la période révolutionnaire; acheta le 11 fructidor an IV le Clos de Bonaventure, domaine de la Couronne, vendu alors comme bien national; et, après avoir été président de l'administration centrale du canton de Chinon *extra muros*, il était maire de Huismes depuis l'an VIII lorsqu'il fut appelé en l'an XI (1803) à réorganiser le Collège de Chinon. Il mourut dans cet établissement le 15 janvier 1807.

[3] Il est possible cependant que le Collège ait été ouvert dès le 1er thermidor, avant que le gouvernement en ait donné l'autorisation. — Le sous-préfet était alors Albert Ruelle, originaire de La Chapelle-sur-Loire, qui avait été député d'Indre-et-Loire à la Convention, puis membre du Conseil des Cinq-Cents élu en l'an IV.

Vu la pétition présentée par le citoyen Gigault tendant à obtenir la concession de la maison de l'ancien Collège de Chinon pour y former l'établissement d'une école secondaire;

Vu l'art. 5 de l'arrêté des Consuls du 6 messidor an X, portant que les communes ou les instituteurs particuliers, qui voudront établir des écoles secondaires, présenteront leur demande au sous-préfet de l'arrondissement, qui donnera son avis sur la capacité et le moral des personnes proposées tant pour la direction et manutention que pour l'enseignement, et sur les inconvénients ou les avantages de l'établissement projeté;

Vu les art. 1 et 2 de l'arrêté du gouvernement du 30 frimaire dernier, portant 1° que pour obtenir régulièrement la concession des locaux promis par l'art. 7 de la loi du 11 floréal an X, les communes et les instituteurs justifieront par des certificats des directeurs de l'enregistrement, que les locaux dont ils demandent la jouissance pour l'établissement de l'école secondaire ne font point partie des domaines nationaux définitivement réservés à un autre service public, en vertu d'une décision formelle et spéciale du gouvernement; 2° que les bâtiments invendus, qui ont servi à l'usage des collèges ou de tous autres établissements d'instruction publique et qui ne seront point compris dans l'exception ci-dessus indiquée, seront de préférence concédés aux écoles secondaires;

Considérant que l'établissement d'une école secondaire, vivement réclamée par le Conseil municipal, la mairie et les habitants de Chinon, est d'une utilité et d'une urgence généralement reconnues à raison de la situation topographique de cette ville, sa centralité des autres communes de l'arrondissement dont elle est le chef-lieu, sa population qui s'élève à plus de 6.000 âmes et le besoin pressant d'instruction; que d'ailleurs cette école ne fera que remplacer un Collège célèbre, qui a dans tous les temps formé des sujets distingués;

Considérant que le pétitionnaire et les citoyens Herpin et Ganne, qu'il propose pour professeurs, joignent à une moralité non équivoque tous les talents et les connaissances nécessaires pour le genre d'instruction auquel ils sont appelés;

Considérant que le local du ci-devant Collège convient sous tous les rapports à l'établissement de l'école secondaire; qu'il est consacré à cet usage par l'article 2 de l'arrêté du gouvernement du 30 frimaire dernier; qu'enfin il résulte des observations du directeur des domaines et de l'enregistrement qu'il ne fait point partie des domaines nationaux définitivement réservés à un autre service public;

Est d'avis qu'il soit établi une école secondaire dans la ville de Chinon, sous la direction du citoyen Gigault pétitionnaire, et qu'à cet effet la maison du ci-devant Collège lui soit concédée, à la charge par lui de la réparer et entretenir, de se charger de tous les frais de premier établissement et de faire enseigner dans cette école les langues latine et française, les principes de la géographie, de l'histoire et des mathématiques, conformément à l'article 6 de la loi du 11 frimaire an X [1] ».

Appuyée comme elle l'était par le sous-préfet de Chinon, la pétition du citoyen Gigault devait forcément recevoir de l'autorité supérieure un accueil favorable. En effet, par un arrêté en date du 16 frimaire an XII (8 décembre 1803), le gouvernement autorisait la création de l'école secondaire et abandonnait en même temps à la Ville les bâtiments de l'ancien Collège pour y établir cette école [2].

Voici le texte de cet arrêté qui marque la date officielle de la réouverture du Collège :

« *Arrêté du 16 frimaire an XII.* — ...... Art. XXIV. — La commune de Chinon, département d'Indre-et-Loire, est autorisée à établir une école secondaire dans le bâtiment du ci-devant collège de cette ville, qui lui est concédé à cet effet. »

L'autorisation était donc accordée, non pas au citoyen Gigault personnellement et pour l'ouverture d'une école privée, mais à la Ville et conséquemment pour l'ouverture d'une école communale.

L'abandon des bâtiments, que l'Etat faisait en même temps, compensait bien faiblement les spoliations dont le Collège avait été victime pendant la Révolution.

Malgré les termes de cet arrêté, le nouvel établissement s'ouvrit sous le nom de Collège, qu'il conserva pendant trois années. Est-ce, comme le dit l'Annuaire d'Indre-et-

---

[1] Registre des arrêtés du sous-préfet de Chinon, an VIII-an XIII. (Archives de la sous-préfecture.)
[2] Nous avons vu précédemment (page 134) comment cet établissement qui, primitivement, appartenait à la Ville, était devenu la propriété de l'Etat.

Loire de 1807, parce que l'école secondaire ne put alors être organisée conformément aux règlements? Nous ne le pensons pas. Nous croyons plutôt que les écoles autorisées pouvaient prendre à peu près indifféremment l'un ou l'autre de ces noms [1]. Il n'y avait il est vrai, à ce moment, que deux professeurs, indépendamment du principal, mais, d'après l'arrêté du 30 frimaire an X, ce personnel était suffisant, et c'est du reste dans ces conditions que s'ouvrirent alors la plupart des écoles secondaires.

Le nouveau Collège s'annonça dès ses débuts comme devant être prospère. Une année seulement après sa fondation, à la fin de l'an XII, il comptait en effet 52 élèves dont 6 pensionnaires [2].

L'année suivante, les 23 et 24 fructidor an XIII, des exercices littéraires publics eurent lieu dans la cour du « Collège », conformément aux dispositions de l'arrêté du 19 vendémiaire an XII, et furent suivis, le premier, de la représentation par les élèves d'un drame en un acte (l'Epée), et le second, d'une comédie en 2 actes (le Voyageur), « de plusieurs ballets » et de la distribution des prix. Le nombre des récompenses à décerner au cours de cette solennité, avait été fixé par le préfet, d'après le nombre même des élèves de chaque classe [3].

Gigault étant mort le 15 janvier 1807, eut pour successeur l'abbé Chrétien qui, comme lui, avait enseigné au Collège avant la Révolution.

La Ville, en lui confiant cette charge (19 février 1807), imposa au nouveau principal l'obligation de s'adjoindre un nombre suffisant de régents pour permettre aux élèves de faire toutes les classes « depuis la 6e jusqu'à la 1re », ce qui n'avait pas encore eu lieu.

---

[1] C'est ainsi que les deux écoles secondaires de Tours et celle de Panzoult avaient été réunies en un seul établissement, sous le nom de Collège de Tours.
[2] Annuaire d'Indre-et-Loire pour l'an XIII.
[3] Registre des correspondances du sous-préfet de Chinon, an XIII-1813. (Archives de la sous-préfecture.)

L'abbé Chrétien, dont la nomination fut bientôt confirmée par l'autorité supérieure, se conforma au désir de la municipalité et ce fut à partir de ce moment seulement que le Collège prit officiellement le nom d'école secondaire.

Toutes les classes, dont l'existence avait été réclamée par la Ville, étaient organisées avant la fin de l'année scolaire. La preuve nous en est donnée par le programme des exercices littéraires qui eurent lieu dans la grande cour de l'établissement les 14, 15, 16 et 17 septembre 1807, et qui furent suivis de la « représentation d'Alexis ou l'Erreur d'un bon père, opéra en un acte » et de la distribution des prix, faite aux élèves de « l'école secondaire ». Ce programme nous montre également que la classe de première avait déjà repris son ancien nom de classe de rhétorique, et que, indépendamment des cours de latinité, qui comprenaient sept classes, depuis la septième jusqu'à la rhétorique, il y avait un cours de français et un cours de mathématiques. Ce dernier était professé par le principal.

La maison ne cessa de prospérer entre les mains de l'abbé Chrétien qui, après l'avoir dirigée pendant près de trois années, la quitta, à la fin de 1809, pour aller enseigner au Collège de Tours, dont il fut bientôt nommé principal.

III

Une modification importante venait de se produire dans l'organisation de l'enseignement. Par le décret du 17 mars 1808, portant création de l'Université de France, Napoléon avait établi autant d'Académies qu'il y avait de Cours d'Appel, et mis à la tête de chacune d'elles un Recteur qui devait servir d'intermédiaire entre le personnel enseignant des établissements compris dans le ressort de l'Académie et le Grand-Maître de l'Université. Ce dernier avait, dans tout l'empire, la haute direction de l'enseignement, dont l'Université possédait le monopole.

Les Académies comprenaient plusieurs Facultés, dirigées chacune par un Doyen, et dont les professeurs conféraient les grades de bachelier, de licencié et de docteur.

Les écoles secondaires reprenaient en même temps le nom de collèges, et leur directeur celui de principal.

Ce décret décidait également que les principaux et les régents des collèges auraient désormais le grade de bachelier ès lettres ou ès sciences, suivant qu'ils enseigneraient les lettres ou les mathématiques, et qu'à l'avenir, ils seraient, ainsi que les maîtres d'études, astreints au célibat et à la vie commune [1].

Il réglait aussi le costume des membres de l'Université qui, tous, devaient porter « l'habit noir avec une palme brodée en soie bleue sur la partie gauche de la poitrine », et il spécifiait que les régents feraient leur classe « en robe d'étamine noire » par-dessus laquelle serait placée, sur l'épaule gauche, « la chausse variant de couleur suivant les facultés et de bordure seulement suivant les grades ».

Enfin, il attribuait au grand-maître de l'Université la nomination des principaux et des régents qui, depuis l'arrêté du 19 vendémiaire an XII, appartenait au ministre de l'Intérieur. Toutefois, à Chinon et ailleurs sans doute, la plupart de ces nominations continuèrent à se faire, pendant longtemps encore, sur la présentation de candidats proposés par l'autorité locale. Le maire, après s'être entendu avec les membres du Bureau, désignait lui-même à l'administration supérieure le principal qu'il désirait avoir et avec lequel il faisait ordinairement un traité préalable. Ce dernier, d'accord avec la Commission administrative, choisissait alors les professeurs dont la nomination était ensuite sanctionnée par le grand-maître de l'Université.

---

[1] Cette disposition était spéciale aux collèges communaux. Dans les lycées, le proviseur et le censeur étaient seuls astreints au célibat ; les professeurs pouvaient être mariés, mais devaient alors habiter en dehors de l'établissement, aucune femme ne pouvant « être logée ni reçue » dans l'intérieur des lycées et collèges.

Les dispositions du décret du 17 mars 1808, relatives aux établissements d'instruction secondaire, furent rendues exécutoires par un autre décret, en date du 15 septembre de la même année, qui décidait que tous les collèges seraient rattachés à l'Université à partir du 1er janvier 1809, et qui accordait en même temps aux professeurs un délai de six années (jusqu'au 1er janvier 1815) pour prendre leurs grades dans les Facultés

IV

L'Université était donc complètement organisée lorsque l'abbé Chrétien abandonna la direction du Collège.

Ce principal, qui avait su gagner l'estime et la confiance des Chinonais, laissa des regrets unanimes. Son départ fut d'autant plus fâcheux que l'on eut beaucoup de peine à lui trouver un successeur. L'établissement en fut gravement atteint dans sa prospérité, menacé même dans son existence, et, pendant plusieurs années, il resta dans une situation fort critique.

L'abbé Guillard, appelé au principalat par arrêté du grand-maître de l'Université, en date du 3 janvier 1810, refusa d'abord d'accepter cette charge; puis, sur les instances du maire qui lui fit observer qu'il n'avait été nommé que parce qu'il avait préalablement donné son consentement, il changea d'avis et, le 17, il écrivit à ce magistrat qu'il acceptait. Cependant, il abandonna bientôt ses fonctions (16 mars) pour aller rejoindre à Tours son prédécesseur [1].

Plusieurs candidats se présentèrent alors pour occuper sa place, mais la Ville ne pouvant parvenir à leur faire accepter ses conditions [2], le gouvernement dut surseoir

---

(1) Il venait d'être nommé régent au Collège de cette ville par un arrêté du 11 du même mois.

(2) Les uns demandaient une subvention trop élevée. Les autres ne voulaient accepter qu'à la condition que le Collège serait transféré dans l'ancien hôpital (théâtre actuel); mais le capitaine de gendarmerie du département se refusait au déplacement de la brigade qui occupait ce local.

à la nomination du titulaire. En attendant, et pour que le Collège ne souffrît pas trop de l'absence de principal, le maire, par un arrêté en date du 16 juillet 1810, investit de la direction de l'établissement, avec les émoluments et les charges attachés à cette place, M. Julien Guérinet-Barré qui depuis longtemps enseignait au Collège et qui occupa cette fonction jusqu'à la fin de l'année scolaire [1].

Pendant les vacances, le 23 septembre, l'administration municipale offrit le principalat à un autre régent, M. Leconte-Legendre, qui fut installé par le maire, le 12 novembre, à l'issue de la messe du Saint-Esprit, célébrée dans l'église Saint-Étienne [2]; mais, contre toute attente, cette nomination ne fut pas confirmée par le grand-maître de l'Université qui, le 5 décembre, appela aux fonctions de principal M. Gracieux, alors régent au Collège d'Orléans.

Les principaux qui s'étaient succédé au Collège depuis sa réouverture, en l'an XII, jusqu'à la fin de 1810, étaient tous d'anciens professeurs du Collège royal. Pendant ce laps de temps, la maison avait toujours été régie par le principal qui touchait de la Ville une subvention fixe de 1.200 francs et qui se chargeait de rémunérer les régents et de tenir le pensionnat à ses risques et périls.

Avec M. Gracieux, il en fut autrement. Le Collège fut administré par le Bureau qui percevait de la Ville la subvention précédemment allouée au principal, subvention qui, maintenue d'abord à 1.200 francs, fut bientôt portée à 2.000. Le principal n'était lié par aucun traité spécial; il recevait des appointements fixes comme les autres professeurs, mais il était chargé de faire les recettes et de régler les dépenses de l'établissement, et ses comptes étaient ensuite vérifiés par les administrateurs.

D'après un décret du 4 juin 1809, le Bureau d'adminis-

---

[1] Guérinet étant marié ne pouvait avoir de nomination officielle de l'Université.

[2] Leconte était un ancien prêtre marié. Tout en étant professeur au Collège, il était magistrat de sûreté.

tration devait être nommé par le recteur et présidé par un inspecteur d'Académie ; et les dépenses des collèges communaux devaient être réglées chaque année, par le Conseil de l'Université, avant la rédaction du budget des communes.

Pour se conformer aux prescriptions de ce décret, le Bureau du Collège, nommé le 11 mars 1811, se réunit le 28 du même mois et dressa pour la première fois, à notre connaissance, l'état présumé des recettes et des dépenses de l'établissement [1].

Les recettes comprenaient :

1° La subvention de la Ville.

2° Le produit de la pension des élèves.

3° Le produit de la rétribution collégiale, qui était de 6 francs par mois pour les élèves latinistes [2] et de 3 francs pour les élèves des classes élémentaires.

4° Le produit de la rétribution universitaire, qui était de 20 francs par an pour chaque élève latiniste [3].

Quant aux dépenses, elles se composaient :

1° Du traitement du principal, des régents et du portier.

2° Du produit de la rétribution universitaire, qui était versé intégralement dans les caisses de l'Etat.

3° Des frais occasionnés par la distribution des prix.

4° Des réparations que nécessitait l'entretien des bâtiments.

5° Des frais de chauffage, d'éclairage, etc.

Voici du reste cet état tel qu'il se trouve exposé sur le registre des délibérations du Bureau [4].

---

[1] Ce Bureau nous paraît être le premier qui ait été nommé depuis que le Collège était rattaché à l'Université.
[2] Le montant de cette rétribution avait été fixé par un arrêté du maire en date du 13 juin 1810.
[3] La rétribution universitaire avait été établie par le décret du 17 mars 1808.
[4] Registre des arrêtés du Bureau administratif du Collège, depuis 1811 jusqu'à nos jours. (Archives du Collège de Chinon.)

ETAT PRÉSUMÉ DES :

RECETTES	DÉPENSES
Revenus spéciaux :	*Dépenses ordinaires*
Subvention de la ville . . 1200 f.	Trait' du principal . . . 1200 f.
Produit du pensionnat . . 0	Professeur de rhétorique,
— du 1/2 pensionnat 0	seconde et math. . 1200
Rétribution du Collège	— de 3ᵉ et 4ᵉ 1000
34 élèves à 6 fr. par mois,	— de 5ᵉ et 6ᵉ 600
pour 10 mois et demi 2142	— éléments de latinité 400
34 — à 3 fr. 1071	Maître d'écriture 400
Rétribution universitaire	Gages du portier 100
34 élèves à 20 fr. 680	Rétribution due à l'Université 680
34 — non sujets à la rétribution (n'apprenant que le français) 0	Prix aux élèves 150
	Entretien des bâtiments . 100
	Dépenses extraordinaires
	Chauffage 90
Total . . . . 5093 f.	Éclairage 48
	Articles divers 100
	Total . . . . 6068 f.

Ce budget nous donne des détails intéressants sur l'organisation des classes, le traitement du personnel, le nombre des élèves, le montant de la rétribution collégiale, etc. Il nous apprend aussi qu'il n'y avait pas de pensionnaires et que les recettes prévues étaient de beaucoup inférieures aux dépenses.

Le Collège se trouvait donc dans une situation peu prospère, ce qui ne doit pas étonner puisque quatre principaux venaient de s'y succéder dans le cours d'une année.

Les prévisions faisant supposer un déficit de près de 1.000 francs, les administrateurs demandèrent à la Ville de leur allouer 2.400 francs au lieu de 1.200. Le Conseil municipal refusa d'accéder à cette demande; mais, bientôt après, à la suite d'une réclamation formulée par les régents qui se plaignaient de ce que le principal « ne leur avait pas compté une obole depuis son arrivée », et après avoir reçu de ce dernier l'aveu qu'il avait en effet employé à d'autres usages les fonds à ce destinés, la Ville mit un crédit de 2.000 francs à la disposition du Bureau afin de lui permettre de payer les professeurs et d'équilibrer le budget.

Le 5 juin de la même année, les administrateurs adoptèrent un règlement fixant le prix de la pension à 400 francs, celui de la demi-pension à 200 francs, et décidant, entre autres choses, qu'il y aurait chaque semaine deux demi-congés : le mardi et le jeudi après-midi, avec promenade.

Le 29 avril 1812, le Bureau établit, comme il l'avait fait en 1811, le compte présumé des recettes et des dépenses pour l'année suivante.

Ce budget faisait prévoir un excédent de recettes de 100 francs, dû presque uniquement à l'augmentation de la subvention de la Ville, portée à 2.000 francs.

Le Collège n'avait donc pas sensiblement prospéré depuis l'année précédente. Il y avait cependant une dizaine de pensionnaires, mais le nombre des externes avait plutôt diminué [1].

Le Conseil municipal, peu satisfait de cette situation qu'il attribuait à l'incapacité du principal, décida, à sa session de mai, lors de la discussion du budget de 1813, de refuser tout crédit pour le Collège tant que M. Gracieux ne serait pas déplacé. Sur une réclamation du ministre, transmise par le préfet, il déclara persister dans cette détermination; cependant il consentit à voter une somme de 1.200 francs destinée à l'instruction publique, mais sans affectation spéciale, et en même temps il invita le maire à faire, auprès du recteur et du grand-maître de l'Université, les démarches les plus pressantes pour obtenir le changement du principal.

Lors de la rentrée des classes, la Ville n'ayant pas encore obtenu satisfaction, conclut un arrangement avec M. Gracieux qui consentit à abandonner la direction du

---

[1] La nourriture des pensionnaires était comptée à raison de 65 centimes par jour.

Collège à partir du 1er décembre, mais à la condition de conserver son traitement jusqu'à ce que l'Université l'ait appelé à d'autres fonctions. M. Miton, avec qui la Ville avait déjà été en pourparler lors du départ de l'abbé Guillard, prit alors le principalat, avec l'agrément de l'autorité académique, mais sans avoir de nomination officielle et par conséquent à titre provisoire. Il se chargeait d'administrer l'établissement à son compte et à ses risques et périls, sans pouvoir réclamer autre chose que la somme allouée annuellement par la Ville et qui fut portée à 3.000 francs. Ces conditions devaient du reste être acceptées par ses successeurs, jusqu'en 1835, mais la subvention de la Ville fut ramenée à 2.000 francs en 1818, pour être reportée à 3.000 à partir de 1823.

M. Miton ne resta pas longtemps en fonctions. Il mourut le 29 juin 1813, avant d'avoir vu sa nomination confirmée par le grand-maître de l'Université [1].

M. Villiers-Moriamé, qui lui succéda [2], fut certainement un des meilleurs administrateurs qu'ait eus le Collège. L'établissement prospéra rapidement entre ses mains, si bien qu'un an après son installation, lors de la rentrée de 1814, le nouveau principal annonçait qu'il avait 46 pensionnaires et demi-pensionnaires au lieu de 3 qu'il avait trouvés lors de son arrivée, et qu'il en attendait encore une vingtaine. Il devenait donc nécessaire de faire de nouvelles constructions. En attendant, le Bureau se vit obligé de prendre en location une partie de la « maison Taillandier située vis-à-vis la porte du Collège », pour y faire un dortoir que devait surveiller un régent [3].

Quatre ans après, le nombre des internes avait plus que doublé. Un document conservé aux archives d'Indre-et-

---

[1] Miton était marié. Peut-être est-ce pour cela qu'il ne fut jamais investi officiellement du principalat. L'obligation de rester célibataires, que le décret du 17 mars 1808 imposait aux principaux et aux régents des collèges, n'a jamais, croyons-nous, été révoquée depuis lors. Cependant, on cessa bientôt d'en tenir compte; mais, pendant longtemps, ces fonctionnaires devaient, avant de se marier, en demander l'autorisation. Aujourd'hui, ils sont dispensés de cette formalité.

[2] Sa nomination est du 28 juillet 1813.

[3] C'est l'immeuble qui porte aujourd'hui dans la rue du Collège les nos 3 et 5.

Loire [1] nous apprend en effet qu'en 1818 on comptait au Collège 90 pensionnaires, 20 demi-pensionnaires, 43 externes payants et 3 externes gratuits, soit 156 élèves, qui étaient ainsi répartis dans les diverses classes :

Philosophie	8
Rhétorique	10
Seconde	15
Troisième	15
Quatrième	18
Cinquième	20
2ᵉ élémentaire	20
1ʳᵉ élémentaire	25
Cours de Français	25

Ce document nous apprend aussi que, la même année, les classes de mathématiques comptaient 48 élèves qui, paraît-il, suivaient en même temps d'autres cours et se trouvaient compris dans le tableau précédent. Quant aux deux classes élémentaires, elles correspondaient, à cette époque, à la 6ᵉ et à la 7ᵉ; c'est du reste ainsi qu'elles se trouvent désignées au programme des examens publics qui précédèrent la distribution des prix en 1817 et en 1818.

Le Collège communal voyait donc renaître les beaux jours de l'ancien Collège royal. Il était de plein exercice, et sa prospérité devait se maintenir ou à peu près tant que M. Villiers en conserverait la direction. Peut-être même le nombre des élèves s'accrut-il encore, mais nous ne possédons aucune donnée à cet égard. Ce que nous savons, c'est que les études y étaient très fortes et se maintinrent telles sous les principaux qui vinrent après lui. Le Collège avait, à ce point de vue, dans toute la région, une réputation justement méritée.

Nous avons connu, au déclin de leur vie, nombre de Chinonais qui avaient été les élèves de M. Villiers et de ses premiers successeurs, et qui prenaient plaisir à rappeler les succès que le Collège remportait à cette époque.

---

[1] Collège de Chinon, réparations, 1816-1821 (liasse 113).

Presque tous, malgré les années accumulées sur leur tête, possédaient encore à fond tous les chefs-d'œuvre de la littérature ancienne, parlaient même couramment le latin, et souvent versifiaient dans cette langue avec la plus grande facilité.

C'est sous le principalat de M. Villiers, et sur sa demande, que le Bureau créa, en 1816, à l'usage des élèves et des maîtres, une bibliothèque qui existe encore actuellement.

L'année suivante, en 1817, les administrateurs adoptèrent un règlement extrait, dit le registre des délibérations, des « Statuts universitaires concernant les collèges royaux et communaux » et qui diffère peu des règlements actuels quant à ce qui concerne la durée des classes et des études et la police générale de l'établissement. Nous en extrairons seulement ce qui se rapporte aux congés, bien moins nombreux alors qu'aujourd'hui. Ils avaient lieu :

> Le jeudi, le dimanche et les jours de fête ;
> Le premier jour de l'an et le lendemain ;
> Le 28 janvier, jour de la Saint-Charlemagne ;
> Le 4 mai, congé du roi ;
> Le vendredi et le samedi saint ;
> Les lundis de Pâques et de la Pentecôte.

Et encore le règlement ajoute-t-il que « les jours de congé, il y aura 5 heures de travail, dont 2 heures, le jeudi, seront employées à des leçons de sciences physiques ».

La distribution des prix, qui avait lieu du 8 au 15 septembre, devait être présidée par le recteur ou, en son absence, par le président du Bureau, assisté des administrateurs.

Les vacances duraient six semaines.

V.

Nous avons vu que, lors de la rentrée de 1814, on avait reconnu la nécessité d'édifier au Collège de nouvelles constructions.

Depuis longtemps déjà l'administration municipale avait constaté l'insuffisance des bâtiments existants. Dès l'an XI, au moment où la Ville songeait à rétablir le Collège, le Conseil, après avoir délibéré pour savoir si cet établissement serait installé dans l'ancien Collège royal, dans l'ancien hôpital ou dans la partie du couvent des Augustins laissée vacante par la sous-préfecture, avait donné la préférence à ce dernier local, comme étant le plus vaste et nécessitant le moins de frais pour être aménagé convenablement.

Mais, l'année suivante, le gouvernement, en autorisant la création de l'école secondaire, avait abandonné à la Ville, pour l'y installer, l'ancien Collège qui, nous l'avons dit, était devenu la propriété de l'Etat. C'est donc dans cet immeuble que s'ouvrit alors la nouvelle maison d'instruction.

Les bâtiments, qui avaient beaucoup souffert pendant la Révolution, étaient en très mauvais état. Le petit Collège et l'aile droite des constructions du grand Collège, menaçant ruine, durent être démolis et n'existaient plus en 1807. Les locaux se trouvant dès lors insuffisants, la Ville ne savait si elle devait cependant y laisser le Collège et faire à l'immeuble les annexes nécessaires, ou le transférer dans l'ancien hôpital qui serait aménagé en conséquence.

Appelé à se prononcer sur cette question, le Conseil municipal, dans ses réunions du 12 mai 1808 et du 5 mai 1809, donna la préférence à cette dernière combinaison. Il considérait en effet que, pour laisser le Collège dans le même local, il était indispensable de réédifier l'aile droite des bâtiments; mais il lui paraissait difficile de pouvoir préserver de l'humidité cette construction que les terres auraient dominé du côté du levant, et il craignait en outre qu'il ne se produisit des éboulements à cause des caves qui se trouvaient de ce côté.

Cependant aucune décision n'avait encore été prise quand, le 11 avril 1810, le Conseil chargea deux de ses membres, MM. Dumoustier et Mingot, d'étudier de nouveau la question. Le 11 du mois suivant, ces messieurs firent connaître au Conseil que le transfert du Collège dans l'ancien hôpital leur paraissait en effet préférable et que, d'après le devis qui en avait été fait, ce déplacement occasionnerait une dépense de 6.682 francs seulement.

Cette somme n'était pas considérable. Cependant elle était encore trop élevée pour les ressources de la Ville, alors fort restreintes. Du reste, la brigade de gendarmerie était installée depuis quelque temps déjà dans une partie de l'ancien hôpital, et le capitaine commandant la compagnie du département avait déclaré qu'il ne pouvait consentir à la déplacer. Ce projet fut donc momentanément abandonné.

On attendit alors trois années et lorsqu'il fallut prendre une décision, en 1813, l'immeuble dans lequel on s'était proposé d'installer le Collège n'était plus disponible. La partie occupée autrefois par les religieuses Augustines, et qui, pendant la Révolution, avait été consacrée à l'installation des écoles publiques, venait d'être aliénée [1], tandis que le bâtiment dans lequel se trouvaient jadis les salles des malades, et qui avait ensuite servi d'arsenal et de dépôt d'effets militaires, était définitivement affecté à la gendarmerie [2]. La Ville dut donc abandonner son projet, et elle inscrivit au budget de 1814 une somme de 6.000 francs, destinée à commencer au Collège les travaux nécessaires.

L'année suivante (1814), un devis des constructions à faire, se montant à 21.197 fr. 97 c., fut présenté le 12 mai au Conseil municipal qui l'accepta. Des difficultés en empêchèrent l'exécution, et un nouveau devis, s'élevant à 31.000 francs, fut adopté par le Conseil le 24 décembre de la même année [3].

---

(1) C'est la maison occupée actuellement par M. Cornet, architecte (place de l'Hôtel-de-Ville, n° 53). Elle avait été affermée, le 25 août 1811, à M. Truteau qui en fit ensuite l'acquisition.

(2) C'est le théâtre actuel.

(3) Un autre devis, portant aussi la date de 1814, se montant à 69.231 fr. 56 c. (compris les honoraires de l'architecte) et dont le détail se trouve aux archives d'Indre-et-Loire (Liasse 113) n'avait pas été accepté.

Cependant la municipalité, effrayée des dépenses dans lesquelles ces travaux allaient l'entraîner, et ne voyant pas la possibilité d'y faire face, eut alors l'idée de transférer le Collège dans les bâtiments occupés par la sous-préfecture et d'installer celle-ci dans la maison de M. Mollandin [1] ou mieux dans celle de M. Chalumeau [2], que leurs propriétaires consentaient à échanger pour une partie des pâtis communaux de Saint-Mexme ou de Grigny. Le sous-préfet donna son approbation à ce projet, mais le préfet n'ayant pas autorisé l'aliénation des prairies communales et les propriétaires ne voulant pas vendre leurs immeubles à prix d'argent, la Ville se vit dans l'obligation de ne pas déplacer le Collège et de faire les constructions que nécessitait le nombre toujours croissant des élèves. Le temps pressait du reste puisque dès la rentrée de 1814 le Bureau avait dû installer un dortoir dans une maison voisine.

La Ville se trouva donc contrainte de mettre à exécution le projet qu'elle avait adopté le 24 décembre 1814 et qui consistait à édifier au levant de la cour d'entrée, dans l'emplacement des bâtiments démolis, une aile de constructions parallèle à celle qui existait au couchant, et à relier ce nouveau corps de logis à celui qui occupait le fond de la cour. Cette décision fut prise, en séance du Conseil, le 29 juin 1816, et le 4 août suivant les travaux furent adjugés au sieur Mathé, entrepreneur à Poitiers, pour la somme de 32.075 fr. 13 c., ce qui, avec les honoraires de l'architecte, faisait un total de 33.775 francs.

Les travaux furent aussitôt commencés sous la direction de M. Pinguet, architecte à Tours, et les bâtiments étaient terminés ou à peu près lors de la rentrée de 1817. Les pierres, au nombre de 5.000, avaient été extraites des caves mêmes du Collège.

Cependant des difficultés imprévues avaient surgi pen-

---

[1] C'est la maison occupée actuellement par la brasserie de M. Chalon (rue Voltaire, n° 22).

[2] C'est la maison occupée actuellement par M. Guerlin, avoué (rue Jean-Jacques-Rousseau, n° 45).

dant la construction. En creusant les fondations, on avait rencontré des caves dont la présence avait nécessité des travaux supplémentaires importants. L'ingénieur des ponts et chaussées, M. Dubrac, qui avait reconnu la nécessité de ces travaux, avait également ordonné de faire escarper le rocher situé au nord des bâtiments. Des dépenses considérables, non prévues au devis, en étaient résultées et avaient été évaluées alors à plus de 4.000 francs pour les terrassements et de 13.000 pour les fondations.

Lorsque les constructions furent achevées, l'architecte vint en prendre livraison. Un premier procès-verbal de réception des travaux, arrêté par M. Pinguet, le 16 juillet 1818, à la somme de 51.163 fr. 76 c. ne fut pas accepté par le maire. Un second, arrêté le 15 novembre 1820 à la somme de 47.476 francs eut le même sort. Enfin, un troisième, commencé par le même architecte le 5 octobre 1821 et terminé le 8 janvier suivant, après le décès de Pinguet, par M. Descombes, expert à Chinon, ayant été contesté par l'entrepreneur, fut réglé par un arrêté du Conseil de préfecture, en date du 23 avril 1822, qui déboutait le sieur Mathé de ses prétentions [1].

Une partie de ces dépenses fut soldée avec les fonds dont la Ville pouvait alors disposer; le surplus, à l'aide d'un emprunt de 20.000 francs, réalisé par l'émission de 40 obligations de 500 francs, qui furent remboursées par voie de tirage au sort, en 4 fois, de 1819 à 1822.

Les bâtiments du Collège n'ont pour ainsi dire pas changé depuis lors. Ils ont seulement été l'objet de quelques annexes dont la plus importante est la construction, en 1869, d'un étage au-dessus du préau de la grande cour, mais ils ont subi à diverses reprises des modifications dans leur distribution intérieure.

---

[1] Nous n'avons trouvé nulle part le montant de ce dernier règlement.

VI

Pendant le principalat de M. Villiers, l'organisation de l'enseignement n'avait pas été sensiblement modifiée. Cependant, dès 1814, le gouvernement provisoire, établi lors de la rentrée des Bourbons, s'était prononcé pour la liberté de l'instruction. Mais cette idée avait bientôt été abandonnée et, pendant plusieurs années, la Restauration conserva intacte l'œuvre napoléonienne qui réservait à l'Etat le monopole de l'enseignement. Une ordonnance de 1820 accentua même momentanément les privilèges de l'Université en décidant que les élèves ne seraient admis à subir les épreuves du baccalauréat qu'après avoir fait la rhétorique et la philosophie dans des établissements universitaires. Mais, l'année suivante, une nouvelle ordonnance, en date du 27 février, donnait déjà une certaine liberté aux maisons particulières d'instruction et décidait qu'elles pourraient désormais être reconnues comme étant de plein exercice, en restant toutefois sous la surveillance de l'Université.

Ces dispositions libérales de l'Etat furent-elles pour quelque chose dans la diminution du nombre des élèves sous le principalat de M. Tabary qui, à la rentrée de 1821, avait succédé à M. Villiers-Morlamé ? Nous ne saurions le dire. Ce qu'il y a de certain, c'est que cette diminution s'accentua rapidement, puisqu'en 1823 il n'y avait plus que 30 pensionnaires.

Cette situation occasionnait un déficit considérable dans les recettes du Collège. Aussi la Ville, qui depuis 1818 allouait au principal une subvention de 2000 francs seulement, fut-elle obligée dès 1823 de la porter à 3000 et même d'accorder presque tous les ans à ce fonctionnaire, à titre d'indemnité supplémentaire, une somme de plusieurs centaines de francs, parfois même de 1000 francs et au-delà.

Le mauvais état de santé de M. Tabary, qui contribuait

sans doute à nuire à la prospérité de la maison, le contraignit à se retirer au mois d'août 1828. [1]

Son successeur, M. Corneille Saint-Marc, précédemment maître de pension à Tours, consentit à administrer le Collège aux mêmes conditions. Il recevait de la Ville 3000 francs par an, touchait la rétribution collégiale et le prix de la pension, et se chargeait de subvenir aux frais de l'internat et de solder le traitement des régents, fixé par le Bureau.

Les charges du nouveau principal étaient même plus lourdes que celles de ses prédécesseurs.

En traitant avec M. Saint-Marc, le Bureau lui avait en effet imposé, avec l'assentiment de l'autorité académique, l'obligation d'annexer au Collège une école primaire comprenant deux cours. Dans le premier, on devait enseigner la lecture, l'écriture, la numération et les éléments de la langue française; dans le second, la calligraphie, l'arithmétique, la littérature française, la tenue des livres, en un mot tout ce qui était nécessaire aux jeunes gens se destinant au commerce. Les élèves du premier cours devaient payer 36 francs par an, ceux du second 50 francs, sans compter les menus frais supplémentaires : 4 francs pour les places à l'église, 2 francs pour le chauffage.

Les administrateurs avaient en même temps décidé que les externes latinistes et astreints à la rétribution universitaire seraient admis « comme ils l'étaient avant la Révolution » à faire leurs devoirs au Collège, pendant l'intervalle des classes et sous la surveillance des maîtres d'étude, et qu'ils paieraient à cet effet 30 francs par an. C'est donc de cette époque que date la création de l'externat surveillé au Collège communal.

---

[1] En abandonnant la direction du Collège, M. Tabary obtenait un congé pendant la durée duquel M. Saint-Marc s'engageait à lui payer une partie de son traitement. Mais cette situation se prolongea plus longtemps que ne l'avait pensé M. Saint-Marc. Le congé de son prédécesseur fut plusieurs fois renouvelé, et, malgré ses instances réitérées pour obtenir de l'Université sa nomination officielle, il ne put l'avoir avant 1832. Jusqu'en 1831, l'administration universitaire lui donnait le titre de sous-principal, et à partir de cette époque celui de principal provisoire.

Enfin, l'année suivante, le Bureau introduisit au Collège l'étude des langues vivantes. Le Conseil royal de l'instruction publique, par un arrêté en date du 15 septembre 1829, avait rendu cet enseignement obligatoire dans les collèges royaux. Les administrateurs, désirant maintenir les études du Collège de Chinon au même niveau que celles de ces établissements, prirent le 16 décembre la décision suivante, que nous reproduisons en l'abrégeant :

« L'étude de la langue a. laise et de la langue italienne fera partie de l'enseignement du llège, et les élèves seront admis à suivre ces cours sans payer au. ne nouvelle rétribution.

L'enseignement de l'anglais u, a lieu dans les classes de 4ᵉ et de 5ᵉ, et celui de l'italien dans la classe de 3ᵉ.

M. le Principal, ayant offert de rétribuer le maître sur les bénéfices du pensionnat, prendra les mesures nécessaires pour que les cours commencent le 1ᵉʳ janvier.

Sur la proposition du principal, M. Delahaye, régent de Rhétorique [1], sera chargé d'enseigner ces deux langues ».

M. Saint-Marc, en acceptant ces nouvelles obligations, n'avait en vue que l'intérêt de l'établissement qu'il dirigeait. Les bénéfices qu'il était appelé à en retirer ne devaient pas l'indemniser des sacrifices qu'il s'imposait.

Depuis la réouverture du Collège, en l'an XII, la distribution des prix avait coutume d'être précédée, chaque année, d'exercices publics. En 1829, M. Saint-Marc, qui, pour la première fois, se trouvait appelé à organiser cette solennité, les supprima. Le maire s'en plaignit. Ils furent donc rétablis l'année suivante [2]; et ceux de 1831, dont nous possédons le programme, prouvent qu'indépendamment des classes de français et des cours de langues anglaise et italienne, nouvellement organisés, il y avait alors au Collège toutes les classes de latinité depuis la 8ᵉ jusqu'à la philosophie, et trois cours de mathématiques : mathématiques préparatoires, élémentaires et spéciales.

---

[1] M. Delahaye, tout en étant professeur au Collège, était en même temps libraire et gérant responsable de la *Feuille hebdomadaire de l'arrondissement de Chinon*.

[2] *Feuille hebdomadaire de l'arrondissement de Chinon*, n° du 27 août 1830.

Toutefois, ces exercices sont les derniers dont nous ayons trouvé le programme imprimé (1).

Les examens publics qui précédaient ainsi la distribution des prix ne tardèrent sans doute pas à être supprimés (2). En tout cas, ils n'eurent pas lieu en 1832. L'épidémie de choléra, qui décimait alors la population chinonaise, avait déterminé le Bureau à prendre, à la date du 10 août, l'arrêté suivant :

« Art. I. — Les classes continueront jusqu'au 1ᵉʳ septembre prochain pour les élèves que leurs parents jugeront convenable de laisser au collège.

Art. II. — La rentrée des classes aura lieu le lundi 15 octobre, et la distribution des prix le 5 novembre suivant.

Art. III. — Les élèves qui, d'après leurs compositions, auront obtenu des prix ou des accessits, les recevront quand bien même ils ne reviendraient pas l'an prochain, et dans ce cas leurs prix et la liste des prix seront adressés à leurs parents, par le principal, aussitôt la distribution.

Art IV. — Les compositions des prix étant achevées, la liste des prix sera, avant le 15 du courant, adressée à M. le sous-préfet, président du Bureau, pour rester entre ses mains jusqu'à l'époque de la distribution. »

Conformément à cet arrêté, la distribution des prix eut lieu le 5 novembre. Ce fait nous est confirmé par le palmarès imprimé de cette solennité, qui est le plus ancien que nous connaissions.

Le lendemain, 6 novembre, le principal rédigea un règlement spécialement destiné aux élèves de l'école préparatoire, annexée au Collège pour la préparation aux écoles polytechnique, militaire, navale et forestière. Ces élèves avaient chacun leur chambre, pouvaient sortir seuls ou se visiter entre eux, le tantôt de midi à une

---

(1) Ce programme était imprimé, comme au xviiiᵉ siècle, tantôt sous forme de placard *in-folio*, tantôt sous forme de brochure *in-4ᵒ*. Jusqu'en 1814 il mentionnait le nom des élèves, mais il ne le donnait plus dès 1817. (Nous n'avons pas vu celui de 1815 ni celui de 1816.)

(2) Nous avons vu dans les dossiers de l'inspection académique (Arch. d'Ind.-et-Loire) le programme manuscrit de ceux que le principal se proposait de faire passer aux élèves en 1833 et qu'il soumettait préalablement à l'approbation de l'autorité supérieure.

heure, et le soir de 8 heures à 9 heures et demie. Toutefois, ils ne pouvaient sortir le soir pendant l'hiver et il leur était expressément défendu, en tout temps, de recevoir dans leur chambre d'autres élèves que ceux de l'école préparatoire [1]. Le prix de la pension, pour ces élèves, était de 750 francs [2].

Jusqu'à cette époque il n'y avait eu au Collège qu'un seul régent de mathématiques, qui professait à la fois les mathématiques élémentaires et les mathématiques spéciales. C'était insuffisant en raison de l'importance de l'école préparatoire qui comptait alors 7 élèves. Le Bureau, par décision du 11 février 1833, pria donc le recteur de donner au régent de mathématiques, qui était alors M. Madamet [3], le titre de régent de mathématiques spéciales, et de créer une chaire de mathématiques élémentaires et de physique.

Ce projet ne tarda pas à recevoir son exécution, et M. Madamet put désormais consacrer tout son temps aux élèves qui se destinaient aux grandes écoles du Gouvernement. Son traitement était de 1200 francs, tandis que celui du régent de mathématiques élémentaires fut fixé à 1000 francs.

Cependant, pour diminuer les frais occasionnés par la création de ce nouveau professeur, on supprima la chaire d'histoire et de géographie, dont le titulaire touchait également 1000 francs, mais on créa un sous-principal, aux appointements de 800 francs, et ce poste, confié d'abord à M. Duguet, fut occupé ensuite par M. Saint-Marc, jeune, frère du principal.

Pendant tout le temps de son principalat, M. Saint-Marc ne cessa de consacrer toute son activité et de

---

[1] *Feuille hebdomadaire de l'arr^t de Chinon*, n° du 23 novembre 1832, où ce règlement est inséré *in-extenso*.

[2] *Feuille hebdomadaire de l'arr^t de Chinon*, n° du 13 septembre 1833.

[3] M. Madamet était un professeur très distingué. On lui offrit à diverses reprises des postes plus importants qu'il refusa pour rester à Chinon. C'était le père de M. Albert Madamet, ancien ingénieur en chef des Constructions navales, actuellement directeur des Forges et Chantiers de la Méditerranée, l'un des plus brillants élèves du Collège au milieu du XIXe siècle.

donner tous ses soins à l'établissement qu'il dirigeait. Aussi, parvint-il rapidement à ramener la prospérité dans cette maison. Le nombre des pensionnaires, qui n'était que de 11 lors de son arrivée, atteignit en 1834 le chiffre de 80. Deux anciens élèves de l'école préparatoire étaient alors à l'école polytechnique, un à l'école de Saint-Cyr [1]. L'année précédente, le Collège comptait même trois de ses élèves à l'école polytechnique [2].

Cependant M. Saint-Marc ne s'enrichit pas au Collège. Il dépensait sans compter pour améliorer le bien-être des élèves, comme pour entretenir et accroître le mobilier. Et, lorsqu'il dut abandonner son poste, en 1835, il se trouvait dans une situation financière fort embarrassée.

Son frère fit, sans succès, des démarches pour lui succéder. Les candidats étaient du reste nombreux, et ce fut M. Filleau, alors principal du collège de La Rochefoucauld, qui fut nommé par arrêté du ministre de l'instruction publique en date du 15 septembre 1835.

L'uniforme des élèves qui, nous l'avons vu, avait primitivement été réglé par l'arrêté du 19 vendémiaire an XII, fut modifié pendant le principalat de M. Saint-Marc. Le 27 octobre 1830, le Bureau décida que cet uniforme consisterait désormais « en un frac en drap bleu de roi, avec collet, parements et retroussis en drap bleu de ciel » ; les boutons devaient être dorés et porter l'indication du Collège de Chinon ; le pantalon devait également être en drap bleu de roi [3]. Cet arrêté ne parlait pas de la coiffure, mais un prospectus du Collège, imprimé sous le principalat de M. Filleau, successeur immédiat de M. Saint-Marc, nous apprend que les élèves avaient alors une « casquette d'uniforme ».

Le nombre, le choix et le mode de nomination des

---

[1] *Feuille hebdom. de l'arrond^t de Chinon*, n° du 11 avril 1834.
[2] Dossiers de l'inspection académique. (Archives d'Indre-et-Loire.)
[3] Un décret du 15 novembre 1811 avait déjà remplacé, en principe, pour les pensionnaires des collèges et à partir du 1er avril suivant, l'ancien habit vert par un habit bleu, mais le Collège de Chinon n'avait pas encore, semble-t-il, adopté cette modification.

boursiers avaient également varié à diverses reprises depuis la réouverture du Collège.

L'arrêté du 19 vendémiaire an XII, réglementant les écoles secondaires communales, décidait qu'il ne pourrait y avoir qu'un boursier sur 25 pensionnaires et que ces places seraient données aux élèves les plus méritants, ou aux enfants de militaires ou de fonctionnaires publics habitant la commune.

D'après le règlement adopté au Collège en 1817, et extrait des règlements officiels de l'Université, les élèves exemptés de la rétribution collégiale ne devaient pas excéder le dixième de la totalité des élèves payants et devaient être choisis par le Bureau parmi les enfants des familles pauvres ou peu aisées, en donnant la préférence à ceux qui lui seraient désignés par les curés des paroisses « comme annonçant des dispositions pour l'état ecclésiastique ». Il y en avait alors 5 au Collège.

En 1824, un arrêté du Conseil royal de l'instruction publique avait fixé le nombre de ces élèves au dixième du nombre des externes, et conseillé aux administrateurs d'accorder surtout cette faveur « aux enfants des familles estimables qui, par l'effet de la Révolution, avaient éprouvé des pertes dans leur fortune ou leur état », et de n'y faire participer les enfants de la classe ouvrière que lorsqu'ils manifesteraient de très grandes dispositions et une conduite irréprochable. Cependant, le nombre des boursiers fut maintenu à 4, bien qu'il n'y eût alors que 28 externes.

En 1830, lors du vote du budget, le maire rappela à l'assemblée municipale que la Ville, en s'engageant à allouer au Collège une subvention annuelle, s'était réservé le droit d'y faire instruire gratuitement le dixième des élèves, choisis parmi ceux dont les parents ne pouvaient payer la rétribution. Le Conseil exprima alors le désir de désigner lui-même, sur la proposition du maire, les enfants appelés à jouir de cette faveur. Il n'en fut rien cependant. Et le 27 octobre de cette même année, ce fut encore le Bureau qui nomma les boursiers;

il accorda la gratuité à 7 élèves, dont 4 latinistes, et donna une demi-bourse à un autre élève latiniste.

Enfin, le 15 juillet de l'année suivante, le Bureau décida qu'à l'avenir les bourses seraient données au concours et attribuées par moitié aux élèves des deux écoles primaires [1]. Deux places s'étant trouvées vacantes à l'époque de la rentrée, le Bureau ouvrit un concours à la suite duquel il accorda l'une des bourses à l'élève Jules Girard, de l'école des Frères, qui avait répondu d'une manière très satisfaisante, mais il se vit dans l'obligation de réserver pour un autre concours la bourse destinée aux élèves de l'école mutuelle, aucun des élèves présentés par cette école « n'étant encore assez instruit et ne réunissant les autres conditions exigées [2] ».

Ces concours ne nous paraissent pas s'être renouvelés dans la suite, et les boursiers continuèrent, pendant quelques années encore, à être désignés par le Bureau sur la proposition du principal, en attendant qu'ils le fussent par le Conseil municipal.

Une chapelle existait au Collège dès le commencement du XIXe siècle. Le règlement de 1811 obligeait même les professeurs et les élèves à y assister aux offices les dimanches et jours de fête. Devenue sans doute insuffisante, elle était probablement fermée en 1818 lorsque la création d'un nouvel oratoire fut autorisée. Cependant, à partir de cette époque et durant une période de dix années, les élèves suivirent encore les offices paroissiaux.

Réorganisée par les soins de M. Saint-Marc, lors de son arrivée à Chinon, la chapelle fut bénite le 5 novembre 1828 par M. Souchu, curé archiprêtre de Saint-Etienne, et, bientôt après, l'archevêque désigna un aumônier pour la

---

(1) Ces deux écoles étaient l'école des Frères et l'école mutuelle, subventionnées l'une et l'autre par la Ville.

(2) Cette décision donna lieu, dans la *Feuille hebdom. de l'arr* de Chinon*, à une polémique à laquelle prirent part les parents des élèves présentés par le directeur de l'école mutuelle, le principal du Collège et le sous-préfet, ce dernier comme président du Bureau.

desservir. Tous les élèves furent dès lors astreints à y suivre les offices religieux.

Nous ne savons quel était, à cette époque, le traitement de l'aumônier. Le principal le payait sans doute de ses deniers. Cette dépense ne fut inscrite au budget qu'à partir de 1841 et sur la demande expresse du recteur. La ville vota à cet effet une somme de 150 francs, qui fut augmentée plus tard, mais le principal donnait l'excédent. A partir de 1873 les deux vicaires de Saint-Etienne se partagèrent le service, et les choses restèrent en cet état jusqu'à la suppression de l'enseignement et du service religieux dans l'établissement, à la rentrée de 1889.

VII

Le 20 octobre 1835, M. Filleau, après avoir prêté le serment prescrit par la loi, fut installé dans ses fonctions par les membres du Bureau.

Pendant deux ans, le nouveau principal administra le Collège à ses risques et périls, comme l'avaient fait ses prédécesseurs : il touchait pour son compte la rétribution collégiale et recevait de la Ville une subvention de 3000 francs, mais il se chargeait de payer les professeurs et fonctionnaires de l'établissement et de subvenir à tous les frais du pensionnat dont il avait du reste les bénéfices.

A partir de la rentrée de 1837, il n'en fut plus ainsi. Le gouvernement préparait alors une loi devant obliger, à bref délai, les municipalités à prendre à leur charge le traitement des régents. En prévision de cette éventualité, et sur les instances du recteur et du principal, le maire, dans la séance du 3 août 1836, demanda au Conseil municipal de vouloir bien se conformer, dès ce moment, à ces dispositions et signer à cet effet un engagement de cinq années. Il faisait remarquer que les professeurs, dont le traitement serait ainsi garanti par la Ville, s'attacheraient davantage au Collège et chercheraient moins à le quitter pour aller ailleurs ; et il pensait que le niveau des études ne pourrait qu'y gagner.

Le Conseil, avant de prendre une décision, désigna, pour étudier cette question, trois de ses membres qui, huit jours après, déclarèrent que ce projet ne leur paraissait pas avantageux pour la Ville, et qu'il leur semblait préférable de n'apporter, pour le moment, aucune modification dans l'administration du Collège. Ils ajoutaient que l'on pourrait plus sûrement améliorer les études en faisant le jeudi matin, dans toutes les classes, une répétition générale des cours de la semaine, et en récompensant par des allocations supplémentaires le zèle du principal et des régents.

Ils proposaient, pour cela, 1º d'accorder au principal une indemnité de 300 francs, en sus des 5000 alloués chaque année ; 2º de voter pour le Collège une nouvelle somme de 400 francs qui serait ainsi distribuée : 100 francs au professeur de mathématiques s'il faisait recevoir un ou plusieurs élèves à l'école polytechnique, et 50 francs s'il n'en faisait recevoir qu'aux écoles spéciales ; 100 francs au professeur de philosophie si tous ses élèves étaient reçus au baccalauréat, et 50 francs s'il y en avait au moins la moitié ; les 200 francs restants devant être répartis entre les différents professeurs, selon leur zèle et les résultats obtenus.

La majorité de l'assemblée s'étant ralliée à cette opinion, il ne fut pas donné suite à la proposition du maire. Mais celui-ci, dans la séance du 19 janvier de l'année suivante, appela de nouveau l'attention du Conseil sur cette question et sur l'opportunité qu'il y aurait de la traiter conformément au désir de l'autorité académique. Le chef de la municipalité faisait observer combien il serait regrettable de reculer devant quelques sacrifices, si la prospérité du collège devait en dépendre, et il rappelait que cet établissement avait toujours été de plein exercice et avait « fourni presque chaque année des élèves à l'école polytechnique et aux autres écoles spéciales ». Le Conseil se laissa enfin convaincre et donna son approbation au projet de traité que le maire avait préparé et que le principal accepta ensuite avec une légère modification.

Nous croyons devoir reproduire ce document qui, pendant de longues années, mais avec des changements successifs, a servi de base à l'administration du Collège. Les derniers traités eux-mêmes n'en diffèrent en réalité que par le chiffre plus élevé des allocations et par l'intervention de l'État qui, depuis longtemps déjà, subvient aux dépenses de l'établissement dans une proportion toujours grandissante.

TRAITÉ DE 1837

I. — Le collège de Chinon sera en ce qui concerne les études au compte de la commune de Chinon à partir de la rentrée prochaine, soit du 20 au 23 octobre 1837. La ville demeure chargée de solder aux termes ordinaires les professeurs du collège ainsi qu'il suit :

Principal chargé d'une classe	1200 f.
Régent de mathématiques	1200
Régent de philosophie et de rhétorique	1200
Régent de 2e et de 3e	1100
Régent de 4e et de 5e	900
Régent de 6e et de 7e	800
Maître d'écriture et de dessin	600
Maître d'Anglais	200
Maître surveillant qui pourra être employé à quelque partie de l'enseignement, suivant la décision du Bureau et la demande du principal	800
Gages du portier	100
Total	8100

Dans le cas où un professeur n'aurait pas d'élèves pour la classe dont il est titulaire, il serait tenu néanmoins de donner au collège et pour d'autres cours le temps qu'il doit généralement chaque jour conformément aux règlements universitaires.

La ville continue à fournir le logement tel qu'elle le fait maintenant, mais sous quelque prétexte que ce soit, elle ne pourra être tenue de fournir aucune autre indemnité, à tout autre titre, et de faire d'autres dépenses que celles qui viennent d'être établies.

II. — Pour indemniser la ville de cette dépense, elle aura seule droit au produit de l'externat en totalité, soit pour le cours de latinité, de français et autres, et même pour l'assistance des externes aux diverses études et aux autres exercices d'intérieur ;

et en outre le principal lui rendra compte d'une somme de 80 francs par an pour chaque pensionnaire et demi-pensionnaire, laquelle somme représente pour chacun les frais d'instruction. Néanmoins, lorsque deux frères se trouveront au collège comme pensionnaires ou demi-pensionnaires, la rétribution sera réduite à 60 francs pour chacun d'eux, mais seulement pendant le temps où les deux frères resteront ensemble au collège.

Le principal restera garant, à ses risques et périls, du pensionnat; et par conséquent tous les frais concernant ce pensionnat, sans exception, resteront à sa charge, et il devra fournir sans aucune rétribution tout le mobilier nécessaire à l'établissement, tel qu'il le fait en ce moment.

III. -- Le principal recevra directement des parents des élèves pensionnaires, demi-pensionnaires et externes, la rétribution fixée pour les frais d'instruction, et il en versera le montant par trimestre les 1" janvier, 1" avril, 1" juillet et 5 septembre de chaque année au receveur de la ville. Il devra joindre à l'appui de ce versement un état certifié par lui et visé par le maire.

Le prix actuel de la pension ne sera point augmenté et même s'il y a possibilité de faire quelque réduction, le Bureau du collège et M. le principal d'un commun accord le détermineront d'ici la fin de l'année scolaire.

IV. — Le présent traité aura 5 années de durée, à partir de la rentrée prochaine. Pendant ce temps M. Filleau devra rester constamment attaché à cet établissement en qualité de principal et la ville ne pourra être tenue d'acquitter le traitement d'un plus grand nombre de régents et maîtres que celui établi d'autre part.

V. — En faisant ce traité la ville de Chinon entend conserver dans son collège le plein exercice des études, tel qu'il existe maintenant et qu'il est généralement établi dans les collèges royaux, par conséquent que les cours actuels devront continuer à être faits suivant les besoins de l'établissement et des élèves, autrement le présent traité devrait être considéré comme non avenu.

Cependant, si contre toute attente le nombre des élèves, soit comme pensionnaires, demi-pensionnaires et externes, se trouvait réduit au dessous de 40 élèves payants, le présent traité cesserait d'être obligatoire à la fin de la deuxième année scolaire [1] où ce nombre n'aurait pas été atteint, sauf à provoquer dans ce cas une nouvelle décision du Conseil municipal.

---

(1) Le projet de traité portait : « à la fin de la première année » et avait été modifié dans ce sens à la demande du principal.

Il n'est rien innové aux droits qu'a la ville de désigner ou de laisser désigner par le Bureau d'administration du collège 4 élèves gratuits pour en suivre les cours.

VI. — Le présent traité sera soumis à l'approbation de M. le ministre de l'instruction publique et ne sera définitif qu'après cette approbation (1).

La Ville prenait donc, pour cinq années, l'engagement de payer tous les professeurs et fonctionnaires du Collège, mais, comme compensation, elle devait toucher le produit de la rétribution collégiale et de l'externat surveillé. Le traitement du personnel s'élevant à la somme de 8.100 francs, et le produit des rétributions étant évalué pour la première année à 3.400 francs, c'était, pour la Ville, une dépense approximative de 4.700 francs, supérieure de 1.700 francs seulement à l'allocation qu'elle avait l'habitude d'accorder.

Approuvé définitivement par le ministre le 30 avril 1838, ce traité fut aussitôt mis à exécution, avec effet rétroactif à la rentrée de 1837. Toutefois, le ministre, en lui donnant son approbation, avait ramené à 1.000 francs le traitement du principal, et porté à la même somme celui du régent de 4e et de 5e, et à 900 francs celui du régent de 6e et de 7e. La chaire de mathématiques élémentaires avait été supprimée par décision du Bureau en date du 31 juillet 1836; il n'y avait donc plus qu'un seul professeur de mathématiques.

Avec M. Filleau, le Collège continua de soutenir sa bonne réputation. Cependant les élèves étaient moins nombreux que sous son prédécesseur, ce qui provenait, au dire du Conseil municipal, de l'existence de plusieurs maisons nouvellement créées dans la région et de la concurrence que les petits séminaires faisaient alors aux collèges communaux. Les études y étaient néanmoins restées très fortes, et les élèves ne cessaient de remporter des succès aux concours qui, à cette époque, avaient

---

(1) Registre des délibérations municipales. (Archives communales de Chinon, B. 48.)

lieu chaque année entre les principaux établissements de l'Académie, et auxquels les collèges d'Orléans, de Tours, de Blois et de Chinon étaient seuls admis à prendre part.

Cependant, dans l'intérêt du Collège et sur les conseils du recteur et des inspecteurs généraux, le Conseil municipal n'hésita pas, en 1840, à dédoubler les classes de philosophie et de rhétorique, ainsi que celles de 3e et de 4e, et à voter pour le traitement des deux nouveaux professeurs une somme de 1.700 francs, portant ainsi le budget du Collège à 9.800 francs.

En 1839, pendant le principalat de M. Filleau, diverses modifications furent apportées à la distribution intérieure des bâtiments. C'est ainsi que, dans l'aile droite, au premier étage, plusieurs cloisons furent démolies de manière à ce que tout l'espace fut occupé par deux dortoirs seulement. Ce sont les dortoirs actuels. Ces modifications et quelques autres travaux exécutés en même temps, occasionnèrent une dépense de plus de 8.000 francs.

VIII

Une loi du 28 juin 1833 avait imposé aux chefs-lieux de département et aux villes dont la population excédait 6.000 âmes, l'obligation d'avoir, indépendamment des écoles primaires élémentaires, une école primaire supérieure. Cette création devant entraîner les communes dans des dépenses assez considérables, un grand nombre de villes n'avaient encore pris aucune disposition pour y satisfaire, quand une ordonnance du 21 novembre 1841 autorisa, par mesure d'économie, l'annexion de ces écoles aux collèges communaux.

L'année suivante, à la suite d'un vœu émis dans ce sens par le Bureau du Collège, une ordonnance en date du 21 avril appliqua ces dispositions à la ville de Chinon, et lui enjoignit d'ouvrir cette école dès le mois de septembre et de mettre à sa tête un instituteur primaire du degré supérieur, placé sous l'autorité du principal.

Le Conseil municipal, dans sa réunion du 18 mai 1842, prit des dispositions en conséquence, fixa à 1.000 francs le traitement du directeur et décida que les élèves paieraient une rétribution de 5 francs par mois au profit de la caisse municipale. Le budget du Collège subissait de ce fait une nouvelle augmentation de 1.000 francs, qui, à la vérité, pouvait être couverte par la rétribution scolaire, mais la Ville devait supporter les frais nécessités par l'aménagement du local et évalués à 1.342 fr. 30 c. (1)

Les élèves de l'école primaire supérieure devaient suivre, pour la physique, le dessin et la langue anglaise, les cours du Collège sans payer de rétribution supplémentaire et sans que le traitement des professeurs chargés de ces cours fût augmenté.

L'annexion de cette école au Collège ne faisait en quelque sorte que régulariser, en l'améliorant, la situation créée dans cet établissement, en 1828, par l'ouverture d'un cours de français pour les jeunes gens qui se destinaient au commerce et à l'industrie. Toutefois, l'organisation de la nouvelle école supprimait la classe élémentaire qui ne fut rétablie que 7 ans plus tard.

L'ouverture de l'école primaire supérieure coïncida avec l'arrivée de M. Perdriau qui, à la rentrée de 1842, succéda à M. Filleau.

Le nouveau principal vit s'accentuer encore la diminution du nombre des élèves que nous avons déjà signalée sous son prédécesseur, à tel point que le pensionnat ne lui laissant plus aucun bénéfice, il demanda l'autorisation de percevoir à son profit, à partir du 1er janvier 1845, le montant de la rétribution universitaire que l'Etat venait de supprimer. Le Bureau, consulté à ce sujet le 26 novembre 1844, déclara qu'il était impossible d'accéder au désir du principal, la suppression de cette rétribution ayant été pendant longtemps l'objet de réclamations incessantes de la part de l'administration communale.

---

(1) Cette classe fut alors installée dans la grande salle qui occupe le premier étage du bâtiment situé au fond de la cour d'entrée, et qui sert actuellement d'étude.

Enfin, le 28 du même mois, M. Perdriau ayant demandé au Conseil municipal à augmenter le prix de l'internat, sa requête fut également rejetée.

Professeur capable et dévoué, mais complètement dépourvu d'énergie, M. Perdriau ne pouvait rester plus longtemps à la tête du Collège qui, de jour en jour, périclitait entre ses mains. Depuis longtemps déjà le maire s'était plaint au recteur de son incapacité notoire comme administrateur et avait réclamé son changement; des faits d'une réelle gravité s'étaient même produits dans sa gestion, quand, le 7 janvier 1845, il fut révoqué et remplacé par M. Rouet, alors régent au Collège d'Orléans.

IX

En prenant possession de son poste, M. Rouet trouva le Collège dans une situation déplorable. Le budget pour 1846, établi par le Bureau peu de temps après son arrivée, nous en donne la preuve manifeste. Nous croyons devoir le reproduire :

BUDGET POUR 1846
Calculé d'après le nombre d'élèves présents au Collège en avril 1845

RECETTES			DÉPENSES	
Collège			Principal, faisant 1 classe	1000 f.
11 pensionnaires secondaires à 80 f.	}	1010 f.	Aumônier	150
2 demi-pensionnaires secondaires à 80 f.			Régent de mathématiques	1300
			— de philos. et d'hist.	1300
9 externes secondaires à 80 f.		720	— de rhétorique	1200
			— de 2e et de 3e	1100
2 internes frères, secondaires à 60 f.		120	— de 4e	1000
			— de 5e et de 6e	1000
3 externes assistants à 110		330	2 maîtres d'études à 400 f.	800
			Maître de lang. vivantes	300
École primaire sup^{re}			Maître d'écrit. et dessin	600
8 pensionnaires à 80 f.		640	Gages du portier	100
2 demi-pensionnaires à 80		160	Distribution des prix	100
1 externe		77	Directeur de l'École primaire supérieure	1000
38	Total	3087 f.	Total	10950 f.

Il n'y avait donc que 38 élèves (sans compter les boursiers), et sur ce nombre 19 seulement étaient pensionnaires. Cependant, les professeurs étaient encore nombreux et le budget atteignait un chiffre élevé. Le Collège restait de plein exercice et il continuait, nous apprend une délibération du Bureau, à obtenir « des places distinguées » au concours général des collèges de l'Académie [1].

Sous la direction vigilante et ferme du nouveau principal, le nombre des élèves augmenta peu à peu. A la rentrée de 1847, on en comptait déjà 60, dont 39 internes ; et en 1850, il y en avait 78, dont 44 internés. M. Rouet était, il est vrai, aussi sévère pour le personnel enseignant que pour les élèves. Il veillait à ce que les professeurs ne se laissassent pas manquer de respect et à ce que le bon ordre ne fût jamais troublé dans leur classe ; il exigeait enfin que leur conduite, en dehors du collège, ne pût donner prise à la critique, ni servir de mauvais exemple aux élèves. Les administrateurs le soutenaient du reste dans cette tâche délicate.

Pendant le cours du principalat de M. Rouet, diverses améliorations furent introduites dans l'établissement, tant au point de vue de la discipline que de l'instruction. Les élèves furent divisés en deux sections : grands et petits, avec études et cours distinctes. L'enseignement de la langue allemande fit partie des programmes (1849). Les exercices de gymnastique entrèrent en vigueur, et divers appareils (grand mât, portique, cheval de bois, barres parallèles, trapèze), munis de leurs agrès, furent installés à cet effet dans la grande cour (1848), où ils résistèrent pour la plupart pendant plus de vingt années aux injures du temps.

Enfin, c'est sur ses instances réitérées que le Conseil municipal l'autorisa, en 1849, à annexer au collège, à ses

---

[1] Un élève, M. Léon Renault, de Bourgueil, avait encore remporté, quelques années auparavant, un premier prix d'histoire et un second prix de version latine.

risques et périls, une école primaire élémentaire dont les élèves ne devaient payer à la Ville aucune rétribution. Ce qu'ils versaient au principal était consacré à salarier le maître et à créer le mobilier scolaire qui devait rester la propriété de la commune. Toutefois, il était interdit au principal d'y admettre des enfants capables d'entrer dans la classe de 8e ou dans le cours de 1re année de l'école primaire supérieure [1].

Cette école eut aussitôt un succès qui s'est maintenu depuis lors. Elle ruina rapidement une institution libre créée quelques années auparavant et dont la tenue ne laissait pourtant rien à désirer [2]. Elle attira également au Collège un certain nombre d'élèves des deux écoles primaires publiques de la ville qui, cependant, étaient alors gratuites.

Vers cette époque, plusieurs circonstances indépendantes de la volonté de M. Rouet portèrent atteinte à la prospérité du Collège.

La retraite de M. Madamet, sous le principalat de M. Filleau, avait déjà contribué à désorganiser les cours préparatoires aux grandes écoles du gouvernement. Cependant le niveau de l'enseignement scientifique s'était encore maintenu avec ses premiers successeurs. Mais le départ de M. Sainton, en 1849, porta le dernier coup à cet enseignement. Le professeur qui lui succéda n'était pas à la hauteur de sa tâche, et le Collège ne fournit plus désormais de candidats à l'école polytechnique ni à celle de Saint-Cyr. [3]

---

[1] La classe primaire élémentaire figure pour la première fois sur le palmarès de 1852. Cependant les élèves de cette classe reçurent solennellement leurs prix en 1850 et en 1851.

[2] Cette institution, fondée par M. Louis Serpin, en 1846, occupait la maison qui porte dans la rue J.-J.-Rousseau le n° 61.

[3] A la rentrée de 1854, ce régent fut remplacé par un jeune homme très distingué, mais qui, malheureusement pour le Collège, ne resta qu'un an. En même temps qu'il enseignait les mathématiques, le nouveau professeur se préparait en effet à concourir pour l'école de Saint-Cyr. Il y fut admis le premier à la fin de l'année scolaire et en sortit deux ans après avec le même numéro. Cet officier, dont la carrière militaire a été des plus remarquables, est le général Pierron, ancien commandant en chef du 7e corps.

Enfin, la Constitution de 1848, en proclamant la liberté de l'enseignement réclamée depuis longtemps, atteignit dans leur prospérité beaucoup d'établissements universitaires. Le Collège de Chinon fut de ce nombre. Le monopole de l'Etat en matière d'instruction secondaire avait déjà, sous la Restauration et la Monarchie de Juillet, reçu de nombreuses atteintes, mais la décision de l'Assemblée Constituante faisait disparaître les derniers vestiges des anciens privilèges de l'Université.

Ce nouveau régime fut organisé par la loi du 15 mars 1850, qui, en sanctionnant la liberté de l'enseignement, exigeait en même temps, des villes possédant des collèges communaux, certaines garanties. Elle leur imposait l'obligation d'assurer l'existence de ces établissements durant 5 années, en garantissant, pendant ce laps de temps, le traitement du principal et des régents ; elle les obligeait en outre à devenir propriétaires de tout le mobilier scolaire ; et elle leur accordait un délai de deux ans seulement pour se conformer à ces prescriptions.

La première des dispositions que nous venons d'énoncer ne prenait pas la Ville au dépourvu. Le Conseil municipal s'y était en effet conformé depuis quinze ans déjà, dès qu'il avait été question de l'imposer aux communes. Le 15 juin 1852, la Ville décida donc de renouveler pour la troisième fois l'engagement quinquennal qu'elle avait pris en 1837, et le Conseil vota pour cinq années une somme annuelle de 10.800 francs, permettant de faire face aux dépenses portées au budget du Collège.

D'après ce nouveau traité, tous les professeurs étaient chargés de l'enseignement de l'histoire afférent à leur classe ; le principal avait, comme par le passé, le bénéfice de l'internat, mais il devait verser dans la caisse de la Ville :

80 fr. par interne (70 quand il y avait plusieurs frères) ;
80 — par externe secondaire ;
57 — par externe de 3e année du cours prim. supérieur ;
47 — — — de 1re et 2e année ;
30 — par externe assistant aux études.

Enfin, pour satisfaire à l'obligation imposée à la Ville de devenir propriétaire de la totalité du mobilier scolaire, le Conseil municipal vota, le 21 octobre 1852, l'acquisition du mobilier que M. Rouet possédait au Collège et qui fut estimé 3.853 fr. 88 c., que la Ville devait payer en quatre annuités, réparties sur les budgets de 1856 à 1859, avec intérêt à 5 pour cent.

C'est sous le principalat de M. Rouet, en 1848, que la tunique remplaça le frac, qui avait été jusqu'alors l'uniforme réglementaire des élèves. Elle était, ainsi que le pantalon, en drap bleu foncé avec passe-poils rouges; elle se fermait au milieu de la poitrine par un rang de boutons dorés portant le nom de l'établissement (Collège de Chinon), et se trouvait maintenue par un ceinturon dont la plaque, en cuivre doré, portait au centre la lettre C. Le képi fut en même temps adopté comme coiffure; il était en drap bleu foncé, avec galons dorés.

X

Aussitôt que la loi de 1850 eut été promulguée, des maisons d'instruction secondaire, dirigées par des maîtres laïques, par des prêtres séculiers ou par des congréganistes, se fondèrent de tous côtés et ne tardèrent pas à faire une concurrence des plus sérieuses aux anciens collèges. C'est à cela qu'il faut attribuer, en partie du moins, la diminution du nombre des élèves qui, déjà sensible lors du départ de M. Rouet, au mois d'août 1852, ne fit que s'accentuer sous son successeur, M. Morel (1852-1854), et pendant les premières années du principalat de M. Chaveneau.

Cependant il est une autre cause dont l'action fut peut-être plus directe et plus décisive encore sur la décadence du Collège.

A partir du 1er octobre 1852, en vertu d'un décret du 10 avril et d'un arrêté du 30 août de la même année [1], les classes devaient se bifurquer au-delà de la 4e, de manière à former, depuis le commencement de la 3e jusqu'à la fin des études, un double enseignement parallèle et complet : l'un littéraire, comprenant les classes de troisième, seconde, rhétorique et logique lettres (cette dernière remplaçant l'ancienne classe de philosophie), conduisait les élèves au baccalauréat ès lettres; l'autre scientifique, comprenant les classes de troisième, seconde, rhétorique et logique sciences, les préparait au baccalauréat ès sciences. Le premier, qui correspondait, ou à peu près, à l'ancien enseignement secondaire de l'Université, fut seul en vigueur au Collège de Chinon. Le second, exigeant des cours spéciaux et un personnel enseignant dont la création eût imposé à la Ville de nouveaux sacrifices, ne fut jamais organisé.

Les élèves qui se destinaient aux professions pour lesquelles le baccalauréat ès sciences était alors exigé — et elles étaient très nombreuses — furent donc désormais obligés de quitter l'établissement dès la fin de la 4e pour aller terminer leurs études dans des maisons possédant l'enseignement scientifique. Le Collège en ressentit un coup tel qu'au printemps de 1856 [2], au moment où la Ville songeait déjà à renouveler son engagement quinquennal de 1852, il n'y avait plus que 9 pensionnaires, dont 4 latinistes.

Malgré cette situation déplorable, le Conseil municipal n'hésita pas à maintenir le plein exercice dans cet établissement pour lequel il faisait cependant des sacrifices hors de proportion avec les résultats obtenus. Il avait sans doute confiance en l'avenir, et l'on doit aujourd'hui lui en

---

(1) Ces dates et une partie de celles des décrets et arrêtés rendus depuis cette époque, nous ont été communiquées par l'Inspection académique d'Indre-et-Loire, sur la demande de M. Brocas, principal du collège. Nous adressons à cette occasion nos sincères remerciements à M. l'Inspecteur d'Académie ainsi qu'à M. le Principal. — Toutes les autres dates ont été relevées dans les divers documents que nous avons consultés, puis vérifiées et complétées, autant qu'il nous a été possible de le faire, en compulsant le Bulletin des Lois.

(2) Le décret de 1852 recevait alors sa complète exécution, après une période transitoire qui avait pris fin à la rentrée précédente.

savoir gré. Il chercha toutefois à mettre en pratique une combinaison qui, tout en limitant les engagements de la Ville, lui aurait permis d'exciter l'émulation du principal en améliorant sa situation à mesure que le nombre des pensionnaires se serait accru. Il proposait pour cela de donner une subvention annuelle de 6.500 francs à ce fonctionnaire, qui aurait perçu pour son compte la rétribution collégiale et se serait chargé de payer les professeurs comme cela s'était fait autrefois; il s'engageait en outre à augmenter cette subvention de 100 francs par pensionnaire, au-delà de 15 et jusqu'à 30. C'était une manière habile d'intéresser le principal à la prospérité du Collège. Mais le recteur ayant fait observer que cette proposition ne serait acceptée par l'administration universitaire qu'autant que la Ville garantirait en même temps le traitement des professeurs, le Conseil abandonna son projet et vota le renouvellement de son engagement quinquennal aux mêmes conditions que par le passé.

Le Collège commença à se relever pendant les dernières années du principalat de M. Chaveneau. Il n'y avait pas eu de classe de logique depuis 1855 et pas de bacheliers depuis 1854, quand, en 1861, deux élèves de cette classe furent reçus au baccalauréat ès lettres. Il y en eut dès lors presque chaque année, et généralement plusieurs. La prospérité de l'établissement devait en effet s'accentuer encore sous la direction de M. Dousset qui, en 1863, succéda à M. Chaveneau, et se maintenir dans la suite avec des alternatives diverses [1].

L'arrivée de M. Dousset avait coïncidé avec l'introduction de nouvelles réformes dans l'organisation des études. Un décret du 2 septembre 1863 avait déjà reporté la bifurcation au commencement de la classe de seconde, quand,

---

[1] M. Dousset prit sa retraite en 1873, après avoir dirigé le Collège pendant 10 ans. Aucun principal ne resta aussi longtemps en fonctions pendant le XIX' siècle. — C'est avec intention que nous nous abstenons de nommer ses successeurs qui, presque tous, sont encore existants. Il ne nous appartient pas d'apprécier leur gestion. Leur nom figure dans la liste générale des principaux qui termine ce travail.

le 4 décembre de l'année suivante, un nouveau décret supprima le double enseignement parallèle créé en 1852 et remplaça les classes de sciences correspondant à celles de lettres par un cours de mathématiques élémentaires pouvant comprendre deux années, dont la première reçut, en vertu d'un arrêté du 24 mars 1865, le nom de classe de mathématiques préparatoires, tandis que la seconde conserva le nom de classe de mathématiques élémentaires. La classe de logique lettres avait déjà repris son ancien nom de classe de philosophie, par suite d'un décret du 29 juin 1863.

Les modifications introduites dans les études par le décret de décembre 1864 et l'arrêté de mars 1865 ne furent mises en pratique, au Collège de Chinon, que longtemps après : à la rentrée de 1876. A cet effet, un professeur de physique et de chimie fut adjoint au professeur de mathématiques, et le Collège eut dès lors, presque tous les ans, des bacheliers ès sciences, souvent même en plus grand nombre que les bacheliers ès lettres. En 1875, une chaire de philosophie et d'histoire avait également été créée au Collège, ainsi qu'un cours d'agriculture qui, supprimé bientôt après, fut rétabli dans la suite.

La présence de ces nouveaux professeurs permit aussi de compléter l'organisation de l'enseignement secondaire spécial, créé par la loi du 21 juin 1865 et qui remplaçait alors au Collège l'enseignement primaire supérieur, et, bientôt, de préparer les élèves de ce cours à l'obtention du diplôme qui était le couronnement de ces études [1].

C'est de cette époque (1875) que paraît dater également l'attribution au collège de Chinon de bourses de l'État, réclamées depuis longtemps par la municipalité, et dont la création dans les collèges communaux avait été autorisée par une circulaire du 26 décembre 1868.

Le Collège eut souvent aussi, depuis lors, des boursiers du département, et le Conseil municipal continua d'accorder, comme par le passé et avec une générosité qu'on ne

---

[1] Diplôme d'études pour l'enseignement secondaire spécial.

saurait trop louer, des bourses communales aux enfants de la ville.

Depuis longtemps le Conseil supérieur de l'instruction publique s'occupait d'apporter de nouvelles modifications dans l'organisation de l'enseignement secondaire, quand parut, le 28 janvier 1890, un arrêté qui mettait en pratique les réformes projetées.

Cet arrêté créait dans les collèges, indépendamment des classes élémentaires et des « classes supérieures des sciences », un double enseignement secondaire complet commençant dès la classe de 6e : l'un désigné sous le nom d'enseignement secondaire classique, avait pour base l'étude des langues anciennes et correspondait à l'ancien enseignement secondaire ; l'autre, désigné sous le nom d'enseignement secondaire moderne, avait pour base l'étude de la langue française et des langues vivantes, à l'exclusion des langues anciennes, et remplaçait l'ancien enseignement spécial. Un décret du 5 juin 1891 complétait ces réformes en créant un baccalauréat de l'enseignement secondaire moderne.

Enfin, depuis le 31 mai 1902, le programme des études a subi de nouvelles modifications. Les élèves des lycées et collèges sont divisés en quatre groupements principaux : la classe enfantine pour les tout jeunes enfants ; la division préparatoire, comprenant deux années d'études ; la division élémentaire qui comprend les classes de 8e et de 7e, dans lesquelles on n'étudie pas le latin ; enfin l'enseignement secondaire qui se compose lui-même de deux cycles distincts, dans chacun desquels les connaissances enseignées forment un ensemble complet.

Le premier cycle a deux divisions (A et B) comprenant chacune quatre classes : 6e, 5e, 4e et 3e. Dans la division A, on étudie le latin à partir de la 6e, et le grec est facultatif à partir de la 4e. Dans la division B, on étudie le français et les langues vivantes dont l'enseignement commence aujourd'hui dès la seconde année de la division préparatoire. Enfin les élèves des classes de 4e et de 3e suivent tous des cours de morale. A la fin de ces quatre années, les élèves peuvent obtenir un certificat d'études secondaires du premier degré, qui leur est délivré sur l'avis des professeurs et après examen des notes obtenues pendant ce premier cycle.

Le second cycle, qui dure trois ans, comprend la classe de seconde, la classe de première, et, pour la troisième année, les classes de philosophie ou de mathématiques. Il y a, pour chacune de ces trois années, quatre groupements de cours conduisant chacun au baccalauréat de l'enseignement secondaire, mais avec des mentions spéciales correspondant à chacun de ces groupements : grec-latin, latin-langues vivantes, latin-sciences, sciences-langues vivantes. Les épreuves se passent en deux parties : l'une à la fin de la classe de première, l'autre à la fin des classes de philosophie ou de mathématiques. Les diplômes, malgré les mentions différentes qu'ils portent, confèrent tous les mêmes droits.

Ces réformes furent aussitôt mises en vigueur au Collège de Chinon qui, aujourd'hui, est pourvu d'un personnel répondant à tous les besoins du nouvel enseignement. L'école enfantine, qui seule n'existait pas encore, a été ouverte le 27 octobre 1903.

Des modifications successives ont également été introduites, pendant le cours du XIXe siècle, dans la durée des classes, des études et des récréations, dans le nombre des jours de congé, ainsi que dans l'époque et la durée des vacances [1]. On consacre aujourd'hui au repos

---

[1] En l'an XIII, la distribution des prix eut lieu, à Chinon, le 24 fructidor (11 septembre 1805), et en 1807, le 17 septembre ; les vacances duraient alors 5 à 6 semaines. En 1817, les prix furent donnés le 9 septembre et en 1831 le 1er septembre. Au milieu du XIXe siècle la distribution avait lieu du 8 au 14 août et la rentrée du 2 au 8 octobre. Enfin, depuis une vingtaine d'années, les prix sont décernés dans les premiers jours d'août, souvent même à la fin de juillet, et la rentrée des classes a lieu au commencement d'octobre.

Pendant un certain nombre d'années, au milieu du XIXe siècle, il y eut classe au Collège, pendant les vacances, plusieurs jours par semaine, le matin de 8 heures à 11 heures. Tous les élèves pouvaient suivre ces cours en se faisant inscrire d'avance.

et aux exercices physiques plus de temps qu'on ne le faisait autrefois, et l'on est bien loin de partager les idées qu'émettaient, en 1791, les rédacteurs du *Prospectus du Collège national de Chinon*, lorsqu'ils conseillaient aux parents de laisser leurs enfants au Collège pendant le temps des vacances, sous prétexte que les écoliers perdaient dans la famille le goût de l'étude et l'habitude de la discipline [1]. On ne craignait pas alors les effets du surmenage.

Parmi les élèves les plus distingués qu'ait produits le Collège pendant le XIXe siècle, citons, pour ne parler que de ceux qui ne sont plus : Emile Ruelle qui fut recteur de l'Académie de Bordeaux ; Etienne Archambault qui, pendant de longues années, fut censeur des études au Collège de Tours; les docteurs Saturnin Thomas et Alexandre Gendron qui, après avoir été internes des hôpitaux de Paris, exercèrent, le premier à Tours, le second à Chinon; M. de Sazilly, sorti de l'école polytechnique dans le corps des ponts-et-chaussées ; le docteur Joubert, député d'Indre-et-Loire pendant dix années consécutives (1876-85) ; le docteur Guignard qui fut maire d'Angers et député de Maine-et-Loire; Gustave Trouvé, qui a laissé comme ingénieur électricien un nom bien connu [2].

XI

Les nombreuses améliorations introduites au Collège depuis une trentaine d'années se sont traduites par un accroissement successif des dépenses que nécessite son entretien.

Nous avons vu qu'en 1811, au moment où cet établissement venait d'être rattaché à l'Université, son budget s'élevait, pour les dépenses, à la somme de 6.000 francs. En 1837, lorsque la Ville signa son premier engagement

---

(1) Voir ce prospectus qui est reproduit p. 114.
(2) L'esprit inventif de G. Trouvé se manifesta de bonne heure. Etant élève au Collège, alors qu'il se préparait à concourir pour l'école des arts et métiers, il faillit incendier la maison en faisant fonctionner une sorte de petite machine à vapeur de son invention, qu'il avait laissée sous pression dans son pupitre en quittant l'étude.

quinquennal, le budget était de 8.100 francs; en 1852, lors de l'application de la nouvelle loi sur l'enseignement, il atteignait 11.800 francs. Il resta alors stationnaire pendant une vingtaine d'années, puisqu'en 1872 il dépassait à peine 12.000 francs ; puis il progressa peu à peu jusqu'en 1890, époque à laquelle il atteignait déjà près de 16.000 fr. L'année suivante, à la suite d'un engagement décennal signé par la Ville, il montait à plus de 21.000 francs et progressait ensuite jusqu'à 23.000, en 1899. Enfin, il dépassait 33.000 en 1900 et pour cette année (1904) les recettes prévues atteignent 37.000 francs et les dépenses 35.000, dont 30.000 environ pour les honoraires du personnel enseignant.

L'accroissement successif des dépenses du Collège est dû surtout à l'augmentation du nombre des professeurs et du chiffre de leur traitement. Mais aujourd'hui, ces fonctionnaires ne sont plus rétribués selon la chaire qu'ils occupent. Ils sont, d'après leurs titres universitaires, divisés en trois ordres, puis, dans chacun de ces ordres, par leur degré d'ancienneté et parfois aussi au choix, subdivisés en six classes. C'est d'après ce classement que sont fixés leurs émoluments, beaucoup plus élevés qu'autrefois. Ainsi, tandis que les régents des classes inférieures avaient, il y a cinquante ans à peine, un traitement de 1.000 francs seulement, aujourd'hui les professeurs de 3e ordre et de 6e classe ne touchent pas moins de 1.600 francs. La différence est plus sensible encore pour les professeurs d'un grade plus élevé; ainsi, tandis que les régents les plus payés il y a cinquante ans ne recevaient que 1.300 francs, aujourd'hui les professeurs de 1er ordre et de 1re classe touchent 3.700 francs; quelques-uns même, assimilés, à grade égal, à leurs collègues des lycées, reçoivent davantage.

Malgré le chiffre élevé qu'atteint actuellement le budget du Collège, cet établissement ne coûte pas à la Ville ce que l'on pourrait croire.

En 1875, l'État accordait en effet, déjà, une subvention

annuelle de 1.500 francs, qui, de 1881 à 1890, dépassa 3.000 francs. A partir de 1891, et pendant une période de 10 années, il prit à sa charge à peu près le tiers de la dépense, déduction faite du produit de la rétribution collégiale, soit 6.600 francs. Enfin, d'après le traité actuellement en vigueur, c'est-à-dire depuis 1901, il contribue pour les deux tiers environ dans les dépenses du Collège (plus de 17.000 francs par an). C'est grâce à cette dotation que le budget s'équilibre depuis quelques années avec un excédent de recettes de plusieurs milliers de francs, qui permet de faire à l'immeuble les améliorations nécessaires [1].

Peut-être même viendra-t-il un temps où l'Etat se chargera entièrement de l'administration des Collèges de plein exercice, comme il le fait pour les lycées, et où le personnel enseignant de ces deux catégories d'établissements sera mis sur un pied d'égalité complète. Les collèges ne pourraient qu'y gagner. Ils présenteraient aux familles les plus sérieuses garanties et le principal y occuperait une situation plus indépendante. Mais il faudrait que, malgré ces avantages, le prix de la pension ne fût pas augmenté. Nous faisons, dans l'intérêt de notre

---

[1] Voici, du reste, un résumé du projet de budget pour cette année (1904) :

RECETTES		DÉPENSES	
Subvention de l'Etat		*Personnel*	
Subvention fixe prévue au traité; subvention variable; bourses nationales; etc.	19.115 f.	Traitements fixes et indemnités diverses; gages du concierge.	31.100 f.
Subvention du département		*Matériel*	
Bourses départementales...	600	Entretien des bâtiments et du mobilier; bibliothèque; matériel scientifique; frais de bureau; distribution des prix; etc.	1.730
Subvention de la Ville			
Subvention fixe; subvention variable; entretien des bâtiments; etc.	9.286		
Recettes provenant du Collège		*Dépenses du pensionnat à payer par la Ville*	
Produit de l'externat surveillé, de l'externat simple, etc.	8.785	Bourses d'externat; indemnités dues au principal.	2.835
TOTAL	37.786 f.	TOTAL	35.665 f.

N. B. — Les recettes provenant du Collège étant à déduire des sommes à payer, celles-ci ne s'élèvent en réalité qu'à 27.000 francs, dont les deux tiers environ sont fournis par l'Etat.

Collège, les vœux les plus ardents pour que ce régime y soit mis en pratique.

En attendant, et en raison de la sollicitude dont l'entourent tout à la fois l'Etat, l'administration académique et l'autorité municipale, le Collège de Chinon ne peut que prospérer. Et, en effet, dans ces derniers temps, il a pris sous la direction vigilante et paternelle de M. le principal actuel, un développement qu'il n'avait pas eu depuis de longues années. Lors de l'arrivée de M. Brocas, à la fin de 1899, il y avait au Collège 60 élèves, dont 15 pensionnaires, tandis que l'on y compte actuellement plus de 120 élèves et de 50 pensionnaires. Des professeurs d'un mérite incontestable secondent de tout leur pouvoir le chef de l'administration et contribuent ainsi à favoriser la prospérité de la maison.

Aujourd'hui, le Collège, qui est toujours de plein exercice, dépend de l'Académie de Poitiers [1]. Il est administré par un Bureau qui, depuis l'arrêté du 20 janvier 1886, est composé de 8 membres dont 4 en font partie de droit. Ce sont l'inspecteur d'Académie (président), le sous-préfet, le maire, le principal du Collège. Les quatre autres, nommés pour trois ans par le ministre de l'instruction publique, sur la présentation du recteur et après avis du préfet, comprennent deux membres du Conseil municipal et deux notables habitants de la ville.

Le prix de la pension est, pour les grands, de 600 francs;

---

[1] En vertu des dispositions du décret du 17 mars 1808, qui créait l'Université, le département d'Indre-et-Loire se trouvait être du ressort de l'Académie d'Orléans, dont il fit partie pendant 40 ans. Cependant une ordonnance du 15 février 1815, supprimant les Académies et créant des Universités régionales, avait rattaché l'Indre-et-Loire à l'Université d'Angers. Mais cette ordonnance avait bientôt été annulée par le décret du 30 mars suivant et par l'ordonnance du 15 août de la même année, de telle sorte que le Collège de Chinon continua de faire partie de l'Académie d'Orléans jusqu'en 1848. A cette époque seulement le département fut rattaché à l'Académie d'Angers par un arrêté du 7 septembre, devant produire son effet le 1er octobre suivant. Moins de deux ans après, le décret du 27 mai 1850, devant être mis à exécution le 1er septembre de la même année, créait une Académie par département et rattachait ainsi le Collège de Chinon à celle d'Indre-et-Loire. Enfin le décret du 22 août 1854 réorganisa de nouvelles Académies régionales et rattacha l'Indre-et-Loire à l'Académie de Poitiers, dont le Collège de Chinon n'a cessé de relever depuis lors.

celui de la demi-pension de 350 francs; celui de l'externat de 110 francs. Toutefois, ces prix subissent une réduction sensible pour les élèves des classes moyennes et pour ceux des classes inférieures [1].

L'uniforme actuel des élèves, exigé seulement des internes, est celui qui a été adopté pour les lycées et collèges de l'Université par la circulaire du 31 mai 1890. Il consiste, pour les grands, en une redingote, un gilet et un pantalon en drap bleu foncé, avec une casquette marine de même couleur. Pour les moyens et les petits, la redingote est remplacée par un veston. Cet uniforme, qui était depuis longtemps en usage dans beaucoup d'établissements libres, est certes de meilleur goût que tous ceux qui l'avaient précédé. La redingote, le veston et le gilet sont garnis de boutons dorés, au nom du Collège.

---

[1] Nous croyons devoir mettre en parallèle le prix de la pension et de la demi-pension à différentes époques depuis que le Collège est rattaché à l'Université.

ANNÉES	PENSION	DEMI-PENSION	OBSERVATIONS
1811	400 fr.	200 fr.	Non compris la rétribution universitaire qui était de 20 francs, au profit de l'Etat, et qui fut supprimée en 1844.
1834	id.	id.	
1841	406	230	
1853	406	244	
1855	460	280	
1874	530	350	
1891	600	350	Avec réductions pour les moyens et les petits.

Association amicale des anciens élèves

Nous ne voulons pas terminer ce travail sans consacrer une mention spéciale à l'Association amicale des anciens élèves du Collège.

Créée l'an dernier seulement, sur l'initiative de M. Brocas, principal de l'établissement, cette société a pour but, non seulement d'entretenir entre ses membres les relations de bonne camaraderie qui se sont établies au Collège, mais encore de favoriser la maison en donnant chaque année des prix et des bourses, et aussi de venir en aide à ceux des anciens élèves que l'infortune pourrait atteindre.

Cette Association a pu grouper rapidement un nombre suffisant d'adhérents pour assurer son existence et lui permettre, dès la première année, de donner pour 50 francs de prix, de participer aux frais des fêtes organisées par M. le principal, et enfin de créer deux bourses, l'une d'externat libre, l'autre d'externat surveillé, bourses dont le Conseil d'administration espère pouvoir, dès cette année, doubler le nombre.

Un banquet, suivi d'une assemblée générale, doit réunir tous les ans, au printemps, les membres de l'Association. Et, l'an dernier, à la suite de cette réunion qui avait lieu quelques semaines seulement après la constitution de la Société, les convives sont allés visiter ce vieux Collège qui, depuis plus de trois siècles, a vu se succéder dans ses murs tant de générations d'écoliers.

APPENDICE AU LIVRE IV

A. — Liste des principaux du Collège moderne.

Les deux premiers ont été nommés avant la création de l'Université; parmi les autres, ceux dont le nom est précédé du signe * n'ont jamais eu de nomination officielle de l'Université.

1. GIGAULT François-Joseph, 1803-janvier 1807.
2. CHRÉTIEN Georges, 1807-1809.
3. GUILLARD Jean-Jacques, janvier-mars 1810.
4. * GUÉRINET-BARRÉ Julien, juillet-septembre 1810.
5. * LECONTE-LEGENDRE, septembre-décembre 1810.
6. GRACIEUX, décembre 1810-novembre 1812.
7. * MITON Jean, décembre 1812-juin 1813.
8. VILLIERS-MORIAMÉ, 1813-1821.
9. TABARY Joseph-François-Paul, 1821-1828.
10. CORNEILLE SAINT-MARC Alexandre, 1828-1835.
11. FILLEAU Jacques-Félix, 1835-1842.
12. PERDRIAU Antoine, 1842-janvier 1845.
13. ROUET Jacques-François, 1845-1852.
14. MOREL Félix, 1852-1854.
15. CHAVENEAU Jean-Jacques, 1854-1863.
16. DOUSSET Joseph, 1863-1873.
17. PAIMBLANT Auguste-Louis, 1873-1875.
18. FAURE-MURET Marc-Gabriel-Gaëtan, 1875-1876.
19. DUCHEMIN Louis-Anne, 1876-1878.
20. DELAMOTTE Emmanuel-Louis, 1878-1879.
21. BRUNIE Pierre-Gustave, 1879-1881.
22. DOLIQUE Clément, 1881-fin décembre 1890.
23. PROMEYRAT Jean-Romain, janvier 1891-1895.
24. LOISEAU Noël-Désiré, 1895-1897.
25. FRANÇOIS Léopold-Désiré, 1897-1899.
26. BROCAS Léon-Georges, 1899-(1904), encore en exercice.

B. — Liste des régents et professeurs du Collège moderne [1].

Herpin; 1803. } Désignés par Gigault, dans sa demande en autori-
Ganne; 1803. } sation, comme devant être ses collaborateurs [2].
Guérinet-Barré Julien; cl. de grammaire et cl. élém.; 1803-27.
Morisseau René; 1806-07.
Guillard Jean-Jacques; 3ᵉ et 4ᵉ; 1807-10.
Godefroy; 1809-10.
Leconte-Legendre; rhétorique et mathématiques; 1809-11.
Boué; latin; 1810.
Thiercelin; latin; 1810.
Lévy; écriture; 1810-11.
Godet; seconde; 1810 (non acceptant).
Gralet-Duplessis; 2ᵉ, puis rhét.; 1810-12. (Sous-principal 1811-12.)
Coutant; 1811-12.
Rocher; mathématiques; 1811 (provisoirement).
Brossier; 1812.

---

[1] Nous avons dressé cette liste à l'aide de renseignements puisés à diverses sources, notamment dans les palmarès du Collège; dans les dossiers de l'inspection académique, conservés aux archives d'Indre-et-Loire; dans le registre des délibérations du Bureau et dans les procès-verbaux d'installation des professeurs, que M. le Principal a bien voulu nous communiquer.
Il résulte de nos recherches que, pendant presque toute la durée des années 1804, 1805 et 1806, les professeurs furent probablement au nombre de 2 seulement : le principal et Guérinet-Barré. On s'explique ainsi pourquoi l'établissement ne prit que plus tard le nom d'école secondaire. Les maisons d'instruction créées en vertu de la loi du 11 floréal an X devaient en effet avoir au moins 3 professeurs; et, s'il leur était permis, une fois autorisées, de conserver le nom de Collège, elles ne pouvaient prendre celui d'école secondaire que lorsqu'elles avaient le nombre de professeurs réglementaire. — Ces observations sont confirmées par la note insérée dans l'annuaire de 1807, note dont nous avons déjà parlé (pages 164 et 165), ainsi que par un arrêté du préfet en date du 10 avril 1806 (mentionné page 149), arrêté dans lequel le Collège est désigné sous le nom de « maison d'éducation non encore érigée en école secondaire ». Elles modifient l'opinion que nous avons émise à la page 165.
Nous croyons devoir ajouter les observations suivantes : 1° Les principaux qui n'ont pas professé en dehors du temps de leur principalat ne figurent pas sur cette liste; de là des lacunes dans la série des titulaires de chaque chaire, les principaux ayant presque toujours fait une classe. — 2° Les professeurs sont quelquefois chargés d'une classe autre que celle dont ils sont titulaires, mais il nous a généralement été impossible d'entrer dans ces détails. — 3° Sauf de rares exceptions, nous ne faisons pas figurer les maîtres d'étude, si ce n'est lorsqu'ils sont chargés d'un enseignement quelconque.
Pour les professeurs encore en exercice, l'année 1901 est entre parenthèses.
[2] Ces 2 professeurs n'ont sans doute enseigné que pendant un laps de temps fort court, peut-être même pas du tout.

— 213 —

Superviello; classes de grammaire, puis seconde; 1812-14.
Schneider; écriture; 1812-13.
Pallu-Delessert Paul; mathématiques; 1812-14.
Marchand Philippe; cl. élém., puis cl. de gramm.; 1813-19.
Bourse; prof. suppléant; 1813.
Dumain Charles; classes élémentaires; 1813-14.
Brédif Jacques-François; classe élém. de grec; 1813-14.
Delahaye Jean-Jacques-Joseph; 4°, 1814-16; rhét. et phil., 1816-18.
Légé; classes de grammaire; déc. 1814.
Grivot-Barré Félix; mathématiques; 7 sept. 1814.
Thierry; mathématiques; 4 janvier 1816.
Madamet Nicolas; mathématiques; 19 oct. 1816-janv. 1810.
Raverot Etienne; 1818.
Dupuis Jean-Pierre; philosophie; 1818.
Godet (pour la 2° fois); rhét. et seconde; 1818-20.
Ropior; 3° et 4°; 1818-19.
Hubsch; 3° et 4°; fév.-oct. 1819.
Larrieu; 3° et 4°; oct. 1819-1821.
Creuzé; 6° et 7°; oct. 1820.
Lorrain Paul; seconde et rhét.; 21 nov. 1820 (1).
Renard; seconde et rhét.; 1821 (2).
Delahaye (pour la 2° fois); 3° et 4°, 1824-26; 2° et rhét., 1826-28; rhét. et phil., 1828-32; langues vivantes, 1831-32.
Advinent; seconde et rhét.; 1825-26.
Chevrier; 5° et 6°; 1825-26.
Charvot Jean-Baptiste; 5° et 6°, puis 4° et 5°; 1826-29.
Rouet Jacques-François; 3° et 4°, 1826-27; 2° et 3°, 1827-35; rhét., 1835-43; anglais, 1832-43.
Thévenin Jules-Pierre; classe élémentaire; 1827-28.
Rimbault; classe élémentaire; 1828-29.
Girardeau (l'abbé); instruction relig. et cl. élément.; 1828-29.
Lucet; langue française, tenue des livres; 1828-32.
Mahiet; écriture et dessin; 1828-31.
Biermant; musique; 1828-38.
Pinson; 6° et 7°; 1829-30.
Arrondeau Théophile; 4° et 5°, 1829-34; math. élém., 1834.
Cheneveau; escrime; 1829-32.
Logeais; danse; 1829-32, puis 1863-65.
Moriceau; 6° et 7°; 1830-33.

---
(1) A été plus tard professeur au Collège Louis-le-Grand, à Paris.
(2) A été proviseur du Collège royal, puis du lycée de Tours.

Picault (l'abbé) Fortuné; chanoine honoraire, aumônier; 1830.
Danjard; écriture, dessin, escrime; 1831-32.
Fournier (l'abbé); aumônier; 1831-32.
Duguet Etienne-Alexandre; sous-principal, cl. de gramm.; 1831-34.
Guérinet (l'abbé) René; aumônier; 1832-35.
Giraudy Jean; rhét. et philosophie; 1832-38.
Todière; classes de gramm., lang. viv.; 1832-37 (1).
Blanchet; classe élémentaire; 1832-33.
Cassard Alphonse; dessin, écriture; 1832-56.
Pointu; classe de français; 1832-33.
Coulon; classe de français; 1833-34.
Préau; 6ᵉ et 7ᵉ; 1833-34.
Lefebvre; 4ᵉ; 1834-35.
Le Taillandier Pierre-Ladislas; rhétorique; 1834-35.
Cornéille Saint-Marc Félix-Urbain; sous-principal; 3ᵉ; 1834-35.
Sainton Victor; 5ᵉ; 1834-35.
Sainton Antoine-Théodore; 6ᵉ et 7ᵉ; 1834-35. (Plus tard Dʳ en méd.).
Laumônier; classe élémentaire; 1834-35.
Prouteau Jean-Paul; français; 1834-36.
Colin; math. élém., 1834-35; chargé de la 6ᵉ et de la 7ᵉ en 1835-36.
Louvel (capitaine); officier instructeur; 1834-36.
Gardior; musique; 1834-35.
Laporte; danse; 1834-37.
Munhg; escrime; 1834-39.
Choisnel; 5ᵉ; 1835.
Petitbon; 8ᵉ; 1835-36.
Barré; cours de français; 1835-36.
Vergne (l'abbé); aumônier; 1835-39.
Noblet Jean; 6ᵉ et 7ᵉ, 1836-38; 4ᵉ et 5ᵉ, 1838-40; 3ᵉ, 1840-43.
Girard; cours de français; 1838-39.
Baudusson Laurent-Yves; philosophie et hist.; 1838-41.
Le Baron Charles-François; 4ᵉ et 5ᵉ; 1838-40.
Brila Pierre; 6ᵉ et 7ᵉ, 1838-40; 5ᵉ et 6ᵉ, 1840-47; 4ᵉ, 1847-52; 7ᵉ et 8ᵉ, 1852-55.
Legendre; classes élémentaires; 1838-39.
Laurent Ernest; musique; 1838-80.
Richardon; classes élémentaires; 1839-40.
Pareau (l'abbé); aumônier; 1839-41.

---

(1) A quitté Chinon pour être professeur suppléant d'histoire au Collège Saint-Louis, à Paris. Il a été plus tard professeur d'histoire au Collège de Tours et a publié plusieurs ouvrages estimés.

Mignod Jean-Baptiste-Antoine; mathém. et phys.; 30 janv.-oct. 1840.
Bailly Joseph-Timothée-Alexandre; math. et phys.; 1840-41.
Guy Joachim; 4°; 1840-46.
Manuel (ou Emmanuel); 7°, 8° et français; 1840-41.
Dorange Henri-Louis; surveillant; 1840-41.
Gillet (l'abbé) Charles; aumônier; 1841-45.
Quris Xavier; philosophie et allemand; 1841-55.
Legrand; directeur de l'école primaire supérieure; 1842-43.
Rousseau; directeur de l'école primaire supérieure; 1843-46.
Caffiaux Henri-Etienne; 3°; 1843-44.
Charpentier; rhétorique; janvier 1844-1845.
Le Taillandier; 2° et 3°; 1844-49.
Sainton Aristide; mathématiques et physique; 1844-49.
Viochot Victor-Pierre; 7°; 1845-47.
Boulanger; 8°; 1845-47.
Evrat Louis-Isidore; 5° et 6°; 1846-48.
Audebert Félix; Direct. de l'éc. prim. sup., gymnastique; 1846-72.
Boisseau (l'abbé); aumônier; 1846-51.
Bessière Jean-Louis; 7°; 1847-49.
Molénat Auguste-Cyprien; 8° et classe préparatoire; 1847-49.
Chaveneau Jean-Jacques; 5° et 6°; 1848-53.
Guyennet; mathématiques et physique; 1849-54.
Tribondeau; 3°; 1849-55.
Jaunay Louis; 7° et 8°; 1849-52.
Blot; classe primaire élémentaire; 1849-50.
Savary; classe primaire élémentaire; 1850-54.
Mabilleau (l'abbé); aumônier; 1851-53.
Branger (l'abbé); aumônier; 1853-56.
Duchier; rhétorique et seconde; 1853-54.
Besse-Lalande; 5° et 6°; 1853-57.
Guertin; classe primaire élémentaire; 1854-56.
Pierron Edouard; mathématiques et physique; 1854-55.
Pallu; mathématiques et physique; 1855-57.
Jondeau; 7° et 8°, anglais; 1855-57.
Guertin (l'abbé) Eugène; aumônier; 1856-65.
Moindron; cours de français; 1856-57.
Thérin; classe primaire élémentaire; 1856-57.
Brunet Laurent; dessin; 1856-93.
Audiat Louis; rhét. et seconde; 1857-58.
Maupetit; mathématiques et physique; 1857-61.
Jourdain; 5° et 6°; 1857-58.

Chauvin; 7ᵉ et 8ᵉ; 1857-58.
Jusseaume; cours de français; 1857-58.
Robin; classe primaire élémentaire; 1857-58.
Rouet (ancien principal); anglais et allemand; 1857-61.
Meusnier Louis; rhét. et seconde; 1858-60; logique, 1860-61.
Bernard; 5ᵉ et 6ᵉ; 1858-60.
Camlong; 7ᵉ et 8ᵉ; oct. 1858-avril 1861.
Cyr Eugène; classe primaire élém.; 1859-60.
Boutin Jules-Adrien; rhét. et 2ᵉ, 1860-65; rhét., 2ᵉ et phil., 1865-69.
Douay Amédée-Victor-Maurice; 3ᵉ et 4ᵉ; 1860-61.
Galy Pierre-Emile; 5ᵉ et 6ᵉ; 1860-61.
Javary; classe primaire élémentaire; 1860-61.
Faure-Muret Marc-Gabriel-Gaëtan; 7ᵉ et 8ᵉ, avril-août 1861; 5ᵉ et 6ᵉ, 1861-64.
Bisseuil Jean-Etienne; mathématiques; sept.-oct. 1861.
Saintôn Aristide (pour la 2ᵉ fois); mathématiques; 1861-73.
Tintant Pierre; logique, chargé de la 5ᵉ et de la 6ᵉ; oct. 1861.
Bassy Claude-Charles,; 3ᵉ et 4ᵉ; 1861-73.
Benoist Antoine; 7ᵉ et 8ᵉ; 1861-68.
Lebreton; classe primaire élémentaire; 1861-62.
Dupont; classe primaire élémentaire; 1862-63.
Fleurant Louis; logique, puis philosophie, langues viv.; 1863-65.
Vergnaud; classe primaire élémentaire; 1863-67.
Fleuret Jules; 5ᵉ et 6ᵉ, langues vivantes; 1864-73.
Sachot (l'abbé); aumônier; 1865-67.
Clarrion; classe primaire élémentaire; 1867-69.
Gourdin (l'abbé); aumônier; 1867-68.
Gural Jean-Baptiste; 7ᵉ et 8ᵉ; 1868-69.
Durand (l'abbé) Sylvain-Célestin; aumônier; 1868-73.
Vaisson Henri; philosophie et rhétorique; 1869-72.
Morgand Pierre-René; 7ᵉ et 8ᵉ, puis 5ᵉ et 6ᵉ; 1870-72.
Landras; classe primaire élémentaire; 1870-71.
Fournier; 7ᵉ et 8ᵉ; 1871-72.
Ballot; classe primaire élémentaire; 1871-72.
Robbe Pierre-Louis; philosophie et rhét., anglais; 1872-75.
Stapfer Charles; 7ᵉ et 8ᵉ, puis 5ᵉ et 6ᵉ; 1872-78.
Viau-Hamard; enseignement spécial; 1872-80.
Danbron; classe primaire élémentaire; 1872-73.
Brault (l'abbé) Jules; aumônier; 1873-86.
Berloquin (l'abbé); aumônier; 1873-77.
Thiard Jean-Baptiste; mathématiques; 1873-74.

Sergent; classe primaire élémentaire; 1873-74.
Besson Victor-Alphonse; mathématiques; 1874-78.
Camajou Philippe; 2ᵉ et 3ᵉ; 1874.
Nicolaï Charles; 4ᵉ et 5ᵉ, puis seconde et rhétorique; 1874-75.
De Béranger; classe primaire élémentaire; 1874-75.
Fournier Mathurin-Henri-Saint-Fort; 5ᵉ et 6ᵉ; 1875-76.
Gallois François-Athanase; 7ᵉ et 8ᵉ; 1875-78.
Le Chevalier Louis-Joseph; philosophie et hist.; sept.-nov. 1875.
Rotureau; classe primaire élémentaire; 1875-76.
Szelechowski Fortuné-Jean-Baptiste; phil. et hist.; 1875-76.
Lhomme Marie-François; rhét., 2ᵉ et anglais; 1875-77.
Brullé Marie-Auguste-Henri; phys. et chim., 1876-78; angl., 1877-78.
Bouchet Gustave-Adolphe; philosophie et histoire; 1876-80.
Salaun; 5ᵉ et 6ᵉ; 1876-77.
Moricheau Auguste; classe primaire élémentaire; 1876-77.
Prévost Paul-Auguste; rhétorique et 2ᵉ; 1877-78.
Vaslin (l'abbé) Ernest; aumônier; 1877-81.
Boucher Frédéric; cl. prim. élém., 1877-80; ensᵗ. spéc. et mod. 1880-95.
Pichard René; calcul; 1877-78.
Raffy Charles-Auguste; 5ᵉ et 6ᵉ; 1877.
Coiffard Noël; 5ᵉ et 6ᵉ; 1878-79.
Delmas Erembert-Louis; rhétorique et seconde; oct.-nov. 1878.
Boudard Charles-Joseph-Maxime; sciences phys. et nat.; 1878-90.
Chiron Louis; mathématiques; 1878-83.
Boissière Gustave; rhétorique et seconde; 1878-79.
Péricard Claude; 7ᵉ, 8ᵉ et allemand; 1878-janv. 1879.
Lams; 7ᵉ, 8ᵉ et allemand; janv.-août 1879.
Favereau Louis-Célestin; 3ᵉ, 4ᵉ et anglais; janv.-sept. 1879.
Saignac Jean-Baptiste; rhétorique et seconde; 1879-81.
Félix Léonard; 3ᵉ et 4ᵉ; sept. 1879-avril 1880.
Raffanaud Henri-Barthélomy; 5ᵉ, 6ᵉ et allemand; 1879-89.
Lambert Pierre; 7ᵉ, 8ᵉ et anglais; 1879-82.
Séguy Marcel; philosophie et histoire; mars 1880-(1904).
Delpy; 3ᵉ et 4ᵉ; 1880-83.
Legouyer; classe primaire élémentaire; 1880-81.
Besnard fils; musique; 1880-81.
Besnard père; musique; 1881-83.
Fourat; classe primaire élémentaire; 1881-82.
Jolly André; rhétorique et seconde; 1881-91.
Charlanne Louis; 7ᵉ et 8ᵉ, anglais; 1882-86.
Jouannot; classe primaire élémentaire; 1882-84.

Randouin; exercices militaires; 1883-85.
Baculard; musique; 1883-(1904).
Compagnies Valéry-Jules-Joseph; mathématiques; janv. 1884-(1904).
Bergeault (l'abbé); aumônier; 1884-89.
Despax; classe primaire élémentaire; 1884-85.
Penot; classe primaire élémentaire; 1885-86.
Dubois (l'abbé); aumônier; 1886-87.
Paté François-Elisée; gymnastique et exerc. mil.; 1886-99.
Veyret Fréd.-Louis-Eugène; 7ᵉ et 8ᵉ, 1886-1903; franç., 1903-(1904).
Leger Louis; cl. pr. él.; fin 1886. (Prof. à la Fac. des Sc. de Grenoble).
Amiot Victor; classe primaire élémentaire; 1886-90.
Maran (l'abbé); aumônier; 1887-89.
Denis; enseignement moderne; 1888-90.
Ostermann; 5ᵉ, 6ᵉ, anglais et allemand; avril-août 1890.
Roumiguié; 3ᵉ et 4ᵉ; 1890-91.
Roberti; 5ᵉ, 6ᵉ, anglais et allemand; 1890-91.
Benoist; classe primaire élémentaire; 1890-93.
Malaure; allemand; oct.-nov. 1891.
Béduneau Joseph; rhétorique et seconde; 1891-94.
Grandin Elie; 5ᵉ et 6ᵉ; 1891-93.
Laurent Marie-Georges-Gabriel; allemand; nov. 1891-(1904).
Martin Louis-Jules; classe primaire élémentaire; 1893-94.
Jusserand Louis-Antoine; dessin; 1893-99.
Thévenin Casimir-Clovis-Marie; 5ᵉ et 6ᵉ; 1893-97.
Marteau Victor; anglais; 1893-94.
Galand; rhétorique et seconde; fév.-déc. 1894.
Dagorne Félix; rhétorique et seconde; déc. 1894-oct. 1895.
Ouary Pierre-Marie; classe primaire élémentaire; 1894-97.
Spiegel Georges; rhétorique et seconde; 1895-99.
Audouin Marcel; enseignement moderne; nov. 1895-fév. 1897.
Durand Alphonse-René; anglais; 1896-97.
Michau Louis-Honoré; agriculture; 1896-1900.
Bivrum André-Louis-François; enseignᵗ moderne; févr.-sept. 1897.
Gendre Prosper-Daniel; anglais; oct. 1897-mars 1898.
Monestier; classe primaire élémentaire; oct. 1897-avril 1898.
Darlet Octave; sciences phys. et naturelles; 1897-98.
Leduc Ferdinand-Jean-Léon; enseigᵗ moderne; 1897-1901.
Mᵐᵉ Chaimbault; piano, violon; 1897-(1904).
Artarit Marc; anglais; mars 1898-sept. 1899.
Crochet Léon; classe prim. élémentaire; avril-oct. 1898.
Vaumousse Pierre-Félix; sciences phys. et nat.; août 1898-mai 1901.

Tessier Désiré-Louis-Gaston; classe prim. élém.; 1898-99.
Cordier Auguste-Victor-Louis; rhét. et seconde; 1899-(1904).
Mérillac Charles-Henri; anglais; 1899-1901.
Fournier Benjamin; dessin; 1899-1901.
Graupeaud Georges-Alph., ex. mil., cl. prim. él., 7ᵉ et 8ᵉ; 1899-(1904).
Aubert Victor; agriculture; 1900-1901.
Renouvin Émile; sciences phys. et nat.; mai 1901-janv. 1903.
Devaux Cl.-Fr.-V.; 5ᵉ et 6ᵉ, anglais; juil. 1901-1903.
Martin Antoine-Marius; dessin; 1901-1903.
Moscovino François-Louis; exerc. mil., gymnast.; 1901-(1904).
Boucher Frédéric (pour la 2ᵉ fois); comptabilité; 1902-(1904).
Genin Pierre-François-Jules; sc. phys. et nat.; janv. 1903-(1904).
Castets Henri-Maurice; dessin; 1903-(1904).
Le Flahec Joseph; 3ᵉ et 4ᵉ, anglais; 1903-(1904).
Delalay Emmanuel; classe prim. élém.; 1903-(1904).
Mᵐᵉ Landry née Allain; classe enfantine; 1903-(1904).

C. — Liste des membres du Bureau d'administration

Nous avons vu (p. 159) quelle devait être, d'après l'arrêté du 19 vend. an XII, la composition du Bureau d'administration des écoles secondaires. L'annuaire d'Indre-et-Loire pour 1808 nous donne la liste des membres qui le composaient, à Chinon, à la fin de 1807.

Après la création de l'Université, la composition du Bureau des Collèges communaux fut modifiée et, le 10 mars 1811, le maire et trois notables furent désignés pour administrer le Collège communal de Chinon. Une ordonnance du 17 février 1815 y adjoignit le sous-préfet. A cette époque le Bureau était de droit présidé par le recteur; plus tard, il le fut par l'inspecteur d'Académie. Sa composition varia du reste ensuite à diverses reprises.

Dans la liste que nous donnons ici, nous ne faisons figurer aucun des membres de droit : recteur, inspecteur d'Académie, sous-préfet, maire, principal du Collège.

Picault, conseiller municipal; 1807.
Voisine-Baillou, conseiller municipal; 1807.
De Boisjoly, curé de Sᵗ-Etienne de Chinon; 10 mars 1811-1815.
Mingot, juge au tribunal civil; 10 mars 1811-1812.
De Joannis, propriétaire, naturaliste; 10 mars 1811-1812.
Lafon père, docteur en médecine; 3 déc. 1812-1848.
Torterue de Sazilly, juge au tribunal; 3 déc. 1812-1830, 1831-1862.

Picault de la Férandière, juge au tribunal; 31 janv. 1814-1836.
Souchu, curé de St-Etienne; 1818-1830.
Lejouteux, président du tribunal, 1818-1830.
Baudouin-Coutancin Jean, président du tribunal; 1830-1849.

De Quinemont ⎫
Auvinet Raoul ⎬ Désignés dans l'annuaire pour 1832, avec le sous-
Minier   préfet et le maire, ont dû être nommés en 1831,
Péan   ⎭ (avant le 8 novembre), mais n'ont jamais siégé.

Lefrançois, juge de paix; 1837-1850.
Foucqueteau, président du tribunal; 1849-1863.
Lafon Hilaire (fils), docteur en médecine; 1849-1881.
Guertin Charles, avoué; 1862-1876.
Prévost, président du tribunal; 1864-1877.
Detrois, docteur en médecine; 1867-1876.
Fermé, ancien maire; 1870-1873.
Durand, curé de St-Etienne; 1876-1879.
Flabert Jules, avocat; 1876-1878.
Sainton, docteur en médecine; 1876-1886.
Bodin, président du tribunal; 1877.
Auvinet Raoul, conseiller municipal; 1878-1899.
Vidal de Saint-Urbain, procureur de la République; 1882-1883.
Dousset, conseiller municipal; 1882-1888.
Guertin Jacques, docteur en médecine; 1886-(1904).
Ris, président du Tribunal; 1886-1891.
Mattrais, conseiller municipal; 1888-1898.
Chassaigne, président du tribunal; 1892-(1904).
Foucher, docteur en médecine, conseiller municipal; 1898-(1904).
Besnard, conseiller municipal; 1900-(1904).

Aujourd'hui, le Bureau, constitué d'après les prescriptions de l'arrêté du 20 janvier 1886, comprend :

MM.

Peytraud, inspecteur d'Académie ⎫
Kuhn, sous-préfet de Chinon   ⎬ Membres de droit.
Mattrais, maire de Chinon
Brocas, principal du Collège   ⎭

Foucher ⎫
Besnard ⎬ Membres du Conseil municipal.

Guertin ⎫
Chassaigne ⎬ pris en dehors du Conseil.

PIÈCES JUSTIFICATIVES

A

Fondation de l'école de Saint-Mexme [1]

Reversus [2] autem e Cluniaco Innocentii Papæ jussu de studio et affectu illo suo in Ecclesiam sibi commissam, nihil penitus remisit, nihil de assidua sollicitudine relaxavit. Lucio Papa II Innocentii in locum statim sussecto, ut sancta metropolis Ecclesia Turonorum ejusque census, jura et privilegia sarta tecta essent Apostolicæ sedis authoritate curavit anno 1144. Eodem tempore publicas haberi jussit scholas Cainone erudiendis formandisque adolescentibus, quarum regimen curamque demandavit Capicerio et Canonicis illic hærentibus. *Litteræ Hugonis 1142 in Archivo Cainonensi* [3]. Quibus liquido constat Cainonenses Monachos, qui a S. Maximi temporibus Religiosæ vitæ legibus fuerant obnoxii, et Theotolonis Archiepiscopi ætate Abbatis etiam regebantur imperio (Benedictinis erant tum regulis adstricti), ad seculares Canonicos jam pridem esse adscriptos capicerio, qui Collegii totius caput est et Princeps, Abbatis in locum subrogato.

---

[1] MAAN, *Sancta et metropolitana Ecclesia Turonensis, sacrorum pontificum suorum ornata virtutibus, et sanctissimis conciliorum institutis decorata.....* — Tours, 1667, p. 114, IX.

[2] Le sujet de cette phrase est sous-entendu. C'est Hugues II, archevêque de Tours, dont il est question dans le paragraphe précédent.

[3] Ces lettres de Hugues II, ordonnant la création de l'école de Saint-Mexme, et que Maan semble avoir eues sous les yeux, paraissent ne plus exister. Il nous a été impossible de les retrouver.

B

Délibérations du Corps de ville de Chinon (XVIe siècle)

(*Archives municipales de Chinon*, série BB) [1]

---

1. — Délibération du 20 novembre 1578 (BB. 2, fol. 6 v° et seq.)

Du vingtiesme jour de novembre 1578.....

Deliberant des afferes de la ville et faulxbours de Chinon et principalement d'ung precepteur qui seroit venu au marché des habitahs de ladicte ville, expres de la ville d'Angers, nommé m^e Michel Bizaul, pour ce charger du college et en prendre l'administration, a esté advisé par entre les comparans en la presente assemblée qu'il sera baillé et payé comptant par le receveur de ville la somme de cinquante escuz sur les deniers commungs, à laquelle somme y sera contrainct Claude Daguyndeau receveur desdicts deniers commungs, et luy sera passée ladicte somme en ses comptes, raportant quitance; ledict precepteur mandant au premier sergent, en cas de refus, d'y contraindre ledict Daguyndeau par corps, à la requeste desdicts manans et habitans, sans que le sergent executeur en puisse rien prendre pour ses vacations. Fait par devant messire lieutenant susdict, juge et president en ladicte assemblée, les jour et an que dessus. Et ce sont conferé avecque ledict Bizaul des moyens et gages ordonnés audict precepteur du college de ceste ville; luy a esté remonstré que les sieurs du chappitre St Mexme ont acordé le revenu d'une prebande tant en groz de bled, vins, que foranité, et que, outre ce, pour l'entretenement de luy et de deux precepteurs, ils offroient et offrent luy fere bailler et donner cent cinquante livres tournois des deniers d'octroy et patrimoniaux, jusques à ce qu'ils ayent eu lettres pour valider et fere allouer au receveur desdicts deniers commungs ladicte somme (acquoy?) la maison anticune des escolles poura valloyr de revenu, ensemble la frairie de St Nicolas, le service dict, lesquels revenus, s'ils sont prins par ledict Bizaul, luy seront deduictz sur lesdictes cent cinquante livres tournois.

---

(1) Dans ces délibérations, presque illisibles, une foule de mots sont écrits en abrégé. Nous avons cru, pour l'intelligence du texte, devoir supprimer toutes ou presque toutes ces abréviations.

Et lequel Bizaul present a dict qu'il offroict fere service au corps des habitans de ceste dicte ville et prendre et accepter la charge des escolles et avecques luy avoir deux autres preceptours estant honestement stipendyé et gagé, et que le revenu de ladicte prebande avecque le tiltre de chantre et cent cinquante livres ne seroient bonnement suffisans, neantmoins pour le zele et volonpté qu'il a au bien publicq, il est pres d'en accepter ladicte charge et de fet l'a accepté, moyennant que ladicte prebande et chantrye dont estoit pourveu m' René Boucher nagueres preceptour desdictes escolles luy sera conferée avecque le revenu d'icelle selon l'offre desdicts sieurs chanoynes, et outre que pour la surté de ladicte somme de cent cinquante livres tournois pris sur lesdicts deniers commungs, le receveur de la ville ou autres personnes particullieres, jusques au nombre de cinq ou six, luy soient tenus de leurs propres et privés noms.

Sur quoy avons, apres avoir ensemble conferé de tout ce que dessus et avec l'advis des dessusdicts, ordonné que ledict Bizaul sera et de fet luy avons doné et conferé la charge de preceptour en ce college, à la charge d'avoir par ledict Bizaul le revenu et tiltre si bon semble ausdicts chanoynes; et outre, qu'il aura ladicte somme de cent cinquante livres tournois sur les deniers commungs de ladicte ville; et au payement d'icelle sera contrainct le receveur des deniers commungs, à la charge de luy fournir, par le corps de ladicte ville, dans la fin de ses ans, lettres de validation desdicts payemens, sur laquelle somme sera ledict receveur contrainct d'avancer la somme de trente trois escuz ung tiers. Et sera la maison antienne des escolles et choses qui en despendent, ensemble le revenu de la frairie S¹ Nicolas, baillé afferme à la charge de fere le service dyvyn, pour lesdicts deniers estre emploiés et convertiz au payement desdictes cent cinquante livres, jusques à la valleur de ladicte ferme. Arestent que ledict Bizaul prendra de chacun enfant qui yra audict college six sols tournois; et quant aux pauvres qui n'auront pere ne mere ne moyen de payer n'en sera rien prins par ledict Bizaul; lesquels pauvres luy seront baillez par escript. Et commencera ledict Bizaul à fere ladicte charge dedans la feste de Noël ou dans le premier jour de janvier prochain. Et sera remonstré ausdicts sieurs du chappitre qu'avécque leurs (aveus?) ils (repute?) ledict Bizaul pour devenir principal dudict college, affin qu'il leur plaise conferer ladicte dignité de principal dudict college, chantrye et benefice. Et pour fere entendre ce que dessus ont esté delégués le sieur Bellefille et Lenayn et m' Christofle Vallée l'ung des esleus de ladicte ville, Et se continuera le payement desdictes cent cinquante livres aux termes de Noël et S¹ Jean-Baptiste, qui est pour chacun terme et demye an vingt cinq escuz. Et seront fet deffences à tous autres tenir escolles, tant en ceste ville que faulxbourgs, de n'en retenir ou prendre aucuns enfans de ceste ville fors pour les petits enfans au dessous de l'age de huict ans qui aprenent leurs premiers eslemens et escripvains jusques à lyre dans leurs heures; lesquels enfans leurs peres ou autre ayant charge d'eulx ne pouroient envoyer soubs tel maistre...... à peine de payer III escuz I tiers pour la premiere foys, aplicable au profflct dudict college; lesquelles amandes seront poursuivies sous le nom du procureur du Roy et de monseigneur à ce siege. Et sera ledict Bizaul tenu presenter en l'assemblée de ville les deux regens et precepteurs dont il est tenu fournir pour instruire la jeunesse et desquels il sera responsable.

2. — **Délibération du 12 décembre 1578** (BB. 2, fol. 9 v° et seq.)

Du vendredy douziesme jour de decembre mil cinq cens soixante dix huict, en l'auditoire royal de Chinon (1), par devant F. de la Barre, assistants.....

Les dessusdicts..... apres avoir entendu la lecture de la deliberation fete par aucuns des officiers et principaulx habitans de ceste ville et faulxbourgs, du xx° de novembre dernier, pour les gages et stipendie du principal qui s'est offert et presenté ausdicts manans et habitans pour regir la jeunesse et tenir le college estably en ceste ville, ont les dessusdicts trouvé bon ladicte deliberation et ordonnance qui en a esté fete par messire le lieutenant general, qui est que la somme de cent cinquante livres, promise et acordée audict principal par forme de suployment de ses gages et

---

(1) L'auditoire royal de Chinon, où se rendait la justice et où se tenaient les assemblées générales des habitants et les réunions du Corps de Ville, occupait un immeuble qui s'élevait sur l'emplacement de la cour et des servitudes de la maison portant actuellement, dans la rue Voltaire, le n° 73. Cet immeuble, qui était le palais du bailliage, fut vendu lorsque le tribunal eut été transféré sur la place de l'Hôtel-de-Ville, dans une maison acquise le 23 avril 1837, où il se trouve encore aujourd'hui. L'ancien palais fut alors acheté par M. Tiffeneau de Verrines qui possédait déjà la maison n° 73 et qui le fit démolir. C'était, nous a souvent dit M. de Cougny, la plus belle construction du vieux Chinon. Il n'en reste plus rien aujourd'hui. C'est donc à tort que, dans ces dernières années, on a quelquefois désigné la maison n° 73 comme étant l'ancien palais du bailliage.

des deux regens qu'il est tenu fournir et entretenir avecque luy pour l'instruction de la jeunesse, soit prinse sur les deniers commungs et d'octroys de coste ville; et avons mandé par le receveur desdicts deniers par chacun an jusques à ce que avons mandé estre pourveu au payement et entretenement de ladicte somme de cent cinquante livres pour la fondation, dotation et augmentation dudict college; et que pour la sureté dudict receveur et à ce que les deniers ne luy pussent estre allouez en son compte, les esleus sur le faict commung de ceste ville face diligence d'obtenir du roy lettres de validation à ce requises et convenables dedans ung an prochain venant. En cas de refus et que lesdictes lettres ne peussent estre obtenues et defferées, que ladicte somme de cinquante escuz soit esgallée et retyrée sur les manans et habitans de ladicte ville et faulxbourgs, pour estre remplacée; et que, par leur diligence, la maison où souloit estre tenu escolle, et qui a esté ceddé et delaissé au corps de ville par les chanoynes et chappitre de S¹. Mexme pour l'augmentation dudict college, soit vandue et les deniers qui en proviendront emploiés en achapt de rante ou partage qui viendra en la deduction et rabaye de ladicte somme de cent cinquante livres, acordée et promise audict principal. Aussi ont esté les dessusdicts d'advis que ledict principal doit estre demys et destitué de ladicte charge en cas de negligence ou refus d'y fere son debvoir à l'instruction de la jeunesse, apres avoir esté sommé et requis de s'acquiter bien et deuement de son debvoir. Suyvant lequel advis des dessusdicts et ordonnance...... fete par ledict sieur lieutenant, avons ordonné que le receveur de ville payera par chacun an et demy an audict principal, sur les deniers commungs de ladicte ville, ladicte somme de cinquante escuz par forme de suployement de ses gages et stipendye à luy acordé pour sa despence; sur laquelle somme ledict receveur advancera audict principal ou à Mᵉ Guillaume Joussier, pour luy, dedans huictaine, la somme de trante trois escuz un tiers, pour luy ayder à desplacer ses moubles et iceux fere admener en ceste ville, à la charge que lesdicts esleus sur le faict commung de ceste ville seront tenus par certaines conditions fournir audict receveur, dedans ung an prochain, lettres du roy pour valider ladicte prise de deniers pour la fere passer et allouer es comptes dudict receveur, tout ainsi que si elle avoit esté employée en ce en quoy lesdicts deniers commungs sont destinez; et en cas que lesdictes lettres ne se peussent obtenir et que ladicte somme ne soit allouée esdicts comptes dudict receveur, ont tous les dessusdicts consenty qu'elle soit levée sur eulx et autres habitans de ceste ville et faulxbourgs, pour estre rendue et remplacée audict receveur. Aussy avons ordonné que lesdicts esleus feront diligence de vendre l'antienne maison des escolles, que lesdicts sieurs du chappitre S¹ Mexme ont délaissé ausdites habitans pour l'augmentation dudict college, et que les deniers qui en proviendront seront emploiez en achapt de partages ou de rante constituée qui viendra en deduictz et rabays de ladicte somme de cinquante escuz. Et quant à la confrairie de S¹ Nicolas, attendu la modicité du revenu d'icelle qui ne peut bonnement suffire pour l'entretenement du service dyvyn, par les advis des dessusdicts, avons ordonné que lesdicts deniers (seront abandonnés?) à la fabrice de la paroisse S¹ Maurice pour fere dire et entretenir le service dyvyn accoustumé. Aussi avons ordonné par l'advis que dessus que ledict principal n'aura et prendra par chacun escolier que la somme de six sols par moys, synon que gracieusement et liberallement les pere et mere et autre ayant charge d'enfans luy en voullussent bailler davantage, et aussi à la charge qu'il ne prendra rien des pauvres dont les noms luy seront baillés par escript, et à la charge qu'il entretiendra avecque luy deux bons precepteurs de bonne vie et conversation pour luy ayder à instruire la jeunessse, desquels precepteurs il sera responsable. Et sera ledict Daguyndeau contrainct, à la requeste des dessusdicts habitans et procureur du Roy joinct avecque eulx, par (execution?) et vante de ses biens, payer et mettre entre les mains dudict huissier lesdictes sommes de cinquante escuz et trente trois escuz ung tiers pour les causes susdictes, et ce par le premier sergent requis, etc.

Signé : Delabarre. Philbert.

---

3. — Délibération « du pénultième jour de décembre 1580 » (BB. 2, fol. 31-32).

Et sur ce que a esté proposé par lesdicts esleuz de ville et procureur du Roy, que comme M⁰ Michel Bizaul avoit faict appeler lesdicts esleuz, en vertu de requeste du xxııı⁰ de novembre dernier, tendant affin que lesdicts esleuz fussent condamnez et puis contraints lui paier et fournir chacun an et sur les deniers de la ville la somme de cinquante escuz à luy promise pour l'entretetement de luy et de ses regens, et que deffenses soient fetes à toutes personnes de tenir escolles ne retenir les enfans qu'ils n'allent au

college pour y estre instruits.....; et aussi qu'il sera satisfet de.....
de bled, qu'il dit luy estre deu à cause de sa prebande; de laquelle
requeste lecture a esté fete en l'assemblée et pris l'advis des
dessusdicts, ont unanimement remonstré que ledict Bizaul avoit
fort mal fet son debvoir en sa charge de precepteur et moderateur
de la jeunesse qui est..... plus desbandée et mal instruite, tant aux
lettres qu'en bonnes (mœurs?) qu'elle n'estoit auparavant que
ledict Bizaul prit la charge dudict college, par sa negligence et
mauvais exemple de vie et deportement dudict Bizaul, dont avoient
esté fetes plusieurs plaintes à la justice et au chapitre de l'eglise
collegiale messire S¹ Mexme dont il tient l'une des prebandes pour
son entretenement et en consideration du debvoir qu'il en a esperé
qu'il feroit en sa charge sur ses promesses fetes ausdicts habitans
et mesmes d'entretenir deux regens avecques luy pour luy aider
à instruire la jeunesse; de laquelle promesse ledict Bizaul, tost
apres qu'il a esté institué audict college, a manqué et n'a retenu
avecque luy aucuns regens; et quant à luy, vaque..... par les rues
et en abandonne l'exercice dudict college, qui est cause que la pluspart desdicts habitans ont esté contraincts d'envoyer leurs enfans
ailleurs aux escolles, a leur grand regret, frais et impanses, dont
ils espererent estre solagés par l'errection, institution et dotation
dudict college; et mesmes sont lesdicts habitans contraincts fere
instruire leurs enfans es maisons particulieres..... (et d'apeler?)
precepteur qui en veullent prendre la charge; et partant ont
lesdicts habitans esté d'advis unanimement que lesdicts esleuz de
ville doivent (insister?) et empescher l'enterinement de sadicte
requeste, d'autant que ladicte promesse dudict Bizaul en ont esté
fete aux conditions et charges expresses ousquelles il n'a satisfet
au grand detriment de la jeunesse. Et........ par ledict Bizaul
(volonpté?) de s'acquitter myeux cy apres de sa charge ainsi qu'il
est (demonstré?) par effect, ont esté tous les dessusdicts d'advis
qu'il doyt estre destitué et demys de ladicte charge qu'il a acceptée
à ceste condition, ce qui a esté pareillement requis par les sieurs
du chappitre, comparans par M⁰ René..... et M⁰ Nicolas Guyau,
deux des chanoynes dudict chappitre, pour les faultes et malver-
sations dudict Bizaul, et dont a esté informé et encores sera plus
omplement informé si besoing est, et qu'au lieu dudict Bizaul sera
(pourveu?) d'autre personne capable et ydoyne pour regir et tenir
les escolles suivant les ordonnances (fetes?) et arrests de la cour
sur ce intervenus.

Suyvant lesquels advis, avons ordonné que, à la requeste desdicts esleus et procureur du Roy, sera plus pleinement informé de la vie et deportement dudict Bizaul, pour..... sur lesdictes informations et plaintes desdicts habitans cy dessus, ordonner de leur requeste, ensemble des fins et conclusions dudict Bizaul,....... prelevé par ledict Bizaul et deu par lesdicts du chappitre sera mis entre les mains du receveur des deniers commungs de ladicte ville, areste que ledict receveur du chappitre........ compte en ladicte année et que a ceste fin les comptes soient representés.

---

4. — Délibération du 29 novembre 1585 (BB. 3, fol. 43 R°).

Du vendredy xxix° jour de novembre 1585, par devant.....
S'est comparu M° Joachim Le Roy, naitif de pays de Berri, bourg ou village de Venet, de la juridiction de Grassay, lequel a fet profession de l'estude des lettres humaines et s'est offert d'instruyre la jeunesse au College de ceste ville soubz M° J. de Vendosmes premier et recteur regent dudict college. Et pour aprobacion de sa capacité a faict une harengue et oraison en latin, en nous requerant et tous les habitans de ladicte ville d'avoir son service agreable et de le recepvoyr en l'estat de soubs regent dudict college, ce qui a esté consenty par les esleuz sur le faict commung et procureur du Roy........ avons reçu et recepvons ledict Le Roy pour segond regent et ordonné que les esleuz sur le faict commung luy feront remise de la somme de troys escuz en attendant qu'il ayt esté advisé des gages et (entretenement?) dudict Roy, laquelle somme sera payée par le receveur des deniers commungs, avecques mise et quitance.

---

5. — Délibération du 1" mars 1586 (BB. 3, fol. 45 R°).

Du sabmedy premier jour de mars 1586, par devant.....
Par l'advis desquels habitans, a esté resolu et arresté que M° Joachim Le Roy, comme soubz maistre du college de ceste ville, aura la somme de douze escuz par an pour gaiges que le recepveur de ville sera tenu luy paier sur les deniers commungs d'octroy..... et patrimoniaulx..... et de luy advancer chascun quartier pour subvenir à ses necessitez; à commencer lesdicts gaiges au xxix° jour de novembre dernier qu'il entra audict college

pour l'instruction de la jeunesse, sauf à augmenter lesdicts gaiges croissant le nombre d'enfans qui yront audict college, eu esgard au labour qu'il prendra à les enseigner, et ce par dessus et outre la nouriture et chambre qu'il aura audict college aux despans de M⁰ J. de Vendosme principal dudict College.

Aussy a esté resolu et arresté par l'advis des dessusdicts, qu'en consideration de la charge publique que a ledict de Vendosme et au debvoir qu'il fet à l'instruction de la jeunesse, que lesdicts habitans se joindront avecque luy en l'instance d'opposition par luy formée à l'execucion sur luy fete de ses meubles pour le payement de la somme à laquelle il avoict esté imposé à la taille par les asseceurs des habitans de la paroisse St-Estienne, et avecque luy soutenir le jugement donné en l'eslection de ceste ville de Chinon, par lequel il avoict esté dit qu'il seroit rayé des rolles de la taille de ladicte paroisse, tant pour l'année où il avoict esté taxé que pour l'advenir ; et en cas que fust contrainct de payer la taille, a esté advisé, en faveur des estudes et affin que ledict Vendosme se rende plus affectionné en sa charge, que lesdicts habitans de ceste ville et faulxbourgs payront son taux ou sera prins sur les deniers de la fabrice de chacune paroisse, selon que lesdictes fabrices le pouront porter.

Signé : Delabarre.

C

Arrêt des Grands Jours de Poitiers du 13 octobre 1579

(*Archives Nationales* X¹ᴬ 9208, fᵒˢ 99 et 100).

Entre les chanoynes et chappistre de l'eglise collegial de Sainct Mesme de Chinon, appellans de certaine saisie faicte de leur temporel en vertu de commission du lieutenant de Chinon et de certaines sentences, jugemens et appoinctemens donnez par le bailly de Touraine ou son lieutenant audict Chinon, le vingt troisiesme jour d'aoust mil cinq cens soixante dix neuf, et de tout ce qui s'en est ensuivy, deffendeurs et adjournez en desertion d'appel, demandeurs et requerans l'entherinement d'unes lettres roiaulx du sixiesme octobre dernier passé et anticippans, d'une part ;

Et maistre Michel Bizaul (1), princippal et preceptour du college de la ville de Chinon, et les manans et habitans de ladicte ville et faulxbourgs de Chinon, François Chardon, seigneur de Vaumartin, et Christofle Vallée, sieur de l'Espinaye, esleuz de ladicte ville et communauté, joinctz avec ledict Bizaul, demandeurs en ladicte desertion d'appel et anticippans, deffendeurs à l'entherinement desdictes lettres roiaulx, d'aultre part ;

Et encores, entre maistre Jahan Barat prestre, demandeur en requeste du vingthuitiesme septembre dernier passé, affin d'intervenir en la cause pour le droict qu'il pretend en ladicte prebande et chanoinie, d'une part ;

Et ledict Bizaul, lesdictz habitans de Chinon joinctz et lesdictz chanoynes de Saint Mesme deffendeurs, d'aultre ;

Michon, pour les appellans et demandeurs en lettres, voulant plaider ; Mango, pour Bizaul inthimé, a dict que y a une desertion qui est preallable, de laquelle Michon ayant dict avoir esté relevé par lettres ;

La Cour, ayant esgard aux lettres de relief de desertion obtenues par les appellans, sans avoir esgard à ladicte desertion, les a

---

(1) Ce nom est écrit, dans cet arrêt, tantôt Bizayeul, tantôt Bizeul, tandis que dans les délibérations du corps de ville de Chinon il est écrit Bizaul. Nous avons adopté cette dernière orthographe.

recouz et reçoict à dire leurs causes d'appel, et les a condamné et condamne es despens de l'instance, telz que de raison.

Ce faict, Michon pour lesdictz appellans et demandeurs, Lhomede pour le titulaire de chanterie, pourveu en court de Rome, intervenant en cause, Buisson pour les maire et eschevins de la ville de Chinon, et Mango pour Bizaul, inthimez, qui ont offert aux appellans qu'ilz puissent pourveoir tel d'entre eulx que bon leur semblera de la dignité de chantre en leur eglise suivant leur statut, que sur les appellations et lettres et deffences à icelles, ensemble Buisson pour le procureur general du Roy qui a dict que l'utilité que l'ordonnance d'Orléans touchant les prebandes preceptorialles a apportée c'est sy notoire qu'elle ne merite aulcune recommandacion et est le plus grand bien qui puisse advenir aux villes d'y veoir la jeunesse bien instruicte, laquelle, comme disoict Pline, ne le pourroict mieulx ny plus songneusement estre qu'en la face de leurs peres, aussi le clergé s'est volontairement soubzmis à conferer ces prebandes aux precepteurs, et a esté cest article executé en la pluspart de ce roiaulme comme faict à la descharge du clergé qui estoit autrement tenu de l'institution de la jeunesse et de faict es eglises catedrales, collegialles et monasteres y avoict des escolles ouvertes, dont aujourd'huy elles sont deschargées par une simple prebande que l'on baille à ung precepteur, et de s'en voulloir exempter par les appellans qui ont ja recogneu leur eglise y estre subjecte, il n'y a propos ny apparence, car ilz en ont non seullement pourveu ung precepteur mais trois, scavoir Detrahay, Boucher et Bizaul inthimé, et neantmoings ilz osent bien se presenter pour revocquer en doubte leurs provisions et avec lettres se voulloit faire rellever d'un sy bon œuvre, et quant bien ilz auroient quelques privilleges et exemptions, ilz ne seroient plus recepvables à en joir, y ayant derogé ; doncques ceste prebande estant affectée pour l'entretenement d'un preceptour, on luy a conferée *cum sua causa et onere* et a esté distincte et separée de leur statut auquel ny en l'ordre et cetion des foranitez elle n'y doibt plus tumber ny y estre comprinse, et touteffois ils envyent à Bizaul la foranité affectée à la prebande preceptorialle qui luy a esté accordée *decreto ordinis* par les habitans de Chinon et approuvée par les appellans et ce pour le going des gros fruictz eschouz depuis le deces de Boucher seullement, et n'est leur offre de cent livres considerables, ny ce qu'ilz ont allegué pour la dignité de la chanterie dont les precepteurs ont esté toujours pourveuz en ceste eglise, parce que c'est une charge sans profflct de laquelle Bizaul consent que les appellans puissent pourveoir tel d'entre d'eulx que bon semblera ; reste celluy qui s'en est faict pourveoir en court de Rome, ce qu'il ne debvoict faire au prejudice de l'ordonnance, au moyen de quoy ils supplient la cour les recepvoir appellans comme d'abbuz de l'octroy et execution de sa provision et, faisant droict sur leur appel, dict qu'il a esté mal et abusivement octroyé et executé, et au surplus qu'il plaise à ladicte cour veoir les charges et informacions faictes à la requeste des parties pour les decretter ainsy qu'elle verra estre à faire. Et apres que Lhomede pour ledict titulaire pourveu en court de Rome de ladicte chanterie, deffendant à l'appel dudict procureur general, a dict que la provision a esté bien deuement faicte, d'aultant mesmement que par arrestz a esté deffendu de bailler audict precepteur les dignitez des eglises ;

La Cour sans avoir esgard aux lettres obtenues par les appellans de l'effect et enterinement desquelles les a debouttez et deboutte, a mis et mect les appellans au neant, ordonne que ce dont a esté appellé sortira son plain et entier effect et condamne les appellans es despens des causes d'appel et instance de lectres telz que de raison, et en vingt livres parisis d'amende envers le roy ; et ayant esgard aux offres faictes par les inthimez, ordonne et promect aux appellans de conferer la dignité de chantre à l'un des chanoines residens en leur eglise suivant les statuz ; au surplus a receu et reçoict le procureur general du Roy appellans comme d'abbuz de l'octroy et execution de la provision de ladicte dignité de chantre obtenue par Barat en court de Rome, l'a tenu et tient pour bien relevé et, faisant droict sur son appel, dict qu'il a esté mal et abusivement octroyé et executé, bien appellé par ledict procureur general, et faict inhibitions et deffenses à toutes personnes de se pourveoir et retirer en court de Rome pour y obtenir provisions d'aulcuns beneflces au prejudice de l'ordonnance et verra ladicte court les charges et informations dont a esté faict recit par ledict procureur general pour y pourveoir ainsy qu'il apartiendra.

D

Arrêt du Parlement de Paris du 22 juin 1621

(Extrait du registre des plaidoiries commençant le 18 juin 1621 et finissant le 30 dudit mois. — *Archives Nationales* X¹ᴬ 5122.)

Entre (1)...... Apres que Daviau pour l'appellant a conclud en son appel de ce que les eschevins, personnes layques, contre l'ordonnance, ont en corps de ville procedé à la nomination d'un principal au college de la ville de Chinon, de la personne d'un nommé Chenard (2) qui n'a acquis aucuns degrez es universitez, ensemble de la reception et installation d'icelluy Chenard en la principauté au prejudice de l'election faicte de sa personne au chappitre de S' Mesme qui ont le droict de nommer en consideration de la prebande preceptorialle qu'ilz sont tenus de bailler conformement à l'ordonnance, soit dict mal procedé, esleu, installé, et ordonné que la partye sera maintenue et gardée en l'election de ladicte principauté et despenz pour le chappitre qui a requis estre procedé à nouvelle election autre que de la personne que de l'appellant ;

De Lanes, pour les maires et eschevins de Chinon, (a conclud) que ses partyes sont en possession de tout temps, mesmes avant l'ordonnance, de nommer et presenter au chapitre ung principal au college, et pour cet effet l'assemblée se doive faire en l'hostel de la ville, en laquelle deux des chanoines ont accoustumé d'assister, et le chapitre confere le revenu d'une prebande ; et pour monstrer leur possession, sont fondateurs du college, achepté de leurs deniers, et outre ce, fournissent tous les ans une pention au principal ; aussy que la question a esté jugée par arrest donné aux Grands Jours de Poictyiou. Consequemment les eschevins et habitans ayans trouvé agreable la nomination de la personne de l'inthimé qui a servy dix ans au mesme college, estans certains de sa suffisance, soustient qu'il doibt demeurer. Guerin, pour Chenard, a employé les moyens deduictz par De Lanes. Bodineau, pour

---

(1) Le nom des parties est resté en blanc dans le texte de l'arrêt.
(2) C'est ainsi que Chehard signait son nom. Dans cet arrêt, ce mot est écrit Chenart et Chesnart.

De la Barre, qui a concluc en sa requeste d'intervention ad ce que l'election de l'appellant soit declarée nulle. Et Valon, pour le procureur general du Roy, qui a dict que semblable cause a esté jugée aux Grands Jours de Poictyiou par arrest donné en iceux. Neantmoings l'on remue de nouveau la question et quant bien elle seroit à juger que le chapitre n'a possession quelconque à eslire et nommer ung principal audict college et n'ont veu aucuns tiltres, mais au contraire, par la suitte des dernieres elections, la possession est demourée aux maires et eschevins qui sont fondateurs du college, ont achepté de leurs deniers la maison et contribuent aux reparations necessaires d'ycelle, achepté meubles mesmes, contribuent par forme de suplement pour ayder à entretenir le principal et regent, distribuant une pention des deniers de la ville ; l'interest et le fondement du chapitre pretend qu'à l'instart et conformement à l'ordonnance, en consequence de ce qu'ilz baillent le revenu d'une prebande preceptorialle, estre au mesme droict de l'evesque qui pourvoit aux prebandes, mais sauf correction ne comprend les eglises collegiales, consequamment ce moyen cesse, ne peult passer plus avant que le texte de l'ordonnance ; aussy qu'il y a du particulier ; la suite des elections precedantes, ung homme choisy par les habitans de la suffisance duquel ilz se sont contentez ; et affin de retrancher cy apres l'occasion de douter que ladicte election et nomination apartienne auxdictz maires et eschevins, s'il plaist à la Cour, elle les reglera pour l'advenir ; et, ce faisant, le droict de nommer et presanter demourera aux maires et eschevins, et au chapitre de conferer la prebande preceptorialle.

La Cour faisant droict sur les appellations et intervention a mis et met l'appellation au neant sans amande, a ordonné et ordonne que ce dont a esté appellé sortira son plain et entier effect ; et, ayant esgard aux conclusions du procureur general du Roy, a maintenu et gardé, maintient et garde les maires et eschevins de Chinon en la possession et saisine de l'election et nomination d'un principal en laquelle deux chanoines assisteront, comme aussy maintenu et gardé, maintient et garde le chapitre de S¹ Mesme de Chinon en la possession et saisine de conferer la prebande preceptorialle à celluy qui sera nommé et esleu par lesdictz maires et eschevins, et, suivant ce, leur a enjoinct de pourvoir Chenard de la prebande preceptorialle sans despens.

Testament de Robert Martin

D'après la copie authentique conservée aux Archives d'Indre-et-Loire (D. 7)

Au nom du pere du fils et du sainct esprit
Saichent tous presans et advenir que le dix septiesme jour de mars mil six cens dix huict apres midy, en la court du roy nostre Sire à Chinon, on droict par davant nous notaire en icelle, a esté present en sa personne, estably et deuument soubzmis, venerable et discrette personne messire Robert Martin, pbrestre, chanoyne prebandé en l'esglize collegialle monsieur Sainct-Mexme dudict Chinon et princippal du colleige de ceste ville et y demeurant parroisse Sainct-Estienne, lequel saing de corps et d'esprict, saichant qu'il n'y a rien sy certain que la mort et de sy incertain que l'heure d'icelle, a faict et ordonné son testament de derniere vollonté en la forme et maniere quy s'en suict.

Premieremant a recommandé son asme à Dieu, à la glorieuse vierge Marye et à tous les saincts de paradys qu'il supplye user de misericorde en son endroict.

Item veult et ordonne que, apres son deceds de ceste vye mortelle, son corps soict enterré on ladicte esglize Sainct-Mexme, au lieu et selon que ont accoustumé les chanoynes de ladicte esglize estre ensevelys, suppliant à ceste fin messieurs du chappitre de ladicte esglize de l'avoir pour agreable ; et aux obsecques et funerailles dudict testateur et troys jours suivants, dire et celebrer en ladicte esglize le service ordinaire et accoustumé aux obsecques desdicts chanoynes ; et oultre, de dire par chacun desdicts troys jours, par les habituez prestres en ladicte esglize, chacun une messe basse et de fournir par ledict chappitre de luminaire necessaire pour lesdictes funerailles, et à ceste fin leur a donné et legué pour ledict service la somme de quatre vingts dix livres, et oultre a donné pour ledict luminaire la somme de vingt livres quy sera prise sur ce quy luy peult estre deub par le recepveur de ladicte esglize, le tout à une foy payez.

Item ledict Martin testateur doclare que cy davant il a vandu et allioné ses propres paternels et maternels qu'il avoict au pays de

Mayenne, le prys desquelles vanditions et allienations il a employé en acquests et rentes constituées qu'il entend et veult estre censez et reputez de la mesme nature que ses dicts propres allienez et jusques à la concurance de la valleur d'iceux.

Item ledict testateur a donné et legué audict colleige de ceste ville de Chinon tous et chacuns les logis qu'il a acquis joignant ledict colleige, Scavoir le portal et entrée, la maison par ledict testateur acquise de maistre Guillaume Bretault par contract passé par nous notaire le vingt et sixiesme jour d'apvril mil six cens treize ; plus la maison par ledict testateur acquise de Estienne Amire par contract aussy passé par nous notaire le quatreiesme jour de novembre mil six cens unze ; la maison acquise de la veufve Toussainct Michellet par contract passé par nous le unzeiesme jour d'apvril mil six cens douze ; les jardins acquis par ledict testateur de Nicollas Huc par contract par nous passé le unzeiesme jour de septembre mil six cens dix ; plus la maison, caves et jardin donnés à l'esglize par Cardin Arnault à la charge d'une messe basse et de l'absolution chacun mercredy de la sepmaine, et laquelle maison, cour et jardin ont esté despuis ceddez par les procureurs fabriciers de ladicte esglize Sainct-Estienne audict testateur, à la charge dudict service, moyenant que ledict colleige et princippaulx quy y demoureront apres ledict testateur seront aussy tenuz audict service et d'en descharger ses heritiers ; et pour ladicte descharge vers ses dicts heritiers, a ledict testateur affecté et hypotecqué touttes et chacunes les maisons et appartenances cy dessuz données et leguées audict colleige, ensemble y a effecté et hipotecqué une chambre basse de maison par luy acquise de la veufve Claude Naudin par contract aussy passé par nous le unzeiesme jour de mars mil six cens unze ; plus le jardin acquis par ledict testateur de Vincend Fleurant, avecq l'oratoire qu'il y a fait bastir, par contract passé par Gouriau notaire en la barronnye de Chinon le quinzeiesme jour d'octobre mil six cens unze ; lequel jardin, avecq ladicte chambre acquise de ladicte veufve Naudin, il a aussy pareillement donnée et leguée audict colleige pour estre avecq les aultres maisons et appartenances cy dessus unyes et annexées inseparablement audict colleige à perpetuitté, pour en jouir par lesdicts princippaulx quy demoureront audict colleige apres ledict testateur comme de l'antien logis du colleige aux charges et conditions cy dessus et oultre de payer et acquitter les cens et rentes quy peuvent estre deubs pour raisons desdictes maisons et appartenances cy dessus données et encores de faire dire par les escolliers au matin et au soir à la fin des lescons le sallut accoustumé, scavoir despuis Pasques jusques à la Pantecoste l'antienne *Regina Celi*, le verset et oraison, et le reste de l'année l'antienne *Sancta et immaculata*, apres lesquelles antiennes, versets et oraisons sera dict en tout temps les psalmes *Deus misereatur Domine Deus noster* et *Laudate Dominus omnes gentes*, l'antienne *Veni Sancte Spiritus*, avecq le verset et l'oraison, plus le psalme *De profundis* avecq l'oraison pour les deffuncts, à l'intention dudict testateur, de ses parens et amys ; sauf neantmoings que pour raison du service cy dessus, d'une messe et absolution dont la maison donnée par ledict Arnault se trouve chargée en l'esglize Sainct-Estienne, lesdicts princippaulx se pourront pourvoir par devers messieurs dudict chappitre Sainct-Mexme ou aultrement ainsy qu'ils adviseront pour faire reduire et diminuer ledict service, attendu que le revenu de ladicte maison n'est suffizant pour icelluy, sans prejudice neantmoings de la descharge cy dessus des heritiers dudict testateur.

Item ledict testateur a donné et legué à l'hotel et maison de ceste ville de Chinon le logis et jardin par luy acquis de maistre Jehan Talluau et sa femme par contract aussy passé par nous notaire le vingt et huictiesme jour de mars mil six cens quinze, pour estre audict logis erigé et estably une escolle et colleige et y loger quelques pauvre chappellain ou aultre pieuse personne quy aura le soing et sera tenue d'apprandre le *Pater noster*, le *Credo* et les Commandemants de Dieu aux pauvres enffans et escolliers et leur faire aultres lescons selon leurs capacitez, sans neantmoings que les filles y puissent estre receues, affin de distinguer le sexe, ny les aultres enffans masles de ceulx quy auront la commoditté de les entretenir et faire instruire ailleurs, et sans que ledict logis et appartenances d'icelluy puisse estre employé par ladicte maison de ville à aultres choses que ad ce que dessus. Pour l'entretien et fondation de laquelle escolle et colleige des pauvres, ledict testateur oultre lesdicts logis et appartenances a donné et legué et à icelluy uni et annexé la somme de dix livres de rente que luy doibt Jehan Retif à cause de son logis par bail à rente passé par devant Saget notaire en ceste court le dix huictiesme jour d'apvril mil six cens douze. Plus a donné, legué et annexé audict colleige des pauvres la somme de cent solz de rente deube pour raison d'une maison par ledict testateur acquise de René Guerinet et Françoise Doulcet sa femme par contract passé par nous notaire le vingtiesme jour de decembre mil six cens quatre, et despuis arantée pour ladicte somme de cent solz à Martin Charpantier par contract de bail à rente aussy passé par nous notaire le dix septiesme jour d'octobre mil six cens douze. Plus a donné et legué audict colleige des pauvres la maison et jardin quy luy a esté ceddée par Jehan Guillouet et sa femme par cession passée par nous notaire le septiesme mars mil six cens quinze, avecq le jardin y joignant par ledict testateur acquis de Anthoine Domino par contract passé par Jouin notaire en la court de la Ville-au-Fourier le treizeiesme jour de juillet mil six cens quinze. Plus a donné ledict testateur audict colleige des pauvres tous et chacuns les meubles quy se trouveront luy appartenir lors de son deceds de quelques condition et valleur qu'ils soyent, fors et excepté les ornemans d'esglize, habits sacerdotaulx et aultres meubles servans audict testateur pour celebrer la saincte messe, que ledict testateur veult estre baillez et delivrez à celuy de ses heritiers quy sera d'esglize le premier, et aussy excepté tous ses livres qu'il a donnez et leguez par ses presentes aux peres capuchins de ceste ville, lesquelles meubles cy dessus donnez audict colleige des pauvres seront employez en fond d'heritaiges ou rente constituée au proffict dudict colleige des pauvres, et à ceste fin les meubles desperisables venduz, sur iceulx meubles neantmoings estant preallablement prys les fraicts de la sepulture dudict testateur, mesme ladicte somme de quatre vingts dix livres cy dessus donnés audict chappitre qu'il a expressemant reservée ; et pour princippal et recteur dudict colleige des pauvres a nommé et esleu maistre Jehan Brisoult natif de la ville de Mayenne, demeurant de present avecq ledict testateur, sans tirer à consequance à l'advenir et sans reserver par ledict testateur à ses heritiers aulcun droict de patronnaige, ains veult et entend que apres le deceds ou demition dudict Brisoult soict pourveu et nommé ung princippal pour ledict colleige des pauvres par les esleuz et eschevins de ville dudict Chinon, à la charge que ledict princippal ne prendra aulcun sallaire desdicts pauvres enffans quy yront audict colleige, et qu'il fera dire à la fin des lescons le sallut au mattin et au soir comme dessus est dict en l'antien colleige et payra les rentes deubes pour raison desdictes choses sy aulcune se trouve estre deube. Et pour executeur du present testamant a nommé et esleu venerables et discrettes personnes messire Nicollas Berger pbrestre chanoyne theologal de ladicte esglize Sainct-Mexme et messire Pierre Barré aussy pbrestre chanoyne prebandé en ladicte esglize et les esleuz de ville quy seront en charge lors du deceds dudict testateur, lesquelles il a priez d'accepter ladicte charge et executter ceste sienne vollonté et auxquelles pour l'execution dudict testamant ledict testateur a obligé et hipotecqué tous et chacuns ses biens presens et advenir. Et a icelluy testateur nommé et dicté ledict present testament que luy avons leu et releu, qu'il a dict bien entendre et voulloir estre executté de poinct en poinct selon et ainsy que dessus est dict, renonchant etc. promettant etc. jugé etc.

Faict et passé audict Chinon, audict colleige, presens honnorable homme maistre Denys Boynard, licentyer es droicts, advocat au siege royal dudict Chinon et y demeurant parroisse Sainct-Maurice, et Francoys Renou, clerc, demeurant audict Chinon, tesmoings, lesquelles et ledict testateur ont signé cy dessoubs avecq nous notaire. Constat aussy a ledict testateur voullu et ordonné, veult et ordonne par ses presentes qu'il soict employé par ses heritiers le revenu pour la premiere année d'apres son deceds du bien quy leur escherra à cause de sa succession tant à faire dire du divin service en son intantion et de ses parans et amys vivants et trespassez, que en aumosne et charitté, pour laquelle aumosne sera employé la somme de soixante livres par tiers, scavoir vingt livres au couvant desdicts capuchins dudict Chinon, parreille somme de vingt livres aux capuchins du couvant de Laval, et semblable somme de vingt livres aux capuchins du couvant de Mayenne, et le surplus du revenu de ladicte année sera employé tant à faire faire ledict divin service que à distribuer par aumosne aux plus pauvres parans dudict testateur. Faict, presens lesdicts tesmoings. Ainsy signé en la minutte des presentes : Robert Martin, D. Boynard present, F. Renou present, et J. Leconte passeur.

P. Martin, not^{re} royal à Chinon
garde notte dudit Leconte.

Et le sixiesme jour d'aoust l'an mil six cens vingts apres midy, en la court du roy nostre sire à Chinon, en droict par davant nous a esté present en sa personne estably et deuement soubzmis, ledict sieur Martin desnommé en testament cy dessus par luy cy davant faict, estant de present destenu au lict malladde, touttefoys saing d'esprit et d'entandement comme il nous est apparu et aux tesmoings cy apres nommez, lequel, en diminuant et adjoustant a sondict testament cy dessus escript, a ordonné ce que s'ensuict.

Premierement, veult et ordonne que sondict testament cy dessus escript soict executté de poinct en poinct fors la revocquation dont sera faict mantion cy apres et pour ceste effect le l'a d'habondant loué, ratiffyé et approuvé en temps que besoing est ou seroict.

Item a ledict testateur donné et par ses presentes donne à Jehan

Martin son nepveu, natif de la ville de Mayenne, tous ses ornemans d'esglize, habits sacerdotaulx, calisses, reliquaires et aultres meubles servans audict testateur à dire et celebrer la saincte messe, avecq son imaige de Nostre Dame, pour le recompancer des services par luy faicts audict sieur Martin pandant le temps qu'il a demouré avecq luy audict colleige, revocquant par ledict testateur le don qu'il a faict par sondict testamant à celuy de ses heritiers quy sera d'esglize le premier.

Item a ledict testateur donné à messieurs de Sainct-Mexme dudict Chinon sa grande croix ayant ung crusifix doré et figuré de naques de perles avecq ung tableau relevé en bosse de bois.

Item a donné et legué à maistre André Vaudiot, chappellain en l'esglize Sainct-Mexme dudict Chinon, la moictyé des deniers quy luy peult debvoir pour sa pantion, et pour le regard de l'aultre moictyé il veult et entend qu'il n'en soict pressé.

Item a donné et legué à Guillaume Remon, demourant de present avecq luy, la somme de trente livres, affin de l'obliger à prier Dieu pour luy.

Item a donné et legué à Jehan Brisoult, aussy demourant de present avecq luy, tous ses habits et sa robbe longue.

Item veult et ordonne que messire Jehan le Commandeur pbrestre, de present regent au colleige dudict Chinon, soict payé de la somme de soixante livres quy luy sont deubs de reste de ses gaiges de regent par ledict testateur.

Item a donné et legué à chacunes des fabrisses des parroisses Sainct-Estienne et Sainct-Jacques la somme de trente livres pour et au proffict desdictes fabrisses.

Item a donné et legué à Renée Richer, de present sa servante, quatre grands draps neufs, une douzaine de serviettes.

Et, pour l'execution de ce que dessus, a ledict testateur obligé tous et chacuns ses biens presens et advenir aux executeurs desnommez audict testamant cy dessus. Et luy avons leu et releu ce que dessus, qu'il a dict bien entendre et voulloir estre executté de poinct en poinct avecq sondict testamant, dont de son consentemant l'avons jugé et condempné par le jugemant et condempnation de ladicte court. Et avons declaré audict sieur Martin ses presentes estre subjette au scel dedans trente jours, suivant l'eedict du roy. Faict et passé audict Chinon, en la maison dudict sieur testateur ; presens messires Jehan Cornillau et André Bodin pbrestres, chappellains en ladicte esglize Sainct-Estienne, demeurans audict Chinon, tesmoings. Ainsy signé en la minutte des presentes :

Robert Martin, J. Cornillau present, A. Bodin present, et J. Leconte passeur.

P. Martin not^{re} royal à Chinon
garde notte dudit Leconte.

Et le huictiesme jour dudict moys d'aoust audict an mil six cens vingt avant midy, en la court du roy nostre Sire à Chinon, en droict par davant nous, a esté present en sa personne, establly et soubzmis en ladicte court, ledict sieur Martin desnommé en testament par luy cy davant faict et escript cy dessus, lequel, en diminuant et adjoustant de rechef à sondict testament, a ordonné ce que s'ensuict.

Premierement a donné et legué par charitté et pour l'acquict de sa consciance à messieurs de Sainct-Mexme dudict Chinon, une maison et appartenances d'icelle, scituée en faux bourg Sainct-Mexme dudict Chinon, au lieu appellé la Mariette, par ledict sieur Martin cy davant acquise judiciairement en l'auditoire royal dudict Chinon, comme appert par contract judiciaire en dabte du vingt et quatreiesme jour de jung mil six cens dix huict en son premier dabte, de laquelle maison ledict sieur Martin veult et entend que lesdicts sieurs du chappitre jouissent à perpetuitté, aux charges des debvoirs accoustumés estre payés à causes d'icelle maison et sans aultres charges, fors que lesdicts sieurs Sainct-Mexme seront tenuz payer chacun an, en l'acquict dudict sieur Martin, à honnorable homme maistre Anthoine Chevreau, conseiller et esleu du roy nostre Sire en l'eslection dudict Chinon, la somme de douze livres dix solz de rente constituée quy luy doibt chacun an, comme appert par contract passé par nous notaire ; et a, ledict sieur Martin testateur, obligé ausdicts sieurs du chappitre les deniers quy luy sont doubs par le sieur Du Pin pour les pantions de Pierre Lebascle son frere, jusques à la concurance du ramboursement de ladicte somme doube audict Chevreau, lesquelles pantions seront justiffyées par le pappier journal dudict sieur Martin, et pour ceste effect pourront lesdicts sieurs du chappitre de present poursuir ledict sieur Du Pin pour ledict payement. Et a declaré ledict sieur Martin que ledict Pierre Lebascle est sorty du Colleige des la feste Sainct-Johan derniere, revocquant par ses presentes par ledict sieur testateur le don par luy cy davant faict à maistre Jehan Brisoult des deniers quy luy sont doubs par ledict sieur Du Pin pour la pantion de sondict frere, en donnant par ledict sieur Martin, par sondict testament, audict Brisoult, tous et chacuns ses meubles, esquelles meubles il n'entend la somme à luy deube par ledict sieur Du Pin estre comprise ; ains le l'a des à present ceddée et delaissée ausdicts sieurs du chappitre pour en disposer par eulx ainsy que bon leur semblera jusques à la concurance de la somme qu'ils payeront audict sieur Chevreau.

Et a ledict sieur Martin dict et declaré qu'il voulloict et entendoict que lesdicts sieurs du chappitre jouissent et entrent en possession des à present de la maison cy dessus declarée et par luy à eulx donnée. Et pour ceste effect, a, ledict sieur Martin, presentement baillé et mis es mains de venerable et discrette personne messire Nicollas Berger pbrestre, chanoyne et theologal en ladicte esglize Saint-Mexme, ad ce present, le contract d'achapt de ladicte maison, estant en parchemin, signé Deshays greffier, qu'il a prys et receu pour icelluy mettre es mains du chappitre de ladicte esglize.

Et pour l'execution de ce que dessus a ledict sieur testateur obligé tous et chacuns ses biens presens et advenir aux executeurs desnommez en sondict testament cy dessus. Et luy avons leu et releu ce que dessus, qu'il a dict bien entendre et voulloir estre executté de poinct en poinct avec sondict testament, dont de son consentement l'avons jugé et condempné par le jugement et condempnation de ladicte court, et avons declaré audict sieur testateur ses presentes estre subjettes au scel dedans trente jours, suivant l'eedict du roy. Faict et passé audict Chinon, en la maison dudict sieur testateur ; presens messire Jehan Le Commandeur pbrestre, demeurant de present comme regent au Colleige dudict Chinon, et René Beaudelon clerc, demeurant audict lieu, tesmoings ad ce requis et appellez. Ainsy signé en la minutte des presentes : Robert Martin, Berger pour la reception du contract susdict, J. Le Commandeur present, R. Beaudelon present, et J. Leconte passeur.

Dellivré lesdictes coppyes cy dessus par moy Pierre Martin notre royal à Chinon soubzsigné, garde notte dudict Leconte, à Jacques Proust, en vertu de compulsoire de M' le lieutenant general audict Chinon, le troisiesme d'octobre mil six cens quarante ung.

Signé : P. Martin notre royal à Chinon.

Receu tant pour vaccation d'avoir cherché la minutte que pour la coppye XL sols.

(Cette copie a en réalité été faite le 12 décembre 1628 pour Jehan Brisoult, mais le nom et la date ont été raturés et corrigés postérieurement.)

SUPPLÉMENT

LES CACHETS DU COLLÈGE

Le Cachet du Collège de Chinon a varié suivant les époques. Nous en connaissons trois types différents.

Le premier, qui date de l'ancien Collège royal, est un sceau ovale de 31 millimètres sur 26. Il porte les armoiries de la ville, surmontées d'une couronne de comte et de la légende : COLL : REG. . CAINON.

Nous en donnons une reproduction sur le Titre de ce volume, d'après une empreinte conservée aux archives d'Indre-et-Loire.

Le second, qui date de la Restauration, est un timbre humide de 36 millimètres de diamètre. Il présente au centre, entre deux branches de laurier, un écusson ovale aux armes de France, surmonté d'une couronne royale fermée; et autour, en légende : UNIVERSITE ROYALE. — COLLEGE DE CHINON.

Nous le reproduisons ci-après.

Ce cachet a servi jusque sous la monarchie de Juillet, mais après grattage des fleurs de lis.

Le troisième, encore en usage actuellement, servait au principal dès le mois de février 1854 et peut-être auparavant. C'est également un timbre humide. Il mesure

34 millimètres de diamètre et ne présente aucun emblème particulier. Il porte au centre une couronne de laurier, et autour, en légende : COLLÈGE DE CHINON. — DÉP^T D'INDRE-et-LOIRE.

Enfin, il existe au Collège un timbre en caoutchouc pour en-têtes de lettres. Ce timbre, plus récent que le précédent, porte l'inscription suivante, disposée sur six lignes horizontales : ACADÉMIE DE POITIERS. — COLLÈGE DE CHINON.

Cachet du Collège
sous la Restauration.

TABLE DES MATIÈRES

INTRODUCTION	5
LIVRE I. — Les anciennes écoles ; l'école capitulaire de Saint-Mexme (1142-1578)	9
LIVRE II. — L'ancien Collège (1578-1794)	15
Chapitre 1er. — Le Collège royal depuis sa fondation jusqu'au moment où la Ville en abandonna la direction aux Augustins (1578-1705)	15
Chapitre 2. — Le Collège royal dirigé par les Augustins (1705-1721)	37
Chapitre 3. — Le Collège royal dirigé par un principal nommé par la Ville (1721-1738)	43
Chapitre 4. — La Ville abandonne la direction du Collège à l'archevêque de Tours (1735-1738)	59
Chapitre 5. — Le Collège royal dirigé par l'archevêque de Tours (1738-1791)	71
Chapitre 6. — Le Collège national (1791-1793)	113
Chapitre 7. — L'École secondaire (1793-1794)	127
Appendice au Livre II.	
A. — Liste des principaux de l'ancien Collège	137
B. — Liste des régents de l'ancien Collège	138
C. — Liste des administrateurs de l'ancien Collège	140
LIVRE III. — Le petit Collège ; historique	143
Liste des principaux et directeurs du petit Collège	150
Appendice au Livre III.	
Les écoles primaires pendant la Révolution	151
LIVRE IV. — Le Collège moderne depuis 1803 jusqu'à nos jours ; historique	157
Association amicale des anciens élèves	210

— 246 —

Appendice au Livre IV.

   A. — Liste des principaux du Collège moderne 211
   B. — Liste des régents et professeurs du Collège moderne. 212
   C. — Liste des membres du Bureau d'administration. . . 219

PIÈCES JUSTIFICATIVES.

   A. — Fondation de l'école de Saint-Mexme 221
   B. — Délibérations du Corps de Ville de Chinon
       (XVIe siècle) 222
   C. — Arrêt des Grands-Jours de Poitiers du 13 oc-
       tobre 1579 230
   D. — Arrêt du Parlement de Paris du 22 juin 1621. 233
   E. — Testament de Robert Martin 235

SUPPLÉMENT.

   Les cachets du Collège 243

LISTE DES PLANCHES.

   1. — Fac-simile du programme des examens publics qui précédèrent la distribution des prix en 1769.
   2 et 3. — Fac-simile de la signature des principaux du Collège pendant le XVIIe et le XVIIIe siècle.
   4. — Fac-simile de la signature des principaux et directeurs du petit Collège.
   5. — Plan du Collège : bâtiments et dépendances (rez-de-chaussée).
   6. — Plan du Collège : premier étage.

FIN

DEO OPT. MAX.

In Solemnibus Scholarum Regii Collegii CAINONENSIS Exercitationibus.

Deo duce, & auspice Dei-parâ, interpretari conabuntur.

IN RHETORICA ET HUMANITATIS SCHOLA.

M. T. Ciceronis Orationem pro Ligario; C. Taciti Annalium, Lib. 1um & 3um; Horatii Flacci Odarum Lib. 1um & 2um; Epistolarum Lib. 1um; P. Virgilii Æneidos lib. 11um & 12um.

- Franciscus DESCHAMPS, *Clericus*, *Convictor*. — Richelinsis.
- Franciscus FROGER. — Cainonensis.
- Franciscus MAFFRAY. — Cainonensis.
- Joannes GUILLAU. — Cainonensis.
- Joannes-Baptista ROUILLÉ-BRICET, *Convictor*. — Turonensis.
- Ludovicus BLÉRE-DESPLANTES, *Convictor*. — Biturensis.
- Michael LE POT, *Convictor*. — Cainonensis.
- Petrus BAIGNOUX, *Convictor*. — Blesensis.
- Petrus CHESNON. — Cainonensis.
- Ursus DE SASSAY, *Convictor*. — Turonensis.

- Artus-Gervasius CARDONNE, *Convictor*. — Versaliensis.
- Alexander PICAULT DE LA FERRANDIERE. — Cainonensis.
- Andreas REJAUDRY, *Convictor*. — Turonensis.
- Carolus LE FEBVRE, *Convictor*. — Turonensis.
- Dyonisius-Charixs OUVRARD DE MARTIGNY DE NAZELLES, *Convictor*. — Turonensis.
- Franciscus DUPRAT, *Convictor*. — Turonensis.
- Joannes-Baptista DIEN, *Convictor*. — Turonensis.
- Jacobus GIRAULT. — Cainonensis.
- Ludovicus LE NOIR. — Cainonensis.
- Martinus GAUDICHON. — Cainonensis.
- Maximus PICAULT DE LA FERRANDIERE. — Hay-Turonensis.
- Renatus THIERRY, *Convictor*. — Hay-Turonensis.

Qui unico notantur Asterisco, libri primi Horatii Epistolas decem; qui duplici, has decem Epistolas & superior Odarum librum primum, inferior Ciceronis Orationem pro Ligario; qui triplici, primum Horatii Epistolarum librum; qui quadruplici, primum Horatii Epistolarum librum & Ciceronis pro Ligario Orationem memoriter explanabunt.

IN TERTIA SCHOLA.

M. T. Ciceronis in L. Catilinam Orationem tertiam & quartam; fidelia latini sermonis exemplaria ex C. Crispo Salustio; ex Valerio Maximo; ex Aula-Collegii; ex Virgilii Æneidos lib. 3um; Ovidii Nasonis Metamorphoseon lib. 1um & 2um.

- Carolus MERCIEUL. — Cainonensis.
- Eligius SEZILLES-DUMÉS. — Cainonensis.
- Isidorus GANQOUIN, *Clericus*, *Convictor*. — Richelinsis.
- Joannes AUVINET. — Cainonensis.
- Jacobus BUREAU, *Convictor*. — Turonensis.
- Joannes-Baptista MESTAYER. — Cainonensis.
- Joannes-Franciscus MOLLANDIN, *Convictor*. — Turonensis.
- Joannes-Baptista SIMON-RICHEBOURG, *Convictor*. — Turonensis.
- James-Baptista TEXIER, *Convictor*. — Turonensis.
- Josephus THIBAULT, *Clericus*, *Convictor*. — Turonensis.
- Ludovicus PINGNET DE CHAMPBENARD. — Cainonensis.
- Ludovicus DU LIEPVRE, *Convictor*. — Pictaviensis.
- Nicolaus-Gervasius DE LA TREMBLAIS, *Convictor*. — Turonensis.
- Petrus MASSELIN. — Cainonensis.
- Petrus-Henricus-Antonius TREMOUILHE DE SIVADIERS, *Convictor*. — Biturensis.
- Prosper AUGER, *Convictor*. — Turonensis.

Qui unico notantur Asterisco, Virgilii Æneidos lib. unum; qui duplici, M. T. Ciceronis in L. Catilinam Orationem unam memoriter interpretabuntur.

IN QUARTA SCHOLA.

M. T. Ciceronis in L. Catilinam Orationem 3um & 4um; M. Jun. Justini Libros octo; P. Virgilii Maronis Eclogas decem, lib. Georgicon quartum; Ovidii Nasonis Metamorphoseon lib. 1um.

- Abraham HUDAULT, *Clericus*. — Cainonensis.
- Alexander DE MARÇAY, *Convictor*. — Pictaviensis.
- Amatus LE FEBVRE, *Convictor*. — Turonensis.
- Jacobus HERPAIN. — Cainonensis.

- Ludovicus CHAMPIGNY. — Cainonensis.
- Ludovicus LE ROUX, *Convictor*. — Turonensis.
- Ludovicus MERIAULT, *Clericus*. — Pictaviensis.
- Marcus PATAS, *Convictor*. — Turonensis.
- Petrus POIRIER, *Convictor*. — Pictaviensis.
- Stanislaus MOREAU. — Turonensis.

Qui unico notantur Asterisco 1um Justini lib.; qui duplici, quinque primas Virgilii Eclogas; qui triplici, has, & 4um Georgicon lib.; qui quadruplici, quartam insuper Ciceronis in Catilinam Orationem memoriter interpretabuntur.

IN QUINTA SCHOLA.

Sdela Latini sermonis exemplaria ex Sulpicii Severi Sacra Historia; ex Eutropio; ex Aurelio Victore; ex Cornelio Nepote, Appendicem de Diis & Heroibus Poeticis; Phædri Fabularum lib. 1um & 2um; M. Tullii Ciceronis Epistolarum lib. 1um.

- Carolus-Armandus CHESNON, *Convictor*. — Cainonensis.
- Carolus-Franciscus-Benedictus COURAULT, *Convictor*. — Salmuriensis.
- Franciscus-Julianus BEZARD, *Convictor*. — Turonensis.
- Franciscus-Prosper BAUBE, *Convictor*. — Turonensis.
- Franciscus-Xaverius-Petrus ROGER, *Convictor*. — Blesensis.
- Joannes-Baptista LE CLERC, *Convictor*. — Cainonensis.
- Joannes-Franciscus-Nicolaus FREMERY, *Convictor*. — Salmuriensis.
- Joannes-Jacobus-Ludovicus JAHAN, *Convictor*. — Pictaviensis.
- Joannes-Ludovicus CHALMEL, *Convictor*. — Turonensis.
- Joannes-Ludovicus MICHAU, *Convictor*. — Cainonensis.
- Josephus-Ludovicus DUBOIS. — Cainonensis.
- Josephus-Martinus MICHAU, *major*. — Cainonensis.
- Italus-Joannes-Franciscus-Stephanus FEY, *Convictor*. — Cainonensis.
- Laurentius-Joannes-Victoria DES-LICHES. — Cainonensis.
- Ludovicus CLEMENT. — Andegavensis.
- Ludovicus-Joannes-Jacobus-Renatus LEGER, *Convictor*. — Andegavensis.
- Maria-Franciscus-Thomas PEGASSE, *Convictor*. — Oriensis.
- Martinus-Bernardinus DUPUY-DESCHAPELLES, *Convictor*. — Parisiensis.
- Petrus-Antonius DULUC, *Convictor*. — Cainonensis.
- Petrus-Franciscus BRETON, *Convictor*. — Turonensis.
- Petrus EGRON, *Convictor*. — Turonensis.

Qui unico notantur Asterisco facta quædam historica tum è Veteri Testamento, tum è Novo memoriter exponent; qui duplici, primum Phædri Fabularum librum memoriter interpretabuntur. De breviorihus Grammaticæ Gallicæ Rudimentis respondebit CAROLUS CHESNON.

IN SEXTA SCHOLA.

Sdella Latini sermonis exemplaria ex Sulpicii Severi Sacra Historia; Selcellarum T. Ciceronis Epistolarum lib. 1um.

- Augustinus-Petrus QUIRIT DE COULEINE, *Convictor*. — Turonensis.
- Bartholomæus-Hyacinthus DU LIEPVRE, *Convictor*. — Pictaviensis.
- Benedictus-Carolus PEAN, *Convictor*. — Turonensis.
- Carolus-Josephus-Maria DE LAVAU DE CROZÉ, *Convictor*. — Pictaviensis.
- Dominicus-Nicolaus CLEMENT. — Africanus.
- Franciscus-Nicolaus CLEMENT. — Andegavensis.
- Gatianus POULET, *Convictor*. — Turonensis.
- Gregorius-Franciscus LE POT, *Convictor*. — Turonensis.
- Jacobus-Franciscus RENAULT DESVERNIERES, *Convictor*. — Turonensis.
- Joannes-Simon FEAU, *Convictor*. — Cainonensis.
- Michael PELLERIN DE GAUVILLE, *Convictor*. — Cainonensis.
- Petrus DUSSOULT. — Cainonensis.
- Petrus-Josephus RAGONNEAU, *Convictor*. — Richelinsis.
- Petrus-Martinus ARCHAMBAULT. — Turonensis.
- Renatus ANGELARD. — Turonensis.
- Stephanus-Joannes CHESNON. — Cainonensis.

Qui unico notantur Asterisco facta quædam historica tum è Veteri Testamento, tum è Novo memoriter exponent; qui duplici, primum insuper M. T. Ciceronis Epistolarum librum memoriter interpretari conabuntur.

Rhetores explanabunt Artem Oratoriam, scilicet, locos tum intrinsecos, tum extrinsecos; triplex oratorium genus demonstrativum, deliberativum & judiciale; figuras tum verborum, tum sententiarum; exempla tum Gallica, tum Latina, eaque è probatissimis scriptoribus deprompta, & ad rem apprime pertinentia in memoriam revocabunt.

Iidem cum Humanistis de Geographia respondebunt Italiam perlustrabunt.

Tertiani Quartanique respondebunt de Scriptura Sacra à Mosis obitu ad mortem usque Salomonis; de Geographia, scilicet de verbis Geographiæ propriis, de quatuor globi terrestris partibus; quæ sit in unaquaque regione notanda; quæ sit singularum princeps Civitas; quot insulæ nobiliores, quot flumina; quæ sit incolarum religio, quod ferat humus, &c. Gallianum insuper cum Græcis regionibus Italiam, Hispaniam, Lusitaniam decurrere juvabit.

Rhetores, Humanistæ, Tertiani cum Quartanis imperii Francorum Annales, quales conscripsit Le Regois, subcursim referent ab exordio ad annum Domini 1328.

In Aulâ Collegii Regii Cainonensis diebus Mercurii 13 Septembris serotinis horis, & Jovis 14 matutinis & serotinis horis, anno 1769.

Exercitationes excipiet solemnis Præmiorum distributio, ex dono Illustrissimi ac Reverendissimi Ecclesiæ Principis D.D. DE ROSSET DE FLEURY, Turonensium Archiepiscopi, Agonothetæ munificentissimi.

Anno proxime elapso Palmares fuere Franciscus MAFFRAY, Franciscus DESCHAMPS, Franciscus FROGER, Dionisius OUVRARD DE MARTIGNY, DE NAZELLES, Ludovicus CARO, Jacobus GIRAULT, Gervasius DE LA TREMBLAIS, Josephus THIBAULT, Stanislaus MOREAU, Ludovicus CHAMPIGNY, Alexander DE MARÇAY, Jacobus HERPAIN, Carolus COURAULT, Antonius DULUC; Bipalmares, Carolus LE FEBVRE, Joannes-Baptista TEXIER; Tripalmaris, Augustinus MESTAYER.

SALMURII, Typis F.P.J.M. DE GOUY.

SIGNATURE DES PRINCIPAUX DE L'ANCIEN COLLEGE

Les numéros qui précèdent chaque signature sont ceux de la liste générale des principaux. Nous n'avons pu retrouver la signature des 2 premiers.

(3) *Bobet-martin*

(4) *Senard*

(5) *Breton*

(6) *Fournier*

(7) *E. Lefebvre p. tres de choras*

(8) *B. Ferrand prêtre*

(9) *P. Courtors pre*

(10) *Breton principal*

SIGNATURE DES PRINCIPAUX DE L'ANCIEN COLLEGE.
(Suite)

(11) *de la coud prestre*

(12) *Bienvenu pal* (13) *Vallée principal*

(14) *philippe chemin prestre*

(15) *B. Mayot collegii Crinonensis moderator*

(16) *vallée ppal*

(17) *Le Manceau ppal*

(18) *Budault ppe* (19) *Gauthier*

(20) *Delatre ppal* (21) *Pichigny*

SIGNATURE DES PRINCIPAUX ET DIRECTEURS DU PETIT COLLÈGE

Les numéros et signes qui précèdent chaque signature sont ceux de la liste générale de ces fonctionnaires.

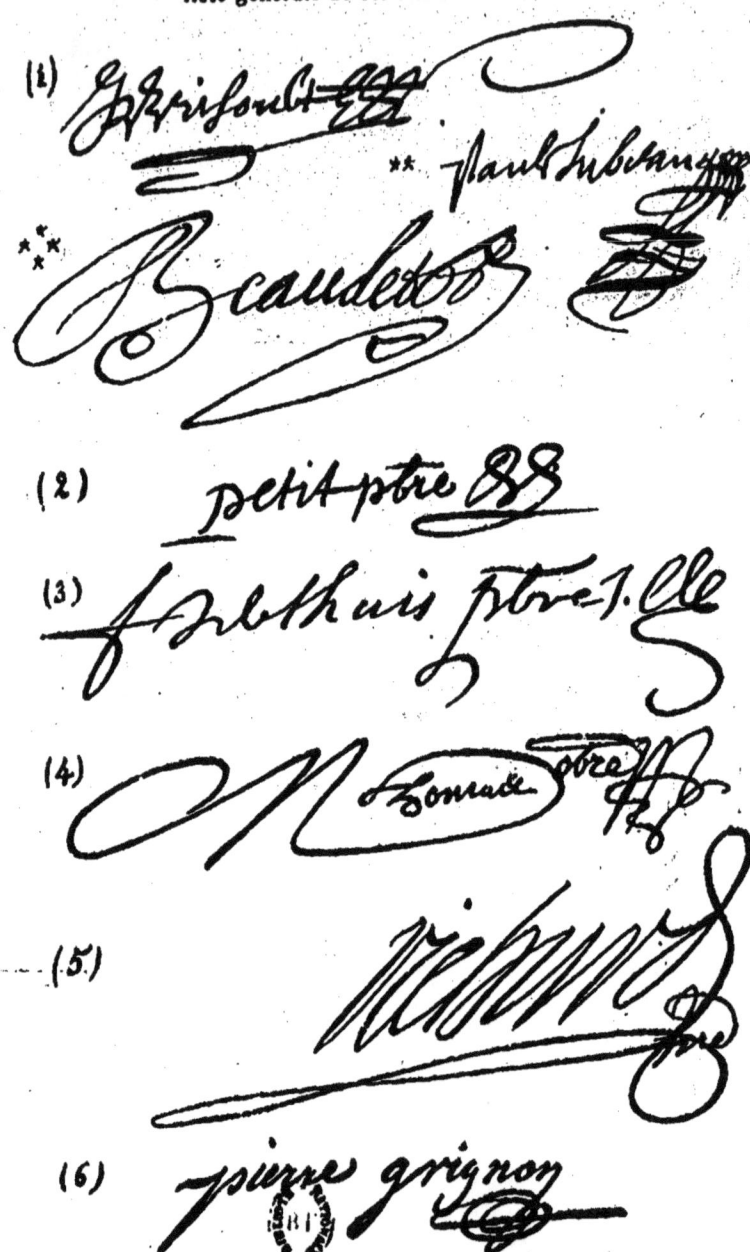

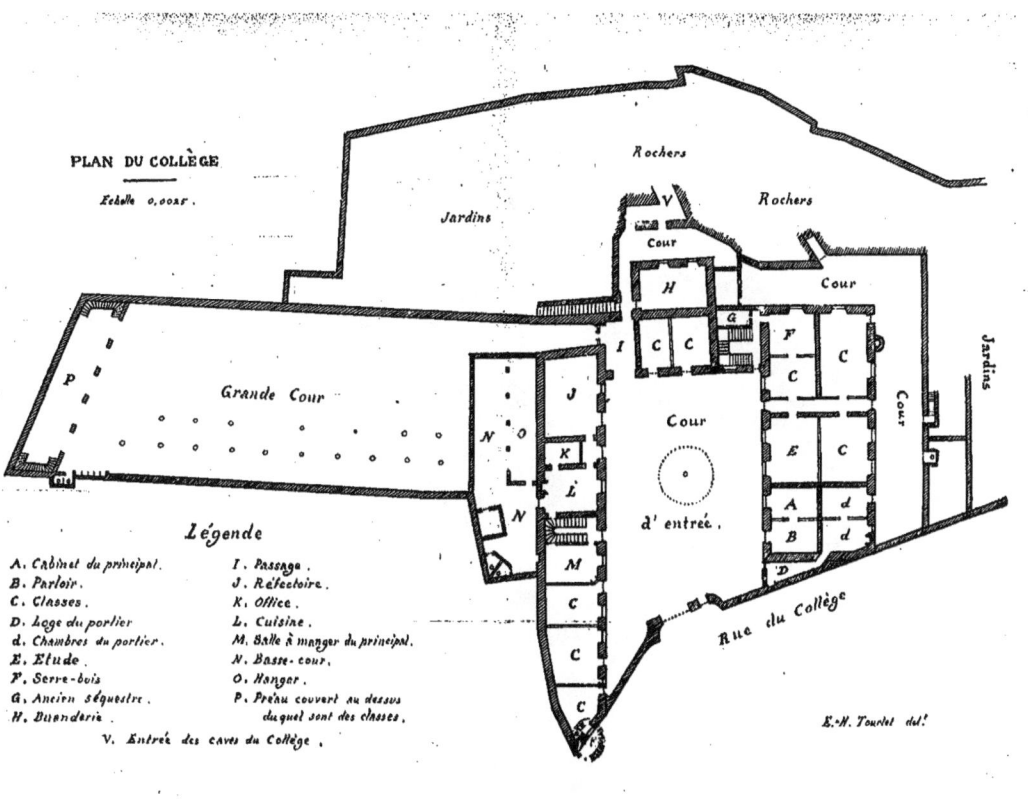

PLAN DU COLLÈGE

Échelle 0,0025

Légende

A. Cabinet du principal.
B. Parloir.
C. Classes.
D. Loge du portier.
d. Chambres du portier.
E. Étude.
F. Serre-bois.
G. Ancien séquestre.
H. Buanderie.
I. Passage.
J. Réfectoire.
K. Office.
L. Cuisine.
M. Salle à manger du principal.
N. Basse-cour.
O. Hangar.
P. Préau couvert au dessus duquel sont des classes.
V. Entrée des caves du Collège.

E.-N. Tourlet del.

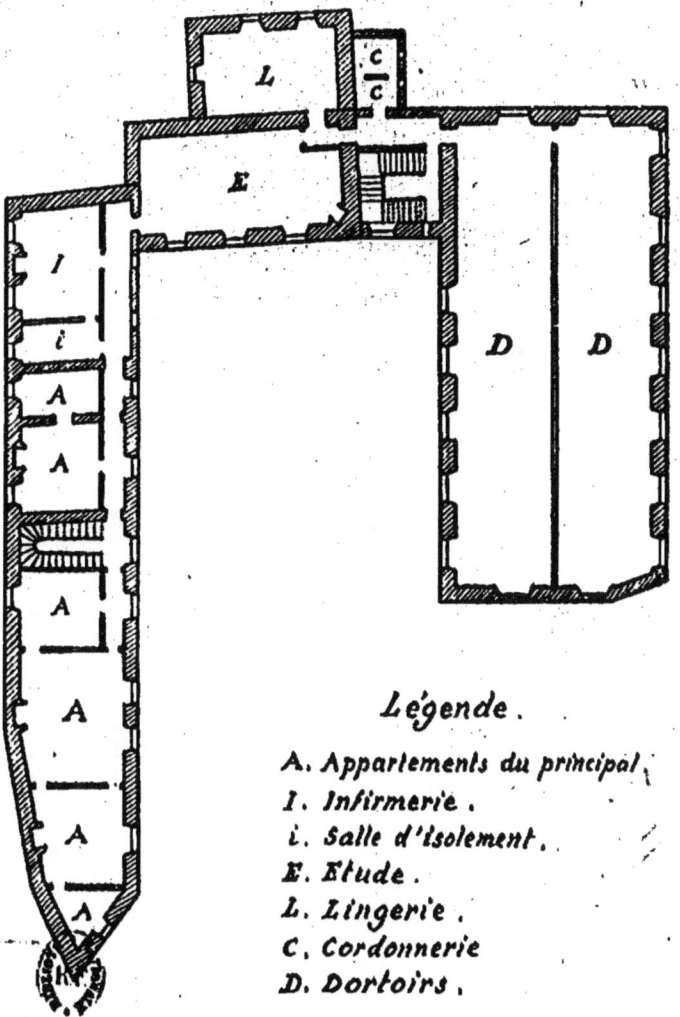

Légende.

A. Appartements du principal.
I. Infirmerie.
i. Salle d'isolement.
E. Etude.
L. Lingerie.
C. Cordonnerie.
D. Dortoirs.

N.B.— Au 2ᵉ étage se trouvent des greniers, des mansardes et la salle de dessin.

www.ingramcontent.com/pod-product-compliance
Lightning Source LLC
Chambersburg PA
CBHW062019180426
43200CB00029B/1923